Vorwort

Die Beziehung ist für ein effektives Lernen genauso wichtig wie der Lernweg selbst

Der Schwerpunkt des IntraActPlus-Konzeptes liegt in der Analyse und gegebenenfalls Neugestaltung der Beziehung zwischen Bezugspersonen und Kindern in den verschiedensten Lern- und Alltagssituationen. Darüber hinaus werden die Lernenden bei der Anwendung der allgemeinen Lerngesetzmäßigkeiten in unterschiedlichsten Lernbereichen unterstützt, beispielsweise durch Ergotherapie, Logopädie, Krankengymnastik, Frühförderung, Hausaufgaben.

Bei der Analyse und Veränderung von Beziehung zwischen Bezugspersonen und Kindern sind vor allem die schnellen, anfänglich unbewussten Signale wichtig. Sie sind entscheidend für den Aufbau von Werten, Zielen und günstigen, aber auch ungünstigen Verhaltensweisen. Die Beziehung entscheidet somit in großem Umfang, wie sich die Eigensteuerung eines Kindes entwickelt und für welche Lerninhalte es Motivation aufbringt. Dies gilt für alle Lernbereiche unseres Lebens, im Spiel wie im Sport, in der Schule wie in der Therapie usw. Deshalb gilt, ein guter Lernweg ist noch keine Garantie für den Lernerfolg. Die Beziehung entscheidet immer mit (Jansen und Streit, 2006).

Bei der Anwendung des IntraActPlus-Konzeptes findet in der Regel Arbeitsteilung statt. In den Bereichen der Ergotherapie, Logopädie, Krankengymnastik, Frühförderung, Hausaufgaben usw. legen die TherapeutInnen oder Lehrer die Aufgaben und fachbezogenen Lernwege fest. Das IntraActPlus-Konzept leistet die Arbeit an der „Beziehung", beispielsweise zwischen Kind und Mutter, Kind und Lehrer usw. Zusätzlich hilft es dem Lernenden, die allgemeinen Lerngesetze einzuhalten. Diese Arbeitsaufteilung ist ein Grundprinzip des IntraActPlus-Konzeptes.

Dieses Buch stellt einen neuen Schritt im Rahmen des IntraActPlus-Konzeptes dar

Von dem Grundprinzip „Arbeitsteilung" gab es von Anfang an zwei Ausnahmen. Diese Ausnahmen betrafen „Lesen und Rechtschreiben" und „Rechnen". In die Arbeit mit dem Kind wurden auch hier die Bezugspersonen mit einbezogen. Innerhalb dieses Ansatzes konnten wir nun seit mehr als 25 Jahren Erfahrungen sammeln.

Vor etwa 15 Jahren begannen wir, diese Erfahrungen für die Bereiche „Lesen und Rechtschreiben" auf die Schule zu übertragen. Seit dieser Zeit wurden die hier vorliegenden Lernmaterialien entwickelt. Sie wurden auch umfassend im Schulbereich erprobt. Sie sind gedacht für einen individualisierten Unterricht, bei dem jedes Kind seinem Lernstand entsprechend lernen kann.

Fritz Jansen • Uta Streit • Angelika Fuchs

Danksagung

Wir möchten denjenigen, die uns bei der Arbeit an diesem Buch geholfen haben, unseren tiefsten Dank aussprechen.

Ganz besonders bedanken wir uns bei:

- Barbara Dittmann und Ingrid Mickley für das geduldige und genaue Korrekturlesen der Texte,
- Rebekka Mertin, die mit großer Hingabe den in dieser Auflage völlig neu erstellten Rechtschreibteil wiederholt auf Fehler überprüft hat,
- Susanne Petry, die die vielen Seiten der Arbeitsmaterialien immer wieder kontrolliert und zum Teil wiederholt neu gesetzt hat,
- Karin Kastner für die Unterstützung bei den Diktattexten und das aufopfernde Korrekturlesen,
- Bernd Kastner für das perfekte Management der EDV und
- Enno Bornfleth für die wohlwollende Unterstützung auf dem Weg zu diesem Buch.

Ebenfalls ganz herzlich bedanken wir uns für die Möglichkeit, die Lernmaterialien ein letztes Mal zu prüfen bei:

- Gudrun Probst-Eschke (Schulleitung),
- Arno Hinrichs (Schulleitung),
- Monika Cimbal,
- Corinna Harder,
- Claudia Heiß,
- Karin Kastner,
- Birgit von Komorowski,
- Adelheid Mügge,
- Iris Rautmann,
- Anke Roßberg und
- Dorothee Wienken.

Ein ganz besonderer Dank gilt den Kindern, die auf den Abbildungen zu sehen sind. Sie helfen uns, einen Einblick in die Arbeit des IntraActPlus-Konzepts zu geben:

- Elisabeth Freitag,
- Gagan Kapoor,
- Hannah Schulenburg,
- Gulja Slojan,
- Fenja Wilsbech,
- Derya Becker,
- Florentine Filipovic und
- Hanna Schumann.

Autorenportraits

▼ Dr. Fritz Jansen

Nach dem Staatsexamen in Germanistik und Geografie studierte der 1952 geborene Fritz Jansen an der Universität Tübingen Psychologie mit Abschluss als Diplom-Psychologe. Es folgte eine Anstellung als wissenschaftlicher Angestellter und anschließende Promotion in Tübingen. Darüber hinaus führte er Lehraufträge an den Universitäten Tübingen, Konstanz und München durch. Im Anschluss arbeitete er zunächst in der Sozialpädiatrie Ludwigsburg, um anschließend die psychologische Leitung der Klinik des Kinderzentrums München zu übernehmen.
Fritz Jansen ist Lehrtherapeut für Verhaltenstherapie, arbeitet seit 1998 in eigener Praxis und führt im Rahmen einer eigenen Fortbildungseinrichtung für Verhaltenstherapie gemeinsam mit Frau Streit Seminare und Vorträge für verschiedenste Berufsgruppen im In- und Ausland durch.

Kontakt: info@IntraActPlus.de   www.intraactplus.de

▼ Uta Streit

Uta Streit, geb. 1962, war nach dem Abitur zunächst in England im Bereich der Behindertenpädagogik tätig. Es folgte ein Psychologiestudium in Tübingen mit Abschluss als Diplom-Psychologin. Sie war zunächst als wissenschaftliche Angestellte an der Universität Tübingen beschäftigt. Danach arbeitete sie als Psychologin in der Sozialpädiatrie Ludwigsburg sowie im klinischen und ambulanten Bereich des Kinderzentrums München. Frau Uta Streit ist approbierte Psychologische Psychotherapeutin und Kinder- und Jugendlichenpsychotherapeutin. Gegenwärtig führt sie im Rahmen einer eigenen Fortbildungseinrichtung für Verhaltenstherapie gemeinsam mit Herrn Jansen Seminare und Vorträge für verschiedenste Berufsgruppen im In- und Ausland durch.

Kontakt: info@IntraActPlus.de   www.intraactplus.de

▼ Angelika Fuchs

Angelika Fuchs, geb. 1961, begann nach dem Abitur 1982 das Studium der Sonderpädagogik in Hamburg und schloss dieses 1989 mit den beiden Staatsexamen ab. Im Anschluss arbeitete sie zwanzig Jahre als Klassenlehrerin an der Sprachheilschule Mümmelmannsberg.
2009 wechselte sie im Auftrag der Sprachheilschule an die Adolph-Diesterweg-Grundschule. Dort ist sie Klassenlehrerin einer integrativ arbeitenden Klasse und betreut Schüler und Lehrer in inklusiven Klassen verschiedener Jahrgänge.

Kontakt: info@IntraActPlus.de   www.intraactplus.de

Inhaltsverzeichnis

I Manualteil

Folgende Seiten müssen Sie lesen, dann können Sie anfangen

Für Eilige

Wenn Sie so bald wie möglich mit dem Lernmaterial arbeiten möchten, können Sie den Theorieteil (Kapitel 1–4) überspringen. Lesen Sie zunächst die „Anleitungen zum Arbeiten mit dem Material" (Kapitel 5) und dann können Sie mit Register 1 beginnen.

1 Von Eltern und Lehrern für Eltern, Therapeuten und Lehrer

1 | Von Eltern und Lehrern für Eltern, Therapeuten und Lehrer

Lust statt Frust – Die Elternperspektive

Michael Ostermann, Vater und Journalist

Es ist ein tolles Gefühl für Eltern, wenn die eigenen Kinder die Welt der Sprache entdecken. Es erfüllt einen mit Stolz, sie dabei zu beobachten, wie sie sich freuen, wenn sie Buchstaben entziffern, erste Wörter lesen und voller Freude ihren Namen, „Papa" oder „Mama" schreiben. Die meisten wollen wissen, welcher Buchstabe hier oder dort steht, noch bevor sie überhaupt in die Schule gehen. Lesen und Schreiben, so glaubt man als Eltern, dürfte dann auch dort kein Problem darstellen. Für manche Kinder stimmt das auch, aber für viele eben auch nicht.

In Deutschland hat es – Stichwort „PISA-Schock" – in den vergangenen Jahren eine erregte Diskussion über die Bildung unserer Kinder gegeben. Vor allem die nur mittelmäßige Lesekompetenz hat dabei für Kopfzerbrechen bei Politikern und Pädagogen gesorgt. Als eine schlüssige Erklärung wurde dafür der Boom der digitalen, visuellen Medien herbeigezogen. Lesen sei in unserer Gesellschaft insgesamt auf dem Rückzug, so die These. Tatsächlich wird auch diese gesellschaftliche Entwicklung eine Rolle spielen. Aber es ist schon erstaunlich, dass im Zuge der Diskussionen um die Lesekompetenz von Kindern kaum öffentlich über die Art und Weise debattiert worden ist, wie wir unseren Kindern Lesen und Schreiben beibringen.

Dabei sind schon viele Eltern daran verzweifelt, wie ihre Kinder mit der Anlauttabelle die Buchstaben „selbst entdecken" mussten. Ich kenne jedenfalls niemanden, dem diese Methode auf Anhieb eingeleuchtet hätte, denn sie erfordert von den Kindern eine Transferleistung, die sie vom eigentlichen Ziel, zu lesen und zu schreiben, ablenkt. „M – wie Mond, Au – wie Auto, S wie Sonne" ergibt in drei Schritten MAUS, wo doch das Lernen der Buchstaben auf direktem Weg zu dem kleinen Nagetier führt.

Und wenn man dann noch weiß, dass ein Kind mit Migrationshintergrund vielleicht noch eine doppelte Transferleistung erbringen muss, weil es zum Beispiel auf Türkisch eben nicht „M wie Mond" usw., sondern „M – wie Ay (Mond), Au – wie Araba (Auto), S – wie Güneş (Sonne)" heißt, der wird kaum verwundert sein, dass auch die letzte Studie zur Lesekompetenz von Grundschülern (IGLU) aus dem Jahre 2010 weiterhin feststellt, dass sich Kinder aus Einwandererfamilien immer noch deutlich schwerer tun als Kinder aus einem deutschen Elternhaus.

Ich bin kein Wissenschaftler. Die Theorie hinter dem IntraActPlus-Konzept erscheint mir aber einleuchtend. Denn dass wir durch Wiederholen Automatismen entwickeln, ist eine Alltagserfahrung, die jeder von uns macht. Und was Eltern vor allem tun können ist: beobachten! Das eigene Kind, dessen Freunde, Kinder von Bekannten. Es gibt viele Dinge, die meine Aufmerksamkeit als Vater wecken.

Unsere Tochter hat nach der in diesem Buch vorgestellten Methode Lesen und Schreiben gelernt – bevor sie in die Schule kam. Nicht, weil wir als Eltern besonders ehrgeizig sind, sondern weil unsere Tochter, die spät eingeschult worden ist, die Buchstaben unbedingt schon lernen wollte und meine Frau mit diesem Konzept schon eine Weile gearbeitet hatte. Auch ich war anfangs skeptisch, auch mir kam das ständige Wiederholen zunächst monoton vor. Die „modernen" Fibeln erschienen mir kindgerechter. Doch dann musste ich feststellen, dass meine eigene Tochter mit Begeisterung die Buchstaben wiederholte, keine Spur von Langeweile oder Verdruss.

Es ist ja ohnehin ein erwachsener Trugschluss, dass Kinder keine Wiederholungen mögen. Das Gegenteil ist der Fall: Kinder lieben Wiederholungen. Wer von uns hat nicht schon ein Lied oder einen Reim Dutzende Male wiederholen müssen nach der eindringlichen Aufforderung: „Noch mal!" Und welche Eltern sind nicht schon verzweifelt, wenn die Bibi-Blocksberg-CD zum zehnten Mal hintereinander gehört werden musste? Wer behauptet, Kinder würden nicht gerne wiederholen, hat entweder keine oder guckt nicht richtig hin.

Die Kritiker des IntraActPlus-Konzeptes behaupten, die Kinder würden mit der Methode gedrillt, zu kleinen Automaten gemacht, die sinnlos Silben repetieren, während es beim Lesen immer auch um die Sinnentnahme des Gelesenen gehe. Das ist schön gesagt, hilft aber nicht, wenn ein Kind das „A" nicht als „A" erkennt. Lesen und Schreiben sind Kulturtechniken, deren Beherrschung die Grundlage für das Zurechtfinden in der modernen Welt darstellt. Der Spracherfahrungsansatz, den die Kritiker des IAP-Konzeptes für besser geeignet halten, geht davon aus, dass die Kinder sich diese Techniken selbst erschließen und dabei Spaß am Umgang mit Sprache entwickeln. Einigen Kindern mag das tatsächlich gelingen. Doch diejenigen, die Schwierigkeiten damit haben, die Buchstaben selbst zu entdecken – und das sind anhand der Beobachtungen in meinem durchaus bürgerlichen Umfeld recht viele – erleben Lesen und Schreiben eher als Frust.

Der französische Mathematiker und Psychologe Stanislas Dehaene, einer der führenden Kognitionswissenschaftler, schreibt in seinem 2009 auf Deutsch erschienenen Buch „Lesen": „Man erweist dem Kind keinen Gefallen, wenn man ihm die Freuden des Lesens vorgaukelt, ohne ihm den entsprechenden Schlüssel an die Hand zu geben." Der Schlüssel aber sind Buchstaben und Silben, ohne deren sichere Beherrschung Lesen nicht möglich ist. Meine „intraact-gedrillte" Tochter liest und schreibt jedenfalls mit Begeisterung und das fast ohne Fehler. Aufbauend auf einem sicheren Fundament entdeckt sie nun in der Tat selbstständig die wunderbare Welt der Sprache, während ein nicht geringer Teil ihrer Mitschüler auch in der zweiten Klasse noch nicht alle Buchstaben sicher beherrschte. Ich habe eine Zeit lang als „Lesepate" mit den schwächeren Schülern gearbeitet – als Laie wohlgemerkt. Nach wenigen Wochen Buchstaben- und Silbentraining stellten sich erste Erfolge und Verbesserungen ein, die den Kindern – so habe ich es zumindest wahrgenommen – einen Motivationsschub gaben.

Das alles sind subjektive Eindrücke, sicher. Aber ich scheine nicht der einzige zu sein, der solche Erfahrungen gemacht hat. Wer mag, kann im Internet die Kommentare betroffener Eltern nachlesen, die lange verzweifelt gewesen sind, weil ihr Kind sich so schwer tat mit dem Lesenlernen, bis sie auf die Bücher und die Methode von Dr. Fritz Jansen, Uta Streit und Angelika Fuchs gestoßen sind. Als meine Tochter noch in den Kindergarten ging, stellte sich dort die therapeutische Praxis vor, die mit einzelnen Kindern in dieser Einrichtung arbeitete. Eher beiläufig erwähnte der Leiter dieser Praxis, dass die meisten Kinder, die er als Therapeut betreue, während des dritten Schuljahres kämen. Meist wegen Lernstörungen oder Lernblockaden. Es gibt sicher auch dafür nicht nur eine Ursache. Aber ist es wirklich reiner Zufall, dass einige Kinder genau dann Lernstörungen entwickeln, wenn sie nicht mehr schreiben dürfen, wie sie wollen? Wenn „faren" plötzlich rot angestrichen wird, weil es ja „fahren" heißen muss? Wenn selbst Mathe keinen Spaß mehr macht, weil dort jetzt mit Textaufgaben gearbeitet wird und das Lesen doch so schwer fällt?

Viele Kinder kommen in dieser Phase ihrer Schulkarriere das erste Mal mit einem der vielen Nachhilfezentren in Kontakt, die es inzwischen an jeder Straßenecke zu geben scheint. Das Statistische Bundesamt hat im Datenreport 2008 zur Sozialstruktur und sozialen Lage in Deutschland festgestellt, dass 38% der Schüler zwischen 2004 und 2006 in Westdeutschland Nachhilfe in Anspruch nahmen, ein Anstieg von acht Prozentpunkten gegenüber dem Zeitraum zwischen 2001 bis 2003. In Ostdeutschland blieb die Zahl mit 15% gleich. Neuere Daten lagen vor Veröffentlichung dieses Buches nicht vor. Man darf aber davon ausgehen, dass die Zahl jener Kinder, die Nachhilfe brauchen, weiter gestiegen ist. Auch hier gibt es sicher nicht den einen Grund als Erklärung, aber wieder werden die Lernmethoden bei der Suche nach den Ursachen meist nicht hinterfragt.

Derweil berichten Eltern, Lehrer, Therapeuten, die mit dem IntraActPlus-Konzept arbeiten, begeistert von den Erfolgen, die Kinder damit nach kurzer Zeit erzielen. Das ist aus meiner Sicht nicht überraschend: Im Mittelpunkt steht ein selbstbewusstes Kind, das Spaß am selbstständigen Lernen entwickelt, weil es das Handwerkszeug verinnerlicht hat. Etwas Besseres können sich Eltern für ihr Kind nicht wünschen.

Sicher lesen, richtig schreiben – erfolgreich lernen

Sabine Ostermann, Förderschullehrerin in Leverkusen, Beratungslehrerin an Grund- und Gesamtschulen

Liesel Mertin, Lehrerin für Deutsch und Erziehungswissenschaften (Sek. I und II), freie Mitarbeiterin des Jugendamts Leverkusen im Bereich der Integrationsförderung

Seit vielen Jahren arbeiten wir als Lehrerinnen in unterschiedlichen Konstellationen zusammen, immer mit dem Ziel, die uns anvertrauten Kinder individuell zu fördern, um sie so bis an ihr persönliches Optimum zu führen. Dabei ergänzen wir uns durch unsere Erfahrungen in verschiedenen Arbeitsbereichen an unterschiedlichen Schulformen, von der Grundschule über Förderschule bis hin zum Gymnasium und auch durch die Tätigkeit in der Sprachförderung von ausländischen Kleinkindern, Kindern, Jugendlichen und Erwachsenen. Zurzeit arbeiten wir gemeinsam an einer Förderschule, einerseits in der Rolle als Klassenlehrerin sowie als Beratungslehrerin an Grund- und Gesamtschulen und andererseits im Rahmen von Eingliederungshilfe und Einzelunterricht. Die folgenden Ausführungen basieren auf unseren Erkenntnissen, die wir in gemeinsamen Unterrichtssituationen und in unseren unterschiedlichen Arbeitsbereichen gewonnen haben, sowie dem intensiven Austausch mit Kollegen.

Viele Jahre lang hatten wir das Gefühl, unsere Schüler mit den gängigen Methoden und Materialien nicht bestmöglich fördern zu können, und waren unzufrieden mit den Lernerfolgen im Bereich des Lesens und Rechtschreibens. Bei der Suche nach neuen Ideen und Lernwegen erhielten wir in Fortbildungen und in der Literatur viele Anregungen, die als einzelne Puzzleteile jedoch nicht zusammenpassten.

Mit der vorliegenden Blattsammlung „Lesen und Rechtschreiben lernen nach dem IntraActPlus-Konzept" haben wir endlich ein Material gefunden, das die Erkenntnisse der wissenschaftlichen Grundlagenforschung als Basis für effektives Lesen- und Schreibenlernen aufgreift. Gleichzeitig haben wir damit die Antwort auf Integration und Inklusion und somit das Material zur individuellen Förderung gefunden, das am jeweiligen Lernentwicklungsstand des Kindes ansetzt, ausreichend Lernzeit ermöglicht und die Ergebnisse gründlich absichert. Denn so gelangen die Schüler in ihrem individuellen Tempo über die Kenntnis der Buchstaben zur lockeren Bedeutungsentnahme von Wörtern bis hin zur Sinnentnahme beim Lesen von Sätzen und Texten. Mit diesem Material arbeiten wir mit Kindern unterschiedlicher Altersstufen und unterschiedlicher Nationalitäten mit verschiedenen Leseerfahrungen und Leseniveaus. Wir haben es eingesetzt in ersten Schuljahren, in Fördergruppen mit leseschwachen Jugendlichen und in der Einzelfallförderung sowie mit erwachsenen Analphabeten.

Durch den kleinschrittigen Aufbau der umfangreichen Blattsammlung ist es uns jederzeit möglich, ohne Aufwand jedem Schüler genau das Arbeitsmaterial zur Verfügung zu stellen, das er zum jeweiligen Zeitpunkt benötigt. Bei zusätzlichem Bedarf können wir weitere Übungsblätter kostenlos aus dem Internet herunterladen. Für uns Lehrer stellt dies alles im Rahmen von individualisiert geplantem Unterricht eine riesige Entlastung in der Vorbereitung der jeweiligen Unterrichtsstunden dar. Hilfreich ist weiterhin, dass das Material durchgängig die notwendigen Komponenten für das Training der phonologischen Bewusstheit berücksichtigt. Das explizite Üben der Buchstaben-Laut-Zuordnung, das systematische Üben, Laute zu Worten zusammenzuschleifen bzw. Worte in Laute zu zerlegen, gilt als eine grundlegende Voraussetzung für erfolgreiches Lesen und Rechtschreiben. Alle Schüler haben große Vorteile durch dieses Training, weil sie auch genaues Hören und präzises Sprechen trainieren können. Zudem profitieren die Schüler davon, dass sie zunächst Buchstaben so ausreichend lange lernen können, bis sie diese sicher beherrschen. Viele Schüler beginnen tatsächlich mit dem A, andere setzen genau da an, wo die individuellen Schwierigkeiten beginnen. Das mag bei dem einen das ß sein, bei dem anderen sind es die Doppellaute. Schon in den ersten Schulwochen kann somit sehr differenziert gearbeitet werden. Das heißt, „schnelle" Kinder werden in ihrem Lernen nicht mehr ausgebremst. Sie können in kurzer Zeit sichere Leser werden und sich somit ungehindert schon bald interessenbezogenen Lesetexten zuwenden. Gleichzeitig können die Kinder, die mehr Zeit benötigen, in Ruhe, ohne Druck und Stress Lesen und Schreiben lernen.

Die vielen Wiederholungen festigen das Erlernte und geben dem Schüler Sicherheit. Wiederholung wird als eine sinnvolle Strategie, sich etwas einzuprägen, genutzt. Wer dann allerdings von stumpfsinnigem Wiederholen spricht, hat sich die Schülerinnen und Schüler nicht genau angeschaut. Durchaus mit Anstrengung und großem Arbeitseifer wiederholen sie stolz und oft voller Freude die Buchstaben oder Silben und bauen sichtlich großes Selbstvertrauen in ihre eigene Leistungsfähigkeit auf.

„Mein Gehirn lacht", meinte dazu eine 15-jährige ausländische Schülerin, die bis dahin mit dem Lesenlernen völlig überfordert gewesen war, und beschrieb ihr Gefühl beim Silbentraining: „Ich kann das mit ohne Denken! Das ist ganz leicht! Ich möchte noch ein Blatt." Mit der Gewissheit, die gestellten Aufgaben zu bewältigen, sich angemessen gefordert und eben nicht überfordert zu fühlen, wächst die große Lust auf das Lesenlernen von Tag zu Tag. Wir sind der Meinung: Es kann für viele Kinder so und nur so gehen! Die Fortschritte sind einfach erstaunlich!

Weiterhin beobachten wir, dass das hoch automatisierte Lesen von Buchstaben und Buchstabenverbindungen die Grundlage dafür ist, dass die Schüler später den Sinn von Wörtern, Sätzen und schließlich auch von Texten mit Leichtigkeit entnehmen können. Mit fortschreitender Lesefähigkeit werden Buchstabenverbindungen geläufiger und parallel erkannt, sodass ein flüssiges und betontes Lesen möglich wird. Auch wenn unsere Leseanfänger zu Beginn des Leselernprozesses Wörter sehr überdeutlich artikulieren, verbessern sie ihre Aussprache, sobald sie in den Bedeutungsspeicher wechseln und den Sinn des Wortes erkennen. Die Freude darüber können wir in ihren Gesichtern sehen.

Das vorliegende Material ist jedoch nicht nur eine Blattsammlung zum Lese- und Rechtschreiberwerb, sondern es greift die Grundsätze des IntraActPlus-Konzeptes auf, die im Buch „Positiv lernen" von Jansen und Streit (2006) dargestellt werden. Die Beziehung der Bezugspersonen zum Kind entscheidet immer mit, ob ein Kind erfolgreich lernen wird. Neben der Vermittlung und Aneignung von Wissen arbeiten wir so gleichzeitig auch an der Motivation, am Aufbau einer positiven Eigensteuerung, an der Entwicklung sozialer Kompetenzen und somit an Fähigkeiten, die für alle Lern- und Lebensbereiche bedeutsam sind.

Innerhalb des Unterrichts werden diese Prinzipien in unterschiedlichen Sozialformen berücksichtigt. So arbeiten Kinder eigengesteuert in Stillarbeitsphasen an ihrem individuellen Leseblatt. Im Klassenverband werden bekannte Buchstaben und Silben gefestigt. Dabei übernehmen einzelne Schüler die Lehrerrolle als „Buchstabenmeister" und üben, alle Kinder im Blick zu behalten und entsprechend auf die Mitschüler zu reagieren. In der Partnerarbeit lernen die Kinder, sich gegenseitig wahrzunehmen, einander zu helfen und zu loben. Selbstverständlich unterstützen wir als Lehrer alle Lernprozesse immer dann, wenn wir gebraucht werden. Dabei stellen wir fest, dass somit nicht nur die Schüler, sondern auch wir Lehrer von einer freudigen Arbeitshaltung in ruhiger Lernatmosphäre profitieren. Lernen und Lehren macht Spaß! Unserer Meinung nach sind bei vielen Schülern die Lese-Rechtschreib-Probleme durch die Überforderung mit den derzeit gängigen Unterrichtsmethoden entstanden. Warum haben denn knapp 31% der deutschen Kinder zwischen neun und 14 Jahren Angst vor schulischem Versagen? Weil sie die erwarteten Anforderungen nicht erfüllen können! Unter anderem machen wir auch den Spracherfahrungsansatz und alle Methoden, die das Schreiben nach Gehör empfehlen, dafür verantwortlich. Vor allem die lernschwachen, aber auch zahlreiche „normal" lernende Kinder werden nicht zu sicheren Schreibern und Lesern. Viele Schüler, die nach den derzeit gängigen Methoden Lesen und Schreiben lernen, werden in die weiterführenden Schulen entlassen, ohne dass sie ausreichend sicher lesen und schreiben können. Fehlerhaftes Schreiben, oftmals nur stockendes Lesen haben weitreichende Folgen für die gesamte Schullaufbahn und die persönliche Entwicklung der Schülerinnen und Schüler. Auch die Überlegungen, verschiedene Anforderungen zurückzunehmen derart, dass Diktate zur Rechtschreibüberprüfung keinen besonderen Stellenwert und dass die Fähigkeiten zum lauten Vorlesen keine Bedeutung mehr haben werden, können doch nicht die Lösung des Problems sein. Sollte es stattdessen nicht unsere Aufgabe sein, wieder Wege und Methoden zu nutzen, die den Kindern helfen, sichere Leser und Schreiber zu werden?! Mit dem Wissen um die Bedeutung von Lese- und Rechtschreibkenntnissen für alle Unterrichtsfächer und sämtliche Lebenssituationen gilt dem Lese- und Rechtschreibaufbau unser ganz besonders Interesse. PISA und andere Studien haben in den vergangenen Jahren erhebliche Mängel bei der Sprachkompetenz deutscher Schüler festgestellt. Inzwischen gibt es eine wahre Flut von Nachhilfezentren, die gutes Geld damit verdienen, Grundschülern beim Erlernen des Lesens und Schreibens zu helfen. Aber wir fragen uns, wer das bezahlen kann. Soll es tatsächlich mehr und mehr zum Ziel werden, dass Kinder außerhalb der Schule entweder durch Eltern oder Nachhilfeinstitute die notwendigen Lese- und Rechtschreibkenntnisse erwerben?

Die Bertelsmann-Stiftung veröffentlichte im Januar 2010 in einer Studie[1] alarmierende Zahlen. Demnach nehmen rund 1,1 Millionen Schüler regelmäßig bezahlten Nachhilfeunterricht in Anspruch. Durchschnittlich erhalten 14,8 Prozent der Viertklässler Extrastunden in Deutsch. Für die regelmäßige private Nachhilfe geben Eltern insgesamt jährlich bis zu 1,5 Milliarden Euro aus, weil sie dem deutschen Schulsystem offenbar misstrauen. Die Folge ist, dass die soziale Schere in Deutschland auch im Bereich der Bildung immer weiter auseinanderklafft. Die soziale Herkunft, das Einkommen der Eltern und deren Bildungsstand sind entscheidend für die Zukunft der Kinder.

Zudem geht der überwiegende Teil der Kinder mit Migrationshintergrund in Hauptschulen, ein großer Teil sogar in Förderschulen. Warum haben diese Kinder solche Schwierigkeiten in der Schule? Die Antwort lautet: Weil sie unsere Sprache nicht sprechen und die gängigen Konzepte zum Lese- und Sprachaufbau diese Tatsache nicht berücksichtigen. Wir müssen früh anfangen, solchen Kindern wirklich eine Chance zu geben. Deutsch lernen alleine reicht eben nicht! Wir müssen Konzepte anbieten, mit denen die Kinder, unabhängig von ihrer Muttersprache, das Lesen und Schreiben vom ersten Tag an in der Zusammenarbeit mit den Klassenkameraden erlernen können.

In vielen Grundschulklassen, aber auch in weiterführenden Schulen, sitzen Kinder, die nicht oder nur unzureichend lesen können. Als Antwort darauf wird in der Öffentlichkeit über unser Schulsystem, über Frontalunterricht, über zu große Klassen, über den Ausländeranteil in Schulen sowie über mangelhafte Integrationsfähigkeit und -willigkeit usw. diskutiert. Warum aber wird nicht die Methode hinterfragt, nach der landläufig das Lesen und Schreiben vermittelt wird? Kritische Stimmen zum sogenannten Spracherfahrungsansatz werden anscheinend in der öffentlichen Diskussion nicht gerne gehört! Dass die teilweise desolaten Lese- und Rechtschreibkenntnisse eventuell auch mit genau dieser Methode zusammenhängen, wird eher von besorgten Eltern und Lehrern diskutiert. Traurigerweise reagieren Eltern und Kinder oft mit großer Resignation. Und dass auch Kinder mit Migrationshintergrund, Kinder mit Sprachauffälligkeiten, sogar Schwerhörige in der Integration mittels der Anlauttabelle das Lesen erlernen müssen, wird nie hinterfragt. Alle Kinder mit Sprachauffälligkeiten trifft es besonders hart, wenn sie schreiben sollen, wie sie sprechen bzw. wie sie hören. Ein Irrsinn!!! Und was kann ein Kind „ohne Sprache" zu einem Thema schreiben, das es erst gar nicht verstehen kann? Nichts! Frustration und Hilflosigkeit machen sich breit.

Weiterhin finden wir es auch müßig, immer wieder darüber zu diskutieren, dass Kinder vom ersten Tag an schreiben wollen, dass Fehler Mut machen und dass alle Kinder mit größter Lernmotivation in die Schule kommen. Der Alltag zeigt uns eine ganz andere Realität: Erzählen wollen viele, manche sind kaum zu bremsen –, aber es gibt auch etliche, die zunächst gar nicht erzählen wollen – die Gründe dafür sind vielfältig. Oft brauchen sie viel Ermutigung. Sofort Geschichten schreiben wollen einige Kinder. Wir freuen uns über jeden Text und behandeln ihn wie einen Schatz. Buchstaben lernen erfordert Anstrengung und Konzentration. Es zu schaffen, fördert die Motivation und macht stolz auf sich selbst. Fehler machen wollen die meisten nicht. Natürlich gibt es sie: die Kämpfer, die Forschertypen, die sich durch Fehler nicht irritieren lassen, die sich eher angespornt fühlen, neue Strategien und Lösungen zu suchen. Kinder, die sich durch nichts entmutigen lassen! Wie toll!! Viele Schüler jedoch müssen ihr Selbstwertgefühl und ihr Selbstbewusstsein erst noch entwickeln. Für das Gros sind deshalb zunächst kleinschrittige, immer gut zu bewältigende Vorgehensweisen mit viel Ermutigung und Lob die Grundlage für den eigenen Erfolg. Das Gefühl: „Ich kann`s!" macht die Kinder stark. Aber auch die Erfahrung: „Fehler machen ist erlaubt! Der Fehler ist nur eine Info! Ich weiß, was ich tun muss, um mich zu verbessern".

Obwohl wir unseren Schülern eine positive und konstruktive Fehlerkultur vermitteln, möchten wir nicht mit einer Lernstrategie arbeiten, die den Fehler sozusagen als Lerngrundlage anbietet. Unserer Erfahrung nach ist es für die Gesamtentwicklung in der Schreibleistung besonders wichtig, dass sich Schüler von Anfang an die richtige Schreibweise von Wörtern einprägen und sich nicht über Jahre hinweg mit fehlerhaften Wörtern quälen müssen. Es kann doch wirklich nicht unser Ziel sein, dass die Aufsätze der Fünftklässler geschmückt sind mit Worten wie: „faren", „fihl", „ser", „gehmein", „gehgangen" usw.

„Gestnwa isbai maina frndin." („Gestern war ich bei meiner Freundin.") Um diesen Satz zu entziffern, muss man erst ein paar Jahre in einer Grundschulklasse unterrichtet haben. Ist das der Sinn? Uns überkommt ein trauriges Gefühl, wenn die Kinder voller Erwartung ihr Gegenüber anschauen, wenn die Lehrer oder auch Mama oder Papa die Geschichten lesen und natürlich würdigen sollen, dazu allerdings nicht in der Lage sind, weil sie die Texte nicht lesen können. Das große Problem ist folgendes: Auch das Kind kann seine Geschichte oftmals nicht vorlesen – oftmals nicht einmal mehr erzählen, weil es sie über das anstrengende Schreiben vergessen hat. Ein riesiger Konflikt für das Kind, aber auch für alle Bezugspersonen, die Kinder mit ihrer Erwartungshaltung und ihrem Erfolgsbedürfnis ernst nehmen.

In der Schule werden ihre Fragen nach der Richtigkeit von falsch geschriebenen Wörtern nur vage beantwortet. Außerhalb von Schule wird das Geschriebene oft mit Gelächter, Entsetzen oder anderen Strafreizen bedacht. Soll das der Lohn für die große Mühe sein, die sich die Kin-

1 http://www.bertelsmann-stiftung.de/cps/rde/xbcr/SID-76DAE053-2262DBBA/bst/xcms_bst_dms_30717_30784_2.pdf

der beim Verfassen ihrer (oft nicht lesbaren) Geschichten geben? Das darf doch nicht so sein! „Das ist unterlassene Hilfeleistung!" Diesen Worten von Frau Professor Röber („Fallsche Räschtschreibung - Wie Schüler mit Lautschrift besser lernen sollen" in der SAT-1-Sendung „Planetopia", am 21.11.11) schließen wir uns an, denn wir fühlen uns unserem Bildungsauftrag verpflichtet und haben es uns zum Ziel gesetzt, unsere Schüler mindestens mit der zum Leben notwendigen Lese- und Rechtschreibkompetenz zu entlassen. Weiterhin ist es unser maßgebliches Bestreben, den Schülern die größtmögliche Freude am Lesen zu vermitteln und sie zum kreativen Schreiben zu befähigen. Wir werden nichts unversucht lassen, diese Ziele zu erreichen. Somit sehen wir das vorliegende Material als einen wesentlichen Baustein eines umfassenden Deutschunterrichts an, in dem es unter anderem auch unsere Aufgabe ist, mit den Schülern unter Zuhilfenahme von weiteren Materialien eine Erzähl- und Gesprächskultur zu entwickeln.

Auch mit diesem Konzept und mit all unseren Bemühungen werden nicht alle Kinder zu Leseratten, einige werden überdauernd langsam lernen, aber sie werden keine Legastheniker und müssen schon gar nicht als funktionale Analphabeten die Schule verlassen.

Nicht zuletzt im Rahmen der Inklusionsbemühungen ist es unser größter Wunsch, dass sich jeder Schüler mit seinen individuellen Leistungen selbst wertschätzt und sich irgendwann unabhängig von anderen an den eigenen Fortschritten und Erfolgen freuen kann, auch im Lesen und Rechtschreiben. Um im Interesse unserer uns anvertrauten Schüler alle unsere Ziele zu erreichen, empfinden wir die Arbeit mit dem IntraActPlus-Konzept als besonders wertvoll, weil es uns ermöglicht, unserem nicht immer einfachen Beruf mit größter Zufriedenheit nachzugehen. Die guten Erfolge in unserer Arbeit mit selbst äußerst schwierigen Kindern und die positiven Rückmeldungen zeigen, dass wir mit diesem Vorgehen einen Weg gefunden haben, die Schüler und Schülerinnen in ihren Lernprozessen maximal zu unterstützen. Das erfüllt uns in der Tiefe mit großer Zufriedenheit, so dass wir uns nach wie vor täglich auf die Arbeit mit unseren Schülern freuen.

All denjenigen, die Kinder, Jugendliche und Erwachsene auf dem Weg begleiten, gute und sichere Leser und Schreiber zu werden, wünschen wir viel Freude und Erfolg bei der Arbeit mit diesem großartigen Material.

2 Wissenschaftliche Begründung des Lernmaterials

2 | Wissenschaftliche Begründung des Lernmaterials

2.1 „Kindgemäß" muss nicht kindgemäß sein

2.1.1 Erstes Beispiel

Alle, die mit Kindern lernen, haben ein gemeinsames Ziel. Sie möchten den Kindern „kindgemäße" Lernmaterialien anbieten, um sie optimal in ihrem Vorankommen zu fördern. Für das Erlernen von Lesen und Rechtschreiben ergibt sich dabei jedoch das folgende Problem: Was kindgemäß ist, lässt sich oft trotz besten Willens nicht so einfach ermitteln. Legt man beispielsweise die Aufgabe in ◘ Abb. 2.1 engagierten Eltern, Lehrern und Therapeuten vor, so werden sich wahrscheinlich drei Gruppen bilden. Die erste Gruppe ist sich gefühlsmäßig ganz sicher, dass die Leseübung in ◘ Abb. 2.1 eine kindgemäße Aufgabe darstellt. Die zweite Gruppe fühlt sich ebenfalls ganz sicher, dass die Aufgabe **nicht** hilfreich ist, weil sie die Wahrnehmung erschwert. Eine dritte Gruppe weiß nicht, wie sie die Übung einschätzen soll.

Nicht einfacher macht es der folgende Sachverhalt. In die Einschätzung der engagierten Beurteiler fließt im Einzelfall ein Stück eigene Lebensgeschichte ein – ohne dass dies gewollt wird und ohne dass dies bewusst werden muss. So ist vielleicht dem einen „Ordnung" sehr nah und er würde grundsätzlich keine Texte erstellen, in denen nicht von links nach rechts geschrieben wird. Der andere ist vielleicht gerade im Konflikt mit einzelnen Bereichen der „Erwachsenenordnung". So mag es von ihm als positiv empfunden werden, wenn Kindern eine Welt angeboten wird, die nicht so furchtbar ordentlich ist. Aus diesem Grund können Sätze, die nicht von links nach rechts verlaufen, als angenehm und kindgemäß beurteilt werden.

▲ **Abb. 2.1.** Solche Abbildungen finden sich in vielen Büchern und Lesematerialien. Auch für engagierte Eltern, Lehrer und Therapeuten ist es oft schwierig, zu beurteilen, ob sie kindgemäß sind oder nicht (aus Jansen und Streit 2010, S. 61).

Wie kindgemäß ist eine Leseaufgabe wie die in Abbildung 2.1?

Im vorangegangen Beispiel ist der zu lesende Text um ein Bild herum geschrieben. Hierdurch ergeben sich für das Lesen zwei bedeutende Veränderungen:

1. Einzelne Buchstaben oder ganze Wörter sind gedreht.
2. Der Text läuft überwiegend nicht entsprechend der normalen Leserichtung.

Gedrehte Buchstaben sind schwieriger zu lesen

Warum ist es nun schwierig, wenn Buchstaben oder ganze Wörter gedreht dargestellt werden? In Experimenten ist zunächst allgemein aufgefallen, dass es länger dauert, ein Objekt wahrzunehmen, wenn es gedreht dargestellt ist (Shepard und Metzler 1971). Je größer der Winkel, um den das Objekt nach links oder rechts gedreht ist, desto länger dauert es, dieses Objekt zu erkennen. Ganz offensichtlich müssen selbst Erwachsene das gedrehte Objekt gedanklich erst wieder in die aufrechte Position zurückdrehen, um es wahrzunehmen. Diese mentale Rotation wird unbewusst durchgeführt. Bis 180° wird unbewusst gegen den Uhrzeigersinn, ab 180° wird mit dem Uhrzeigersinn gedreht. Das gedankliche Drehen eines Objekts in die Ausgangslage ist also offensichtlich eine eigene geistige Tätigkeit, die zusätzlich Zeit und Anstrengung kostet.

Entsprechendes fanden Cooper und Shepard (1973) in einem Experiment mit Buchstaben. Sie verwendeten in ihrem Experiment Buchstaben, die wie das „R" in ◘ Abb. 2.2 um verschiedene Winkel gedreht waren.

R R R R R R R

0° 60° 120° 180° 240° 300° 360°

Drehung des Buchstabens (in Grad)

▲ **Abb. 2.2.** Im Experiment von Cooper und Shepard (1973) sollten Versuchspersonen Buchstaben erkennen, die um unterschiedliche Winkel gedreht waren.

◘ Abb. 2.3 gibt die Zeit wieder, die die Versuchspersonen durchschnittlich für das Wahrnehmen dieser gedrehten Buchstaben brauchten. Das Ergebnis ist eindeutig: Je größer der Winkel, um den der Buchstabe von seiner Normallage abweicht, desto länger benötigen die Versuchspersonen, um ihn zu erkennen. Selbst bei Erwachsenen wird also die Wahrnehmung deutlich erschwert, wenn Buchstaben gedreht dargestellt sind. Neuere Befunde zeigen, dass gerade Kinder mit Lesestörungen besonders lange brauchen, um gedrehte Buchstaben gedanklich zu drehen (Rüsseler et al. 2005).

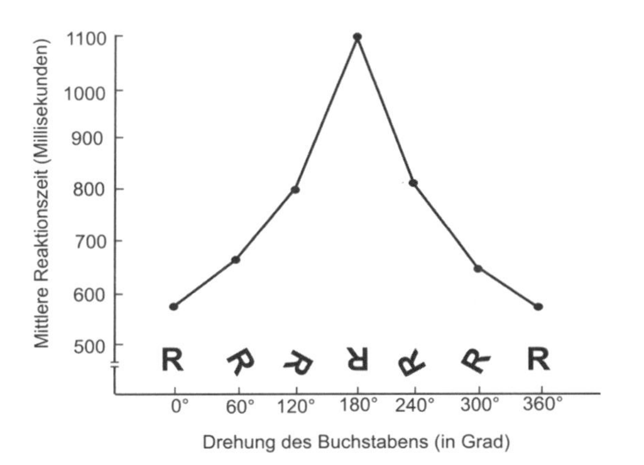

▲ **Abb. 2.3.** Ergebnisse des Experiments von Cooper und Shepard (1973). Je stärker ein Buchstabe nach links oder rechts gedreht ist, desto länger benötigt man, um ihn zu erkennen. Die Reaktionszeiten erklären sich dadurch, dass die Versuchspersonen bis 180° den Buchstaben unbewusst gegen den Uhrzeigersinn in die Senkrechte zurückdrehen, bei mehr als 180° mit dem Uhrzeigersinn. Der „längste Weg" des Zurückdrehens muss deshalb bei 180° zurückgelegt werden. Aus diesem Grund sind hier die Reaktionszeiten am längsten (Mod. nach Cooper und Shepard 1973).

Mithilfe der ◻ Abb. 2.4 können Sie die Ergebnisse der Experimente nachvollziehen. Selbst Ihnen als erfahrener Leser fällt es schwerer, zu lesen, wenn die Leserichtung nicht von links nach rechts verläuft.

Unabhängig davon, ob Sie Ihren Kopf schiefgelegt oder das Blatt gedreht haben, spüren Sie, dass ein gekippter Text schwerer zu lesen ist.

Haben Sie das Blatt gedreht oder Ihren Kopf schief gelegt, um besser lesen zu können? Wahrscheinlich haben Sie es getan, weil Sie sich die Aufgabe leichter machen wollen.

▲ **Abb. 2.4.** Wenn Texte nicht von links nach rechts geschrieben sind, lassen sie sich schwerer lesen. Die meisten Kinder und Erwachsenen versuchen, durch Drehen ihres Kopfes oder des Blattes das Lesen zu vereinfachen.

Für Kinder, die sich gut steuern und die sich beim Lesen leicht tun, haben gedrehte bzw. in Gegenrichtung verlaufende Texte scheinbar keinen ungünstigen Einfluss. Mit „scheinbar" ist gemeint, dass man von außen bei diesen Kindern oft kein Nachlassen der Motivation erkennt. Anders ist es bei Kindern, die sich mit dem Lesen schwer tun, die bezüglich des Lesens bereits schlechte Gefühle entwickelt haben und die das Lesen eigentlich vermeiden möchten. Kommt für diese Kinder eine zusätzliche Erschwernis durch gedrehte Buchstaben hinzu, vermindert sich ihre Motivation in der Regel noch weiter. Das alleine für sich genommen müsste schon Grund genug sein, auf solche scheinbar kindgemäßen Übungsaufgaben zu verzichten – zumal sie keinen Vorteil für die Kinder haben. Aber es gibt etwas, das alle Kinder betrifft, ohne dass man dies von außen merken würde:

Gedrehte Texte verlangsamen bei allen Kindern das Lesenlernen

Wenn wir einen Text lesen, haben wir den Eindruck, den ganzen Text gleichzeitig scharf und gut lesbar wahrzunehmen. Tatsächlich aber können unsere Augen, während sie einen bestimmten Punkt des Textes fixieren, nur einen ganz kleinen Bereich rund um diesen Fixationspunkt wirklich scharf sehen. Dies liegt daran, dass nur im Zentrum unserer Netzhaut (Retina) die Sinneszellen so dicht angeordnet sind, dass eine scharfe Wahrnehmung möglich ist. ◻ Abb. 2.5 gibt wieder, was unser Auge wahrnimmt, während es einen einzelnen Punkt im Text fixiert.

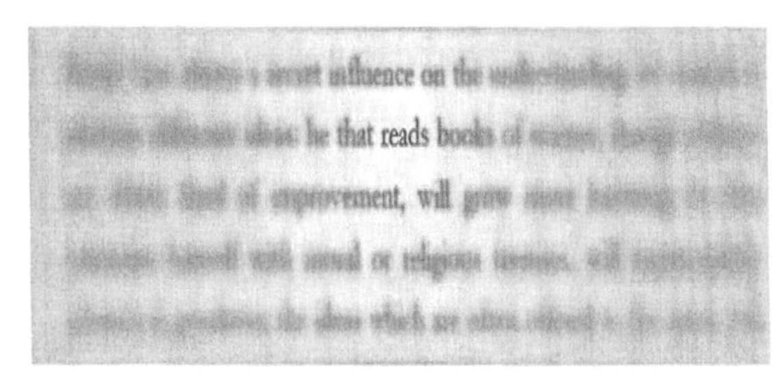

▲ **Abb. 2.5.** Während unser Auge einen einzelnen Punkt im Text fixiert, ist nur ein kleiner Bereich um diesen Punkt herum scharf wahrzunehmen (Aus Dehaene 2010, S. 25, mit freundlicher Genehmigung des Autors).

Was in ◻ Abb. 2.5 für die Wahrnehmung von Texten dargestellt ist, gilt für alles Sehen. Während unser Auge einen Punkt fixiert, kann jeweils nur ein kleiner Bereich um diesen Punkt herum wirklich scharf wahrgenommen werden. Wie löst unser Wahrnehmungssystem dieses Problem? Tatsächlich führt unser Auge alle 200–250 Millisekunden einen blitzschnellen Sprung von einem Fixationspunkt zum nächsten aus. Diese Sprünge, in der Fachsprache „Saccaden" genannt, laufen automatisch und überwiegend unbewusst ab, sodass wir den Eindruck haben, die Dinge vor uns als Ganzes scharf wahrzunehmen. ◻ Abb. 2.6 gibt beispielhaft die große Anzahl der Sprungbewegungen wieder, die unser Auge ausführt, während wir ein Gesicht betrachten.

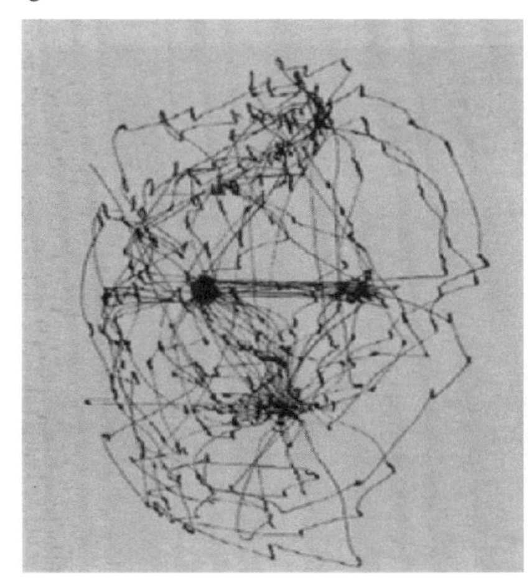

▲ **Abb. 2.6.** Beispiel für die Augenbewegungen beim Betrachten eines Gesichts (Aus Yarbus 1967).

Nun hat unser Gehirn die fantastische Fähigkeit, durch aufwendige Lernprozesse für unterschiedliche Tätigkeiten eine jeweils unterschiedliche Steuerung der Wahrnehmung und der Augenbewegungen aufzubauen: für das Betrachten von Gesichtern, für das Autofahren, Tennisspielen, Notenlesen und eben auch für ein schnelles, sicheres und müheloses Lesen geschriebener Texte. Es grenzt an ein Wunder, welche hochpräzisen Steuerungsvorgänge das Gehirn eines kompetenten Lesers durchführt, während dieser mit seiner bewussten Informationsverarbeitung völlig beim Inhalt des Textes ist. Der Leser selbst nimmt nichts von all den unbewussten Steuerungsvorgängen wahr und braucht daher auf diese keinerlei Anstrengung zu verwenden.

In ◻ Abb. 2.7 ist durch die Pfeile jeweils die Stelle im Text markiert, die das Auge des Lesers in einem bestimmten Moment fixiert. Während dieser Fixation werden vom kompetenten Leser ca. 3–4 Buchstaben links und bis zu acht Buchstaben rechts des Fixationspunkts vollständig analysiert. Dies entspricht dem in ◻ Abb. 2.7 durch ein weißes Rechteck hinterlegten Ausschnitt. Dieser liegt im Bereich des schärfsten Sehens.

Die folgenden Buchstaben im Text (in ◻ Abb. 2.7 durch ein graues Rechteck hinterlegt) werden während dieser ersten Fixation noch nicht vollständig erkannt. Das Gehirn entnimmt ihnen jedoch bereits z. B. Informationen über den Anfangspunkt des nächsten Wortes. Diese Informationen werden benötigt, um den nächsten Sprung der Augen so präzise zu planen, dass er zur richtigen Zeit an die richtige Stelle im Text erfolgt. Alle Buchstaben außerhalb des weißen und grauen Rechtecks werden während dieser einen Fixation nicht verarbeitet (schwarze Bereiche in ◻ Abb. 2.7).

Wie aus ◻ Abb. 2.7 deutlich wird, ist unser Wahrnehmungsfenster[1] beim Lesen asymmetrisch. Es ist nach rechts erweitert, da wir von links nach rechts lesen. So ist es optimal an die von links nach rechts verlaufende Zeile angepasst. **Größe und Form des Wahrnehmungsfensters beim Lesen sind uns nicht genetisch mitgegeben. Sie sind das Ergebnis von Automatisierungsprozessen.** Die Größe des Wahrnehmungsfensters hängt vom Trainingsstand des Lesers ab. Bei schlechteren Lesern ist es kleiner. Auch die Asymmetrie kann nur durch Automatisierung erklärt werden. Im hebräischen oder arabischen Sprachkreis, wo von rechts nach links gelesen wird, ist das Wahrnehmungsfenster für das Lesen entsprechend nach links asymmetrisch[2].

1 Zur besseren Verständlichkeit erlauben wir uns, den englischen Begriff „perceptual span" durch den Begriff „Wahrnehmungsfenster" wiederzugeben. Die korrekte Übersetzung wäre „Wahrnehmungsspanne". Gemeint ist damit derjenige Bereich, aus dem während einer Fixation Informationen entnommen werden.

2 Man nahm früher häufig an, dass sich die Fähigkeiten zum Lesen und Rechtschreiben im Sinne einer natürlichen Reifung des Kindes entwickeln. Mit der Vorstellung der natürlichen Reifung lässt sich schwer erklären, warum im hebräischen oder arabischen Sprachkreis, wo von rechts nach links gelesen wird, das Wahrnehmungsfenster für das Lesen nach links asymmetrisch ist – umgekehrt wie bei deutschen Kindern.

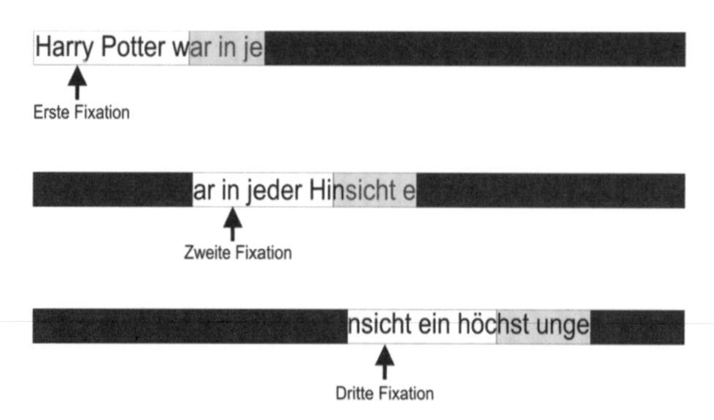

▲ **Abb. 2.7.** Das Wahrnehmungsfenster beim Lesen als Ergebnis der Automatisierung. Der Pfeil markiert die Stelle, die unsere Augen im jeweiligen Augenblick fixieren. Indem das Auge weiterspringt (von der ersten zur zweiten und dann zur dritten Fixation), wandert dieser mit dem Pfeil bezeichnete Fixationspunkt im Text weiter. Das weiße Rechteck kennzeichnet denjenigen Bereich, in dem die Buchstaben mit Hilfe von Parallelverarbeitung erfasst und vollständig analysiert werden. Es liegt im Bereich des schärfsten Sehens. Das graue Rechteck gibt den Bereich wieder, in dem nur eine teilweise Auswertung der Buchstaben erfolgt (nach Rayner et al. 2001).

Wie kindgemäß ist demnach die Leseaufgabe in Abb. 2.1?

Kommen wir zu unserer ◻ Abb. 2.1 zurück. Die Frage war: „Sind solche Leseübungen kindgemäß?" Die Antwort lautet eindeutig „nein". Der Grund ist der folgende. Um richtig lesen zu können, müssen sich Kinder ein für das Lesen günstiges Wahrnehmungsfenster aufbauen. Darüber hinaus müssen sie sich eine präzise unbewusste Steuerung der Augenbewegungen aneignen. Beide Fertigkeiten sind genetisch nicht vorhanden, sie müssen durch Automatisierungsprozesse aufgebaut werden. Dabei gilt eine feste biologische Regel. Wandern die Augen beim Lesen **immer** präzise von links nach rechts, dann wird die Automatisierung aufgebaut. Wandern die Augen mal von links nach rechts, mal von rechts nach links, mal von unten nach oben und mal schräg über das Blatt, wird Automatisierung **abgebaut** (s. hierzu ▶ Kapitel 2.5). Entsprechende Lernmaterialien bedeuten in jedem Fall eine Verlangsamung des Lernprozesses. Im schlimmsten Fall gelingt die Automatisierung eines passenden Wahrnehmungsfensters und einer präzisen Steuerung der Augenbewegung überhaupt nicht. Die betroffenen Schüler tun sich dann oft lebenslang mit dem Lesen schwer – sofern sie nicht einmal grundsätzlich umlernen. Dies kostet sie aber erfahrungsgemäß 1 bis 3 Jahre Anstrengung.

Fähigkeiten wie ein nach rechts erweitertes Wahrnehmungsfenster und präzise Augenbewegungen sind für das Lesen genetisch nicht gegeben. Sie müssen durch Üben aufgebaut werden. Hierbei wird das richtige Üben zum Dreh- und Angelpunkt. Wird nicht immer von links nach rechts gelesen, verlangsamt sich im besten Fall der Aufbau dieser Fähigkeiten. Im schlimmsten Fall gelingt der Aufbau dieser Fähigkeiten überhaupt nicht (s. ▶ Kapitel 2.5).

2.1.2 Zweites Beispiel: Schreiben wie man hört[3]

„Kindgemäß" muss nicht kindgemäß sein. Dies hat bereits unser erstes Beispiel gezeigt. Wie kindgemäß ist nun die Methode, die sehr häufig für den Einstieg in das Lesen und Schreiben angewendet wird: „Schreiben wie man hört"?

Der Lernweg „Schreiben wie man hört" hat das Ziel, mit Hilfe des Lesen- und Rechtschreibenlernens den Schüler zu einer selbstentdeckend lernenden Persönlichkeit zu entwickeln. Mit dieser Idee übt er eine große Faszination auf Eltern und Lehrer aus und erreichte hierdurch einen großen Einfluss auf der politischen Ebene. Der Lernweg „Schreiben wie man hört" wird unterschiedlich lange angewendet. Manche Kinder lernen über diesen Weg einige Wochen, andere Monate oder Jahre.

Die Faszination dieses Weges ist u. a. darauf zurückzuführen, dass wohl alle Eltern, Lehrer, Therapeuten und politisch Verantwortlichen den Wunsch haben, dass sich Kinder zu selbstdenkenden und selbstsicheren Persönlichkeiten entwickeln. Um dies zu fördern, geht der Lernweg „Schreiben wie man hört" so vor:

- Das Kind soll die Abfolge der einzelnen Laute eines Wortes durch lautes oder leises Sprechen des Wortes selbstständig hören.
- Mit Hilfe der Anlauttabelle wird für jeden gehörten Laut der zugehörige Buchstabe herausgefunden.
- Fehler sollen dem Schüler möglichst nicht rückgemeldet werden. Die Eltern werden angehalten, Fehler nicht zu verbessern.
- Die Kinder sollen sich die Fähigkeit zum Lesen und Rechtschreiben möglichst allein aufbauen. Sie sollen sich die Gesetzmäßigkeiten des Lesens und Rechtschreibens möglichst selbstständig erarbeiten.

Da die Kinder mit Hilfe der Anlauttabelle jedes Wort Buchstabe für Buchstabe so aus dem Gehör schreiben, wie sie es hören, kommt es zu einer Vielzahl von Fehlern. Zwangsläufig schreiben **alle Kinder** Wörter falsch, deren Schreibweise sie nicht durch Hören ermitteln können. Beispiele hierfür sind „Feler" anstatt „Fehler", „wolen" anstatt „wollen", „Schtat" anstatt „Stadt" usw.

Besonders viele Fehler machen Kinder, die weniger gut hören und Kinder mit einer auditiven Verarbeitungs- und Wahrnehmungsstörung (AVWS), dem sogenannten „Phonologischen Defizit". Letztere tun sich deshalb besonders schwer, weil sie einzelne Laute nicht getrennt wahrnehmen und benennen können. Oftmals können sie schon die Anlaute nicht eindeutig identifizieren. Die Reihenfolge der einzelnen Laute festzulegen, stellt für sie eine noch größere – oft unlösbare – Herausforderung dar. Auch kurze Vokale von langen zu unterscheiden, gelingt ihnen oft nicht. Somit haben sie bedingt durch ihr Störungsbild große Probleme, wenn sie Lesen und Rechtschreiben vor allem über den Weg des Hörens erlernen sollen.

Neben den genannten Kindern tun sich all diejenigen mit dem richtigen Hören der Schreibweise schwer, die einen Dialekt sprechen oder aufgrund ihres Migrationshintergrundes die deutsche Sprache nicht vollständig beherrschen. **All diese Kinder machen nochmals mehr Fehler als andere Kinder.**

Damit die Kinder durch die hohe Fehlerzahl nicht demotiviert werden, gibt die Lehrkraft keine korrigierenden Rückmeldungen. Stattdessen verweist sie auf eine Art stufenweise Entwicklung der Kinderschrift zur Erwachsenenschrift. Auch Eltern werden angehalten, Fehler nicht zu verbessern.

Können Kinder ausreichend geschützt werden, indem man ihnen keine Rückmeldung über ihre Fehler gibt?

Der Lernweg „Schreiben wie man hört" hat das Wohl des Kindes und den emanzipierten Schüler zum Ziel. Um dieses Ziel nicht zu gefährden, werden zwangsläufig die Rückmeldungen der massenhaften Fehler kontrolliert. Reicht es aber wirklich aus, Fehler nicht bzw. nur vage rückzumelden, um Schaden von den Kindern fernzuhalten? Anders gefragt: Kann nicht gerade das „Nichtrückmelden" eines Fehlers Schäden auslösen – dann nämlich, wenn der Fehler dadurch vom Kind gespeichert wird? – Eine grundlegende Frage ist demnach zunächst diese: „Werden Fehler gespeichert?". Die Beantwortung dieser Frage ist zentral bei der Beurteilung, ob die Methode „Schreiben wie man hört" kindgemäß ist oder nicht und ob sie Schäden vom Kind fernhält oder nicht.

Viele Eltern, Therapeuten und Lehrer sind sich gefühlsmäßig ganz sicher, dass Fehler gespeichert werden. Sie ziehen diesen Schluss aus der Beobachtung von Kindern. Wir rechnen uns zu dieser Gruppe dazu. Aber offensichtlich ist es nicht immer so einfach. Denn andere, ebenfalls erfahrene Lehrer und Therapeuten arbeiten über Jahre mit dieser Methode. Sie machen die Beobachtung, dass die meisten Kinder mit diesem Weg sowohl Lesen als auch Rechtschreiben lernen. Daraus schließen viele, dass Fehler nicht gespeichert werden. Entsprechend geht es engagierten Eltern, deren Kind mit Freude über diesen Weg gelernt hat. Sie hatten nicht den Eindruck, dass ihr Kind Fehler gespeichert hat.

Eine entscheidende Frage ist also, ob Fehler im Gehirn gespeichert werden und sich dadurch der Lernprozess insgesamt **verlangsamt.** Diese Frage lässt sich im Einzelfall oft leicht beantworten, wenn man beobachtet, dass einzelne Kinder immer an denselben Fehlern hängen bleiben und nicht weiterkommen, oder wenn man sieht, wie sich einzelne Kinder durch ihre Fehler entmutigen lassen und deshalb nicht weiter lernen wollen. Aber verlangsamen Fehler das Lernen auch dann, wenn man keine so eindeutigen Verhaltensreaktionen erkennen kann?

! Experimente kommen zu einem eindeutigen Ergebnis: Fehler werden im Gehirn gespeichert. Aus diesem Grund geht ein Lernen, bei dem keine oder nur sehr wenige Fehler gemacht werden[4], deutlich schneller als ein Lernen mit vielen Fehlern.

3 Hiermit sind alle Lernwege gemeint, die in den Vordergrund stellen, dass das Kind mit Hilfe der Anlauttabelle nach Gehör schreibt. Ursprünglich sollte über diesen Weg nicht die Rechtschreibung, sondern das Lesen erlernt werden.

4 Im Englischen als „errorless learning" bezeichnet..

Dies ist in einer Vielzahl von Studien sowohl an Normalpersonen als auch an Menschen mit unterschiedlichsten hirnorganischen Beeinträchtigungen immer wieder bestätigt worden (z. B. Maxwell et al. 2001, Kessels und Haan 2003, Heldmann et al. 2008, Lloyd et al. 2009, Doneghey et al. 2010, Haslam et al. 2010, Hammer et al. 2011).

Die Tatsache, dass Fehler gespeichert werden, führt zu einer Kette von Folgeproblemen. Je länger ein Kind viele Wörter fehlerhaft schreibt, desto wahrscheinlicher werden zwei Schwierigkeiten eintreten.

1. Wenn das Kind ein Wort **mal falsch und mal richtig** schreibt oder wenn es dasselbe Wort **in unterschiedlicher Weise falsch** schreibt: In diesen Fällen tritt **keine Automatisierung der richtigen Schreibweise** ein. Das Kind muss zwar viel Arbeit leisten, erhält aber seinen verdienten Lohn nicht. Erst wenn es die einzelnen Wörter immer oder fast immer richtig schreibt, beginnt die Automatisierung. Die Zeit bis dahin ist verloren (s. hierzu ▶ Kap. 2.5).
2. Wenn das Kind dasselbe Wort **meistens oder immer in der gleichen Weise falsch** schreibt: In diesem Fall treten die schlimmsten Folgen ein. Das Kind **automatisiert die falsche Schreibweise**. Das Gehirn wird für die falsche Schreibweise tiefgründig umgebaut. Diesem neuronalen Umbau, muss das Kind später entgegenarbeiten, wenn es irgendwann einmal das Wort richtig schreiben will. Aus der Praxis machen wir die Erfahrung, dass dies Jahre dauern kann (s. ebenfalls ▶ Kap. 2.5)[5].

Der Neurowissenschaftler Professor Spitzer drückt das in einem Redebeitrag (Sendereihe PISAplus des Deutschlandfunks – Wie Kinder in der Grundschule Schreiben lernen, 10.12.2011, zitiert nach Jansen 2011) zusammenfassend so aus:

„... wenn erst mal Repräsentationen in der menschlichen Gehirnrinde entstanden sind, also Nervenzellen, die für was Bestimmtes stehen, dann hat man ganz große Mühe, die zu löschen und dann wieder was Neues zu lernen: Im Gegenteil, die sind sehr veränderungsresistent. Und gerade wo man so was weiß, finde ich es sehr wichtig, dieses Wissen zu nutzen und dann zu sagen: 'Wir lernen's von Anfang an richtig und nicht erst falsch – und dann noch mal anders.' Ich glaube, das ist ein ganz wichtiger Gesichtspunkt, den versteht man nur, wenn man ein bisschen das Gehirn versteht – aber dann wird er umso deutlicher."

Die Methode „Schreiben wie man hört" kann Kinder somit nicht wirklich schützen. Zum einen, weil das „Nichtrückmelden" von Fehlern zu einer Speicherung des Fehlers und den beschriebenen negativen Folgen führt. Zum anderen zeigt sich, dass auch das Ziel, Frustration zu vermeiden, nicht erreicht wird: Gefühlsmäßig haben Kinder mit den vielen Fehlern zwar so lange keine Schwierigkeit, wie keine der Bezugspersonen ein richtiges Schreiben wichtig nimmt. In dem Augenblick aber, in dem die Umgebung auf richtiges Schreiben Wert legt, werden viele Kinder mit einer gefühlsmäßig heftigen Wirklichkeit konfrontiert. Dabei haben wir die Erfahrung gemacht, dass die Auswirkungen umso heftiger sind, je später die Umgebung die richtige Schreibweise einfordert. Die Auswirkungen betreffen im Einzelfall unterschiedlichste Bereiche. Es gibt Kinder, die von ihren nahen Bezugspersonen enttäuscht sind, weil diese sie auf die Falle mit der Rechtschreibung nicht aufmerksam gemacht haben. Sie spüren einen Vertrauensverlust oft zu ihren wichtigsten Bezugspersonen, ihren Eltern. Andere sind von den vielen plötzlichen Fehlerrückmeldungen einfach emotional so betroffen, dass sie die Lust am Lesen und vor allem am Rechtschreiben verlieren. Wenn die Rückmeldungen aus der Umgebung sehr spät kommen, tritt zusätzlich zu den genannten Problemen ein weiteres auf: Während der gesamten Schulzeit wird keine sichere Rechtschreibung und kein sicheres Lesen mehr erlernt. In diesen Fällen kann sogar die Berufswahl betroffen sein bzw. die Betroffenen verbrauchen sehr viel Energie, um nicht entdeckt zu werden oder bestimmte Arbeiten nicht übernehmen zu müssen – bis sie vielleicht nochmals grundlegend umlernen.

5 Von diesen Folgeproblemen sind die Kinder unterschiedlich betroffen, weil hier unterschiedliche Größen zusätzlich Einfluss nehmen, etwa: Können die Kinder bereits vor Schulbeginn lesen oder kennen sie zumindest die Buchstaben? Auch der Einfluss der Eltern ist wichtig. Wie viel helfen die Eltern den Kindern? Einen sehr großen Einfluss nehmen darüber hinaus Teilleistungsstörungen wie ADS, auditive Verarbeitungsstörungen usw.

2.2 Welchen Gesetzmäßigkeiten muss ein Lese- und Rechtschreibmaterial gerecht werden, damit es kindgemäß ist?

Kinder können nur dann schnell und mit einem guten Gefühl lernen, wenn folgende Größen beachtet werden:

- eine gute Eigensteuerung,
- eine gute und angemessen helfende Beziehung,
- Erfolg.

Eine gute Eigensteuerung

Zu einer guten Eigensteuerung gehört grundlegend, sich positive Ziele für die Fähigkeiten aufzubauen, die für ein Leben in unserer Kultur notwendig sind. Hierzu gehören auch Lesen und Rechtschreiben. Es ergibt für das Lebensgefühl eines Kindes und für seine Selbstsicherheit keinen Sinn, bis zu 12 Jahre lang in die Schule zu gehen und keinen Spaß an Deutsch oder Mathematik zu haben. Zu einer guten Eigensteuerung gehört ebenfalls, sich erfolgreiche Lernstrategien anzueignen (Jansen und Streit 2006), z. B.:

- Ich wiederhole einen Lerninhalt so oft, dass ich ihn sicher beherrsche.
- Ich bin stolz auf mein Lernverhalten und meinen Lernerfolg.
- Wenn etwas schwierig ist, nehme ich mir genügend Zeit, um die Aufgabe sicher zu bewältigen.

Die Schlüssel zum Aufbau einer guten Eigensteuerung sind die folgenden beiden Punkte: „Eine gute und angemessen helfende Beziehung“ und „Erfolg“ (Jansen und Streit 2006).

Eine gute und angemessen helfende Beziehung

Eine gute Beziehung zu einem Kind zu haben bedeutet, es wirklich wahrzunehmen und wirklich zu spüren. Dies führt in jedem Augenblick zu unterschiedlichen Antworten der Bezugspersonen. Beispielsweise gilt es zu spüren, in welchen Situationen das Kind sehr viel Hilfe und Unterstützung benötigt und in welchen Situationen es wichtig ist, seine Selbstständigkeit zu unterstützen und weniger oder gar keine Hilfestellungen zu geben. Wie viel Hilfestellung erforderlich ist, kann nur durch ein genaues Wahrnehmen des Kindes entschieden werden[6].

Erfolg

Kein Mensch – weder Erwachsener noch Kind – bleibt auf Dauer motiviert, wenn er keinen Erfolg hat. Wenn Lerninhalte oft zu schwer sind, verlieren Kinder den Spaß an ihnen. Unterschiedliche Kinder ertragen eine Überforderung unterschiedlich lange. Die einen verlieren die Lust und den Mut sofort, andere halten länger durch. Doch jedes Kind kommt bei fortgesetzter oder sich häufig wiederholender Überforderung an einen Punkt, an dem es die Motivation für diese Tätigkeit verliert – oder sie erst gar nicht aufbaut. Damit wird Erfolg zu einem Schlüsselbegriff für Motivation. Ein für das individuelle Kind angemessener Schwierigkeitsgrad garantiert diesen Erfolg.

Jedes einzelne Kind soll Erfolg haben. Daher muss jedes Kind zu jedem Zeitpunkt des Lernens seinen persönlichen optimalen Schwierigkeitsgrad erleben können. Dies war unser oberstes Ziel bei der Entwicklung der vorliegenden Arbeitsmaterialien.

2.2.1 Jedes einzelne Kind soll Erfolg haben

Den Schlüssel für dieses Ziel fanden wir durch das Ausprobieren verschiedener Vorformen dieses Arbeitsmaterials in Schulen sowie Einzel- und Gruppentherapien. Der Schlüssel liegt in dem Prinzip der **Einfachheit**. Wenn der Schwierigkeitsgrad nur durch eine Stellgröße angepasst werden kann, ist die Anpassung so einfach, dass das Ziel auch unter den Bedingungen des normalen Alltags erreicht werden kann.

Diese Stellgröße ist die Geschwindigkeit des Vorgehens: Entsprechend den Erfahrungen aus Hunderten von Therapien und umfangreichen Schuldurchläufen wurde das Material so aufgebaut, dass der Schwierigkeitsgrad nur über langsameres oder schnelleres Vorgehen angepasst werden kann. Die schwierigste Stelle im gesamten Material ist da, wo das Kind erstmals das Zusammenlesen von zwei Buchstaben übt, z. B. „MA“ und „AM“. Danach sind alle Seiten einfacher. Schwierigkeitssprünge, wie in den meisten Lernmaterialien üblich, fehlen dem hier vorliegenden Lernmaterial völlig.

Wer schnell lernen kann, geht schneller voran. Wer langsamer lernt, nimmt sich mehr Zeit und lernt dabei, sich mehr Zeit nehmen zu dürfen. Letzteres sehen wir als eine wichtige Grundlage für sozial sicheres Verhalten an: sich selbst die Bedingungen einzufordern, unter denen es einem gut geht, und sich selbst zum Beurteilungsmaßstab werden zu lassen.

Langsamer zu lernen oder schneller voranzugehen müssen Kinder grundsätzlich lernen, wollen sie sich eine positive Eigensteuerung für ihr Lernen aufbauen. Diese wichtige Lernstrategie können die Kinder am Lesen und Rechtschreiben für ihr späteres Leben täglich verinnerlichen.

Die Tatsache, dass der Schwierigkeitsgrad nur über die Geschwindigkeit individuell angepasst werden kann, hat verschiedene Vorteile, z. B.:

- Viele Kinder lernen schnell, ihren eigenen für sie passenden Schwierigkeitsgrad selbst zu bestimmen. Das Material ist so gestaltet, dass bereits die meisten Erstklässler die Anpassung des Schwierigkeitsgrades erlernen können.
- Wo dies den Kindern nicht selbst gelingt, können ihre Bezugspersonen den passenden Schwierigkeitsgrad herausfinden. Bezugspersonen können hierbei sein: andere Kinder als Lernpartner, Lehrerinnen und Lehrer, Eltern, Erzieherinnen und Erzieher im Hort und – im Zusammenhang mit Integration und Inklusion – Therapeutinnen und Therapeuten.

Individuell bedeutet für uns: Der Schwierigkeitsgrad wird für jedes Kind in jedem Augenblick angepasst.

Viele verstehen unter „individuell“ etwas ganz anderes. Individuell bedeutet für sie, dass jedes Kind seinen eigenen, sprich anderen Lernweg hat. Die Forderung nach einem eigenen Lernweg für jedes Kind wird oft damit begründet, dass es verschiedene Lerntypen gibt, die mit ihrem eigenen Lernweg besser zurechtkommen.

Wir haben in den Jahrzehnten unserer Arbeit beobachten können, dass Kinder tatsächlich Lesen und Rechtschreiben auf unterschiedliche Weise lernen. Aber wir konnten auch beobachten, dass sie unterschiedlich erfolgreich sind. Die Tatsache, dass ein Kind auf seine Weise lernt, sagt nichts über die Qualität seines Lernweges aus. Nicht jedes Kind – um das einmal sehr vorsichtig auszudrücken – kann im Alter von 6 oder 7 Jahren die Lernwege herausfinden, für die die Grundlagenforschung und „Lernpraxis“ Jahrzehnte brauchte. Wenn dann bei einzelnen Kinder noch die unterschiedlichsten Erschwernisse hinzukommen – etwa ADS, Schwierigkeiten im Bereich des Hörens bzw. der Hörverarbeitung, Entwicklungsverzögerungen, Lernstörungen, Schwierigkeiten zu speichern – dann werden ungünstige Lernwege und ungünstige Lernstrategien wahrscheinlicher sein als günstige. Unserer Erfahrung nach finden nur etwa

6 Das, was wir unter einer guten und angemessenen helfenden Beziehung verstehen, haben wir in „Positiv lernen“ ausgeführt (Jansen und Streit 2006). Wenn wir die letzten Jahrzehnte unserer Arbeit als Maßstab nehmen, dann haben wir oft den Eindruck, dass Kinder in unserer Gesellschaft bezüglich ihres Sozialverhaltens häufig unterfordert und bezüglich ihrer schulischen Leistung häufig überfordert werden. Dies gilt natürlich nicht in jedem Einzelfall.

10–15% der Kinder „selbstständig" optimale Lernstrategien heraus. Dabei haben auch diese Kinder Hilfen bekommen, wenn nicht in der Schule, dann häufig bereits im Elternhaus oder von Geschwisterkindern.

2.3 Wie sieht der leichteste Start für das Lesen aus?

Ein Vergleich zwischen guten und schlechten Lesern hilft, es zu verstehen.

Der leichteste Zugang zum Lesen ist, ein geschriebenes „A" als „A" oder ein geschriebenes „M" als „M" auszusprechen. Ein zweiter Lernschritt ist dann, die beiden ausgesprochenen Laute zu einer Lautverbindung „MA" zusammenzusetzen. Für all dies braucht das Kind die Buchstaben nicht schreiben zu können[7].

Wenn auch dieser Einstieg sicherlich der einfachste ist, kommt doch an dieser Stelle die Frage auf: Dürfen wir diesen Weg gehen? Lesen hat doch mit Bedeutung zu tun, müsste man dann nicht von Anfang an bedeutungsvolle Wörter lesen? Um diese Fragen zu beantworten schauen wir uns zunächst einmal an, wodurch sich gute Leser und schlechte Leser unterscheiden.

Der Vergleich des Leseverhaltens von guten und schlechten Lesern hilft, den günstigsten Lernweg zu ermitteln.

Das sehen wir von außen als Bezugspersonen

Sie alle kennen das typische Bild von Kindern, die Lesen lernen. Mühsam benennen sie Buchstaben oder ziehen langsam und mit großer Anstrengung die Buchstaben zu Wörtern zusammen. Es dauert lange, bis sie zum nächsten Wort gelangen, und anfangs benötigen sie dafür die Unterstützung ihres Zeigefingers.

Alles geht langsam, ist anstrengend und benötigt Aufmerksamkeit. Den Sinn des Gelesenen erfassen die Kinder dabei häufig noch nicht. Sie sind ganz mit der Entschlüsselung der Buchstaben und Wörter beschäftigt.

Vollständig anders ist dies bei guten Lesern. Sie brauchen sich für den technischen Vorgang des Lesens nicht mehr anzustrengen. Daher können sie ihre Aufmerksamkeit ganz auf die Sinnentnahme richten und haben Kapazitäten frei, den Inhalt noch tiefer zu verstehen und besser zu behalten. Dies sind zwei entscheidende Vorteile für die guten Leser.

Das sagt uns die Forschung

Rott und Zielinski (1985) ließen gut und schlecht lesende Kinder aus der 2. bis 4. Klasse einzelne Buchstaben und Verbindungen aus 2, 3 oder 4 Buchstaben lesen, etwa „Ba", „Ban", „Bans". Diese Buchstabenverbindungen entsprachen den Regeln der deutschen Sprache, waren aber keine sinnvollen Wörter.

Aus Abb. 2.8 wird deutlich, dass sich die guten und schlechten Leser darin unterscheiden, wie lange sie für den eigentlichen Leseprozess brauchen.

- Die schlechten Leser benennen bereits einen einzelnen Buchstaben langsamer.
- Die schlechten Leser benötigen für jeden weiteren Buchstaben zusätzliche Zeit.
- Bei den guten Lesern bleibt die Reaktionszeit immer gleich, unabhängig davon, wie viele Buchstaben erlesen werden.

Diese Ergebnisse von Rott u. Zielinski lassen nur einen Schluss zu: Gute und schlechte Leser setzen eine vollständig andere Art der Informationsverarbeitung ein. Die schlechten Leser lesen mit dem „Kurzzeitspeicher"[8], die guten Leser mit dem „Langzeitspeicher". Was ist damit gemeint?

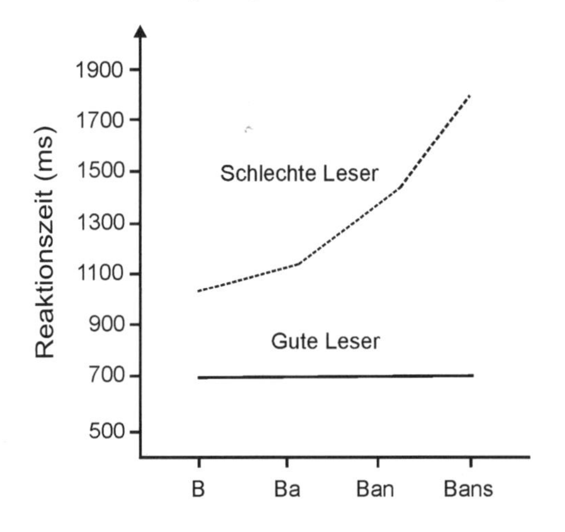

Abb. 2.8. Kinder der 2. Klasse: Gemessen wurden die Reaktionszeiten beim Lesen einer unterschiedlichen Anzahl von Buchstaben (Mod. nach Rott und Zielinski 1985).[9]

Die Ergebnisse des Experimentes lassen sich verstehen, wenn wir die Grundlagen der menschlichen Informationsverarbeitung genauer betrachten. Komplexe Aufgaben – wie beispielsweise das Verstehen von Texten – können nur dann optimal gelöst werden, wenn „Kurzzeitspeicher" und „Langzeitspeicher" optimal zusammenarbeiten. Damit ist Folgendes gemeint.

Der Kurzzeitspeicher ist dafür zuständig, Informationen **bewusst** zu verarbeiten. Er wird also immer dann

7 Kinder mit feinmotorischen Schwierigkeiten haben über diesen Weg von Anfang an keinen Nachteil. Ein positives Gefühl kann sich somit bei allen einstellen, sobald sie mit dem Lesenlernen beginnen. Darüber hinaus profitieren Kinder mit Schwierigkeiten beim Hören. Dass sie Laute unterscheiden können, wird nicht vorausgesetzt, wie beim Lernen mit der Anlauttabelle. Deshalb kann die Fähigkeit, Laute und Lautfolgen zu erhören, Schritt für Schritt aufgebaut werden.

8 Der Kurzzeitspeicher wird auch Arbeitsspeicher genannt.

9 Die Originalabbildung ist schwerer zu lesen. Deswegen haben wir hier Vereinfachungen vorgenommen. Die Ergebnisse der 3. und 4. Klasse wurden nicht wiedergegeben. Darüber hinaus sind die „guten" Leser vereinfacht dargestellt worden. In Wirklichkeit sind die guten Leser noch besser. Je mehr Buchstaben sie lesen müssen, desto schneller werden sie. Diese Beschleunigung wurde im Experiment von Rott und Zielinski (1985) gefunden, war aber dort nicht signifikant. 25 Jahre später gibt Dehaene (2010, S. 63) diesen Beschleunigungseffekt mit etwa 10% an. Diese Ergebnisse stimmen mit dem Wortüberlegenheitseffekt von Cattell überein.

gebraucht, wenn wir Texte in der Tiefe verstehen, über Zusammenhänge nachdenken oder nach kreativen Lösungen suchen.

So notwendig der Kurzzeitspeicher für die bewusste und kreative Lösung komplexer Aufgaben ist, so ist doch die **Informationsverarbeitung im Kurzzeitspeicher extrem begrenzt**, denn der Kurzzeitspeicher kann nur etwa 7 Elemente gleichzeitig speichern[10]. Er muss darüber hinaus alle Verarbeitungsschritte nacheinander abarbeiten (sequenzielle Informationsverarbeitung) und ist dadurch **extrem langsam**.

Daraus lässt sich schließen: Komplexe, mehrgliedrige Aufgabenstellungen – wie das sinnentnehmende Lesen und Verstehen – können nicht allein im Kurzzeitspeicher gelöst werden.

Wie gelingt also die Lösung komplexer Aufgaben? Die Kinder müssen zunehmend mehr Verarbeitungsprozesse vom Kurz- in den Langzeitspeicher verlagern.

Im Langzeitspeicher gibt es die Kapazitätsbegrenzungen des Kurzzeitspeichers nicht. Im Langzeitspeicher können darüber hinaus fast beliebig viele Verarbeitungsschritte gleichzeitig durchgeführt werden. Wir sprechen deswegen von Parallelverarbeitung im Gegensatz zur sequenziellen Verarbeitung im Kurzzeitspeicher. Die Parallelverarbeitung geht mit einer extremen Geschwindigkeitssteigerung einher. Sie ist damit **sehr schnell.** Informationen, die im Langzeitspeicher verarbeitet werden können, kosten uns darüber hinaus keine Anstrengung mehr und keine Aufmerksamkeit. Dies ist ein weiterer wichtiger Vorteil.

Die schlechten Leser aus dem Experiment von Rott und Zielinski lesen also noch im Kurzzeitspeicher. Sie müssen noch einen Buchstaben nach dem anderen verarbeiten (sequenzielle Informationsverarbeitung). Die guten Leser führen die eigentlichen Lesefertigkeiten bereits im Langzeitspeicher aus. Sie können alle Buchstaben gleichzeitig verarbeiten (parallele Informationsverarbeitung[11]). Drückt man diesen Sachverhalt mithilfe des Fachbegriffes aus, so heißt dies: Die guten Leser haben das Lesen bereits **automatisiert** – die schlechten nicht.

! Automatisieren bedeutet die Verlagerung der Informationsverarbeitung vom „Kurzzeitspeicher" in den „Langzeitspeicher".

10 Ein Leseanfänger ohne Vorerfahrung würde bereits für das Erkennen des Buchstaben „A" 3 bis 4 Elemente im Kurzzeitspeicher verarbeiten müssen. Das sind alle Einzelteile des Zeichen voneinander getrennt / - \ und die Proportionen der Einzelteile zueinander. Damit ist der Kurzzeitspeicher ziemlich ausgelastet und kann nur noch wenige weitere Informationen verarbeiten. Aufgrund von Lernprozessen wird auf Dauer im Langzeitspeicher eine bildliche Repräsentation von „A" angelegt. Sobald dies geschehen ist, stellt das „A" nur noch ein Element dar.

11 Anzumerken ist in diesem Zusammenhang, dass auch der erfahrene Leser lebenslang die Buchstaben eines Wortes einzeln verarbeitet. Allerdings tut er dies parallel und unbewusst. Hierdurch entsteht für den Leser der Eindruck, als würde ein Wort als Ganzes wahrgenommen werden. Die Vorstellung der Ganzheitsmethode, man könne Wörter ganzheitlich wahrnehmen, ohne dabei einzelne Buchstaben zu verarbeiten, konnte wissenschaftlich nicht bestätigt werden.

Schlechte Leser sind umfassend benachteiligt

Rott und Zielinski (1985) stellten fest, dass die schlechten Leser auch in Klasse 3 und 4 noch nicht die Art der Informationsverarbeitung nutzen können, die die guten Leser bereits in Klasse 2 beherrschen. Die schlechten Leser benötigen auch noch in der 3. und 4. Klasse für jeden zusätzlichen Buchstaben zusätzliche Verarbeitungszeit. Dies führt zu massiven Nachteilen für die schlechten Leser in allen Schulfächern.

Weil schlechte Leser mehr Aufmerksamkeit beim Lesen brauchen, ermüden sie schneller und haben weniger Kapazitäten für die Verarbeitung des Inhalts des Gelesenen frei. Hierdurch geraten sie gegenüber den anderen Schülern ins Hintertreffen. Während die guten Leser sich bereits mit den Inhalten beschäftigen, kämpfen die schlechten Leser noch damit, Wörter und Sätze zu erlesen. Misserfolge in allen Bereichen sind vorprogrammiert. Kinder, die unter einer Aufmerksamkeitsstörung leiden, sind hier besonders betroffen. Weniger gute Leser sind aufgrund ihrer mangelhaften Lesefähigkeit häufiger mit Lesematerial konfrontiert, das zu schwierig ist (Gambrell et al. 1981). Die Folge ist, dass gerade die schwächeren Leser immer mehr die Lust am Lesen verlieren. Dies führt dazu, dass sie im Vergleich zu ihren gut lesenden Klassenkameraden immer weniger lesen. Studien wie die von Biemiller (1977-1978) zeigen, dass schlechte Leser bereits während des Unterrichts (!) nicht einmal halb so viel lesen wie gute Leser.

Besonders hervorzuheben ist in diesem Zusammenhang eine Langzeitstudie von Cunningham und Stanovich (1997). Die Autoren untersuchten die Lesekompetenz von Kindern im 1. Schuljahr. Die Hälfte dieser Kinder konnte in der 11. Klasse noch einmal untersucht werden. Die wichtigsten Ergebnisse waren:

- Es besteht ein hoher Zusammenhang zwischen der Lesefähigkeit in der 1. Klasse und der Lesemenge in der 11. Klasse. Kinder, die früh sicher lesen lernen, lesen also auch in der 11. Klasse mehr. Dieser Zusammenhang besteht **unabhängig von der Intelligenz** der Kinder!
- Je mehr die Kinder lesen, desto größer sind ihr Wortschatz, ihr Sprachverständnis und ihr Allgemeinwissen, **unabhängig von ihrer Intelligenz**.

Keith Stanovich, einer der führenden Leseforscher, fasst diese Befunde folgendermaßen zusammen: „Die Reichen werden immer reicher, die Armen werden immer ärmer" (Stanovich 2000).

! Weil schlechte Leser mehr Aufmerksamkeit und mehr Anstrengung benötigen, ist das Lesen für sie mühevoller. Die Folge davon ist, dass sie deutlich weniger lesen.
Gute Leser lesen lieber und deshalb mehr. Weil sie mehr lesen, bauen sie schneller Wissensbestände auf. Darüber hinaus haben sie auch in allen anderen Unterrichtsfächern Vorteile, weil sie die Texte besser lesen können.

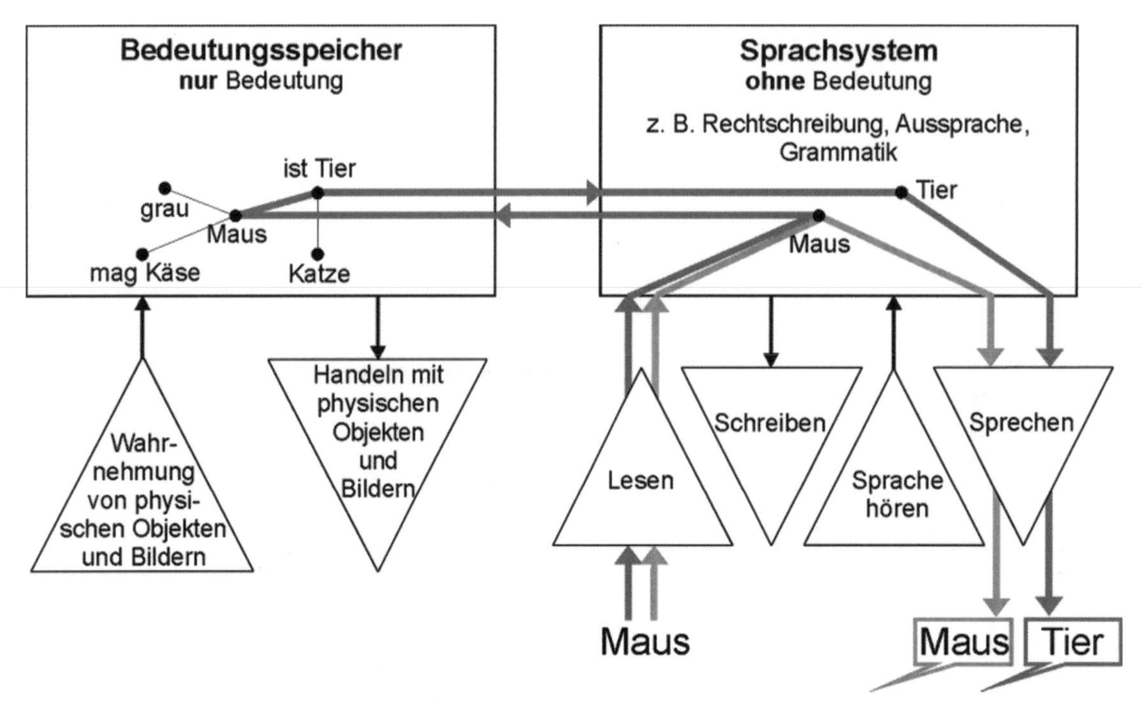

▲ **Abb. 2.9.** Modell von Glaser und Glaser. Es gibt zwei getrennte Systeme für die Verarbeitung von Bedeutung und für die Verarbeitung von Sprache. Das Sprachsystem, das benötigt wird für das Sprechen und Verstehen von Sprache sowie für Lesen und Schreiben, verfügt über keine eigenen Bedeutungsspeicher. Um die Bedeutung eines Wortes zu erfassen, müssen in einem zusätzlichen Verarbeitungsschritt die entsprechenden Informationen im Bedeutungsspeicher aktiviert werden. Die grünen Pfeile geben den Informationsfluss wieder, wenn die Versuchsperson das Wort „Maus" nur lesen soll. Die roten Pfeile kennzeichnen den Informationsfluss, wenn die Versuchsperson das Wort „Maus" sinnerfassend liest (vereinfacht nach Glaser und Glaser 1989, American Psychological Association, adopted with permission).

Unsere Erfahrungen

Lernen heißt: Schritt für Schritt vorankommen, bis man ein Ziel erreicht. Die einzelnen Kinder erreichen das Ziel „Lesenkönnen" oder „Rechtschreibenkönnen" zu einem unterschiedlichen Zeitpunkt oder vielleicht auch gar nicht (s. Pisa-Studien). Unserer Erfahrung nach nehmen folgende Größen einen entscheidenden Einfluss auf die Lerngeschwindigkeit:

- Die Lernstrategien, die das einzelne Kind wählt oder die ihm nahegelegt werden,
- die gewählten Lernaufgaben und
- die Art und Weise, wie das Arbeitsmaterial organisiert ist.

Auch wenn Unterschiede zwischen den Kindern bleiben, profitieren vor allem die Kinder von günstigen Lernstrategien und günstigen Lernmaterialien, die sich beim Lernen schwer tun.

2.4 Lesen findet zunächst ohne Bedeutung statt

Glaser und Glaser veröffentlichten 1989 ein Modell, mit dem sich der Erfolg der Lesestrategie der guten Leser erklären lässt. Sie gehen davon aus, dass der geschriebene Text beim Lesen zunächst einmal ohne Bedeutung verarbeitet wird[12] (vgl. auch Levelt 1989 und Dehaene 2010, S. 51).

Das Modell von Glaser und Glaser besagt: Die Verarbeitung von Sprache und die Verarbeitung von Bedeutung finden zunächst in zwei unterschiedlichen Systemen der Informationsverarbeitung statt (Abb. 2.9).

Im Bedeutungsspeicher[13] ist all unser bedeutungsmäßiges Wissen über die Welt festgehalten. Wie sieht eine Katze aus, wie fühlt sie sich an, wie bewegt sie sich, was frisst sie usw. Auch alle individuellen Erfahrungen mit Katzen sind hier abgelegt. Dieses Wissen im Bedeutungsspeicher wird zunächst ganz unabhängig von der Sprache erworben. So haben kleine Kinder bereits eine ungeheure Menge an Bedeutungswissen erworben, bevor sie in der Lage sind, dieses Wissen in Sprache zu fassen. Sie wissen beispielsweise, wie sich ein Ball anfühlt, wie man ihn anfassen muss und wie er rollt, bevor sie all dies sprachlich ausdrücken können.

12 Diese Sicht widerspricht dem Gefühl der meisten Leser. Sie haben beim Lesen den Eindruck, die Bedeutung immer mitzulesen. Unser Gehirn löst das Leseproblem aber offensichtlich anders als wir fühlen. Dies ist eine der vielen Stellen, an denen wir bewusst etwas anderes wahrnehmen, als unbewusst abläuft.

13 Farben sind in diesem Fall im Bedeutungsspeicher abgespeichert.

Der Stroop-Effekt

Das Modell von Glaser und Glaser (1989) gilt heute in der internationalen Spitzenforschung als das am besten bestätigte Erklärungsmodell für den Stroop-Effekt. Der Stroop-Effekt erklärt sich dadurch, dass es für Sprache und Bedeutung zwei getrennte Systeme gibt. Es ist besonders bemerkenswert, dass von 1935 bis heute zu diesem Thema mehr als 1 500 Veröffentlichungen in den besten experimentell ausgerichteten psychologischen Zeitschriften erschienen sind (mündl. Mitteilung von Prof. Glaser).

Im klassischen Stroop-Experiment werden Farbwörter in „falscher" Farbe geschrieben, etwa: **rot blau** grün gelb. Das Experiment führt immer zu dem gleichen Ergebnis: Wird die Schrift gelesen, so stört die „falsche" Farbe nicht. Wenn die Farbe der Schrift benannt werden soll, also z. B. bei dem Wort „**rot**" blau gesagt werden soll, stört erstaunlicherweise das Wort. Dieser Befund verwundert, weil Farben eigentlich schneller wahrgenommen werden als Worte.

Im **Sprachsystem** werden rein sprachliche Informationen verarbeitet und gespeichert, z. B. wie spreche ich die einzelnen Wörter aus, wie lese ich geschriebenen Text, wie werden die einzelnen Wörter geschrieben? Hier sind auch Informationen über Satzbau und Grammatik abgelegt: Welcher Artikel gehört zum Wort, wie wird bei Substantiven der Plural oder wie werden bei Verben die verschiedenen Zeitformen gebildet usw. All diese Aufgaben laufen nach dem Modell von Glaser und Glaser vollkommen ohne Bedeutung ab.

Der grüne Pfeil in ◻ Abb. 2.9 gibt Folgendes wieder: Beim Lesen werden zunächst einmal die Buchstaben erkannt und zu einem Wort zusammengezogen. Hierdurch wird im Sprachsystem eine Repräsentation des Wortes aktiviert. Dann wird das Wort ausgesprochen. All dies kann zunächst ohne den Abruf der Bedeutung des Wortes erfolgen. Der rote Pfeil in ◻ Abb. 2.9 gibt Folgendes wieder: Soll die Bedeutung eines gelesenen Wortes wie beispielsweise „Maus" erkannt werden, muss in einem zusätzlichen Verarbeitungsschritt die entsprechende Information im Bedeutungsspeicher abgerufen werden.

Eine Reihe von Beobachtungen bestätigen dieses Modell von getrennten Verarbeitungssystemen für Sprache und Bedeutung, z. B.:

- Wir können auch Wörter lesen, deren Bedeutung wir noch nicht kennen.
- Wir können Wörter und Sätze unabhängig von ihrer Bedeutung lernen. So können beispielsweise viele kleine Kinder singen „Jingle bells, jingle bells, jingle all the way" ohne zu wissen, was das bedeutet.
- Wir können Texte vorlesen, ohne uns die Bedeutung dessen, was wir lesen, vorzustellen. So haben nicht wenige Eltern irgendwann einmal die Erfahrung gemacht, dass sie ihren Kindern vorgelesen und dabei an etwas ganz anderes gedacht haben.
- Es gibt Menschen mit besonderen neurologischen Störungen, bei denen die neurologische Störung nach dem Lese- oder Schreiberwerb eingetreten ist und die weiterhin lesen können, den Sinn des Gelesenen aber nicht verstehen.

Etwa 20 Jahre nach der Veröffentlichung der Experimente von Glaser und Glaser gibt Dehaene (2010) eine Zusammenfassung und Übersicht über die einzelnen Informationsschritte, die das Gehirn eines erfahrenen Lesers beim Lesen durchläuft. Dabei stützt er sich auf Experimente mit bildgebenden Verfahren – ohne Rückgriff auf die Experimente von Glaser und Glaser.

Dehaene kommt zu dem gleichen Schluss wie Glaser und Glaser: Lesen findet zunächst ohne Bedeutung statt, bis das Wort in einer Art orthografischem Lexikon[14] aufgefunden ist. Von dort gibt es über verschiedene Netzwerksverbindungen einen Zugang zur Aussprache und zur Bedeutung. Beide Netzwerksverbindungen sind voneinander unabhängig. Die Aussprache des Wortes kann ohne Bedeutung stattfinden. Wir können aber auch die Bedeutung des Wortes aufrufen, ohne dieses auszusprechen. Dies entspricht exakt dem Modell von Glaser und Glaser.

Dehaene gibt jedoch noch ein genaueres Bild der Reihenfolge der einzelnen Verarbeitungsschritte beim Lesen. Diese bauen hierarchisch aufeinander auf. Dabei ist in unserem Zusammenhang wichtig:

Wenn das Wort gelesen wird, werden in einem ersten Schritt die einzelnen Buchstaben erfasst, aus denen dieses Wort besteht. Zu diesem Zeitpunkt weiß das Gehirn noch nicht, wie das Wort heißt! Danach – so nimmt Dehaene an[15] – werden auf der nächsthöheren Analyseebene die Buchstaben zu Buchstabenverbindungen (die in etwa den Silben entsprechen) zusammengesetzt (vgl. Brand et al. 2007, Vinckier et al. 2007). Dies wären – wie Dehaene beispielhaft am Wort „entwürdigen" aufzeigt – die Buchstabenverbindungen „ent", „wür", „dig" und „en". Auch zu diesem Zeitpunkt weiß das Gehirn noch nicht, wie das Wort heißt! Erst am Ende dieser Hierarchie von Verarbeitungsschritten wird das Wort im orthografischen Lexikon erkannt.

All dies erklärt, warum die guten Leser im Experiment von Rott und Zielinski so erfolgreich sind. Sie führen – hoch automatisiert – genau diejenigen Verarbeitungsschritte aus, die für das Erkennen eines Wortes erforderlich sind: Sie erfassen die Einzelbuchstaben und ziehen sie automatisiert zu Buchstabenverbindungen zusammen. Die schlechten Leser tun sich hingegen genau mit diesen Verarbeitungsschritten schwer.

Schlussfolgerungen aus dem heutigen Wissen zur Informationsverarbeitung beim Lesen:

---

14 Im orthographischen Lexikon ist das geschrieben Wort im Sinne einer bildlichen Repräsentation gespeichert. Diese gespeicherte Repräsentation wird während des Lesenlernens angelegt.

15 Es ist zum jetzigen Zeitpunkt noch nicht vollständig geklärt, wie viele Zwischenstufen benötigt werden, bis das Wort im orthografischen Lexikon unter Zuhilfenahme einer bildlichen Repräsentation erkannt wird.

- Wir dürfen den leichtesten Einstieg in das Lesen wählen: zunächst einzelne Buchstaben und etwas später Einzelsilben.
- Es ist wichtig, dass Kinder zunächst ohne den Zwang zur Bedeutung die reine Lesetechnik lernen dürfen. Das gilt für schlechte Leser noch stärker als für gute.
- Das Erlernen von Lesen und Rechtschreiben kann ohne ablenkende Bilder stattfinden.

Studien haben gezeigt, dass Bilder beim Erlernen des Lesens nicht nur überflüssig sind, sondern den Lernprozess oft sogar verlangsamen (z. B. Samuels 1967; Singer, Samuels und Spiroff 1973/74). Wenn Bilder mit in die Texte aufgenommen werden, raten Kinder mehr. Dies stellt für den Lesealltag ein ernsthaftes Problem dar. Immer wenn im Text etwas anderes steht als angenommen wird, führt Raten zu einem falschen Ergebnis. So wird sehr schnell in einer Rechenaufgabe aus einem „Plus" ein „Minus" oder in einem Text ein „nicht" überlesen.

2.5 Automatisieren als Schlüssel zum Leseverständnis und kreativen Schreiben

In den vergangenen drei Jahrzehnten hat sich an vielen Stellen im Schul- und Therapiebereich die Vorstellung entwickelt, Automatisierung sei überholt und stehe gegen Mitdenken, Kreativität und ein modernes Schulkonzept.

In den letzten Jahren scheint sich ein Wandel anzukündigen. Immer mehr Autoren und Vortragende versuchen mindestens an einer Stelle darauf hinzuweisen, dass Automatisierung notwendig sei, und manche beginnen, sie stärker als früher üblich einzufordern.

Zu erdrückend wurden die Einzelbefunde aus der experimentellen Grundlagenforschung und das aus den Einzelbefunden wachsende Verständnis der grundlegenden Arbeitsweise unseres evolutionär entstandenen Gehirns. Wesentliche Zusammenhänge, die seit Jahrzehnten in der Grundlagenforschung bekannt sind, werden nun in immer stärkerem Maße wahrgenommen. Warum Automatisierung so wichtig ist, möchten wir auf den nächsten Seiten ausführen – und wir wollen dies natürlich am Beispiel von Lesen und Rechtschreiben tun.

2.5.1 Automatisieren: Eine der intelligentesten Fähigkeiten des Menschen

Früher wurde Automatisieren häufig gleichgesetzt mit „Auswendiglernen" – z. B. das kleine Einmaleins oder englische Vokabeln. Die experimentelle Grundlagenforschung hat uns jedoch verdeutlicht, dass Automatisierung etwas ganz anderes, nämlich viel mehr ist.

Automatisieren ist eine der intelligentesten Fähigkeiten, über die wir verfügen. Gleichzeitig ist sie eine unverzichtbare Voraussetzung für andere Fähigkeiten – etwa „kreativ sein", „denken", „entdecken". Uns würde im Augenblick keine einzige Fähigkeit einfallen, die ohne automatisierte Anteile ausgeführt werden kann.

Automatisieren ist die Fähigkeit, an jeder beliebigen Stelle der menschlichen Informationsverarbeitung Programme aufzubauen, die die Qualität genetischer Programme aufweist oder sogar übertrifft.

Damit ist der Mensch in der Lage, die enorme kulturelle Vielfalt und Anpassungsfähigkeit zu leisten, die er in den Jahrtausenden gezeigt hat und zeigt. Darüber hinaus ist Automatisierung eine unverzichtbare Voraussetzung zur Lösung von Zukunftsproblemen, für die wir keine genetischen Programme haben. All dies lässt sich hervorragend am Beispiel von Lesen und Rechtschreiben verdeutlichen.

2.5.2 Kinder müssen sich ihr „Gehirn für Lesen und Rechtschreiben" selbst aufbauen

Lesen und Rechtschreiben sind keine Fähigkeiten, die Kindern genetisch gegeben sind (Dehaene 2010). Um lesen und rechtschreiben zu können, müssen sich Kinder erst automatisierte Fertigkeiten aufbauen. Einzelne dieser Fertigkeiten sind bereits vorgestellt worden. Wir wollen sie hier trotzdem nochmals auflisten. Dabei ist wichtig zu bemerken, dass dies nur Beispiele einer wesentlich umfangreicheren Liste sind.

Folgende Fähigkeiten und Veränderungen sind Beispiele für Automatisierung:

- Veränderung des Wahrnehmungsfensters nur für die Tätigkeit des Lesens: Das Wahrnehmungsfenster wird nach rechts erweitert. So kann die Zeile beim Lesen besser abgedeckt und wichtige Voraussetzungen für die Augenbewegungen zur Verfügung gestellt werden. Diese Veränderungen sind Ergebnis und Bestandteil der Automatisierung, ohne die kein kompetentes Lesen möglich ist.
- Aufbau einer enormen Präzision der Augenbewegungen: Die Augenbewegungen müssen so genau sein, dass genau die richtige Anzahl der nächsten Buchstaben in den Bereich des schärfsten Sehens positioniert wird. Dies sind beim erfahrenen Leser 10 bis 12 Buchstaben. Wird der Fixationspunkt des Auges um nur einen Buchstaben zu weit nach rechts positioniert, entstehen Probleme. Auch die Fähigkeit der präzisen Augenbewegung ist den Kindern nicht gegeben. Sie müssen am Anfang ihre Augenbewegungen mit Hilfe des Lesefingers unterstützen und benötigen hierfür viel Anstrengung und Aufmerksamkeit.
- Automatisiertes Erkennen von Einzelbuchstaben und Buchstabenverbindungen
- Automatisiertes Zusammenziehen der Buchstaben und Buchstabenkombinationen
- Aufbau von inneren visuellen bzw. orthographischen Repräsentationen für die einzelnen Wörter. Diese helfen, beim Lesen die Wörter schneller zu erkennen und beim Schreiben, die korrekte Buchstabenfolge abzurufen.

- Vollständiger Umbau und Aufbau der Wahrnehmung für geschriebene Information. Diese Veränderungen sind atemberaubend. Dehaene spricht von neuronalem Recycling. Hierbei werden Zellverbände für das Lesen umfunktioniert, die eigentlich für die Wahrnehmung von Gegenständen gedacht sind (Dehaene 2010).
- Aufbau einer Informationsverarbeitung für das präzise zeitliche Zusammenspiel aller Teilfähigkeiten für Lesen und Rechtschreiben.

Automatisieren baut den Kindern nicht nur geniale Fähigkeiten auf, sondern schenkt ihnen auch ein völlig anderes Erleben. Sobald die Automatisierung aufgebaut ist, können sie alle Vorteile dieser extrem schnellen Informationsverarbeitung genießen: keine Anstrengung mehr, keine Mühe und kein Verbrauch von Aufmerksamkeit. Damit sind die Kapazitäten des Kurzzeitspeichers frei. Hierdurch ermöglichen automatisierte Fähigkeiten „höherwertige" Tätigkeiten, z. B. Denken, Planen und kreatives Handeln.

2.5.3 Ein Beispiel für den neuronalen Umbau bei Automatisierung

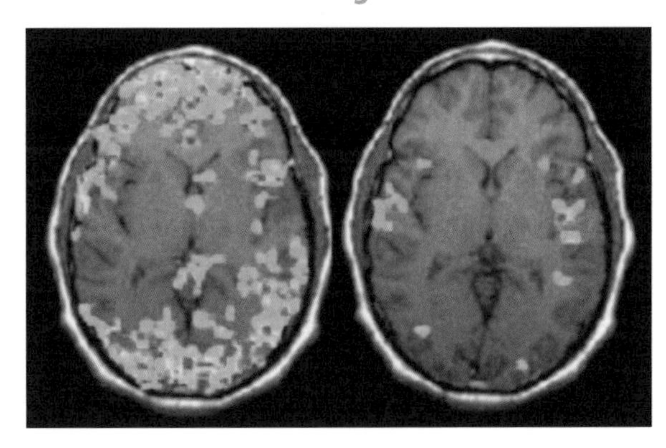

▲ **Abb. 2.10.** Beide Aufnahmen stammen von derselben Versuchsperson bei der gleichen Tätigkeit. Die linke Abbildung zeigt die Aktivierung des Gehirns am Anfang eines Lernprozesses, die rechte Abbildung zeigt die Aktivierung des Gehirns nachdem Automatisierung eingetreten ist[16]. Die dargestellten Ergebnisse beziehen sich auf eine einfache Augen-Hand-Koordinationsaufgabe, die dem Schreiben eines Buchstabens ähnelt (wir danken Herrn Prof. Walter Schneider von der Universität Pittsburgh für die freundliche Genehmigung, diese Darstellung wiederzugeben).

Aus ◻ Abb. 2.10 ist Folgendes ersichtlich: Automatisierung geht mit atemberaubenden Veränderungen des Gehirns einher. Am Ende eines Automatisierungsprozesses werden nur noch wenige Nervenzellen für die Informationsverarbeitung benötigt. Der Umbau des Gehirns führt zu einer Reihe von Vorteilen:

- Verlagerung der Informationsverarbeitung vom Kurzzeit- in den Langzeitspeicher,
- Aufbau von Parallelverarbeitung,
- Ermöglichung unbewusster Informationsverarbeitung ohne Aufmerksamkeitsverbrauch,
- extreme Geschwindigkeitszunahme der Informationsverarbeitung,
- Aufbau von vorher nicht vorhandenen Fähigkeiten usw.

Der Lernende erfährt im Verlauf des Automatisierungsprozesses ein Gefühl von Kontrolle, Erfolg und Leichtigkeit. All dies kann einen extrem positiven Einfluss auf die Motivation nehmen.

Schneider und Shiffrin (1977) zeigten auf, dass einfache Wahrnehmungsaufgaben um 1000–2000% schneller ausgeführt werden können, wenn die Informationsverarbeitung automatisiert wird. Dies entspricht einer Beschleunigung um den Faktor 10–20.[17]

2.6 Üben allein reicht nicht, um Automatisierung aufzubauen

An verschiedenen Stellen haben wir bereits darauf hingewiesen, dass Automatisierung nur eintritt, wenn die biologisch festgelegten Regeln beim Lernen eingehalten werden. **Die Berücksichtigung dieser Regeln wird damit zu der entscheidenden Frage beim Erlernen von Lesen und Rechtschreiben.**

Automatisierung tritt nur ein, wenn zwei Bedingungen gleichzeitig eingehalten werden:
- **eine hohe Anzahl von Wiederholungen;**
- **ein Reiz wird immer mit dem gleichen Verhalten beantwortet (Schneider und Shiffrin 1977[18]).**

Dass Wiederholen kindgemäß ist, erkennt man daran, dass unblockierte Kinder zunächst einmal ganz von alleine viel wiederholen. Das Bedürfnis zu wiederholen ist ihnen als

16 In der Abb. 2.10 ist der Frontalkortex oben und der visuelle Kortex unten zu sehen. Man „sieht" von oben auf den Kopf. Die bunten Flächen zeigen Gehirnareale, die bei der Aufgabenlösung aktiviert sind.

17 Die Automatisierung unterstützt zunächst einmal nur die Inhalte, die intensiv gelernt wurden. Wird beispielsweise Lesen automatisiert, hilft der in diesem Zusammenhang aufgebaute neuronale Umbau nur dem Lesen, nicht aber dem Rechnen oder dem Fußballspielen. Ein Transfereffekt im Zusammenhang mit Automatisierung kann nur von den oberen Ebenen der Eigensteuerung erwartet werden, so z. B. bei „Umgang mit Fehlern", „Umgang mit dem Wiederholungsprinzip", „Selbstbelohnung" usw. Dieser Transfereffekt kann stattfinden, muss aber nicht. Ein Kind kann sich bezogen auf die Schulfächer Englisch und Mathematik vollkommen unterschiedlich verhalten und sich auch unterschiedlich steuern (Jansen u. Streit 2006).

18 Die „Psychological Review" war 1977 und ist heute immer noch die Nummer 1 unter den psychologischen Zeitschriften. Einen Artikel in „Psychological Review" veröffentlichen zu können, ist in etwa vergleichbar mit dem Gewinn eines Weltcup-Rennens. Normalerweise haben die Artikel in der „Psychological Review" einen Umfang von etwa 20 Seiten. 1977 gelang zwei Forschern, was es bis dahin nicht gab und bis heute nicht mehr gegeben hat. Sie erhielten in einer Ausgabe von „Psychological Review" zwei Artikel. Jeder dieser beiden Artikel hatte einen Umfang von mehr als 60 Seiten. Die beiden Forscher hießen Schneider und Shiffrin (Schneider u. Shiffrin 1977; Shiffrin u. Schneider 1977).

biologische Grundausstattung mitgegeben – genau zu dem Zweck, Automatisierungen aufzubauen!

Schneider und Shiffrin zeigten aber auch auf, dass Wiederholen allein nicht ausreicht. **Es muss die zweite Bedingung gleichzeitig** eingehalten werden: Ein Reiz wird immer mit dem gleichen Verhalten beantwortet.

Ein Kind verstößt beispielsweise gegen diese Regel, wenn es einmal bei „Rot" über die Ampel geht und einmal bei „Grün". Oder wenn es einmal eine falsche Stifthaltung wählt und beim nächsten Mal eine richtige.

Die Entdeckung dieser zweiten Gesetzmäßigkeit stellt die eigentliche Leistung von Schneider und Shiffrin dar.

! Lernmethoden, die beim Lernenden beständig verschiedene Antworten hervorrufen, verlangsamen oder verhindern den Umbau des Gehirns.

Es zeigt sich, dass viele der gängigen Lernmethoden an Schulen und in Kindergärten gegen eine oder beide der Gesetzmäßigkeiten verstoßen, **meistens gegen die Bedingung 2**. Wir möchten dies für den Bereich Lesen und Rechtschreiben aufzeigen.

Lernwege, die gegen die Gesetzmäßigkeiten der Automatisierung verstoßen

- **„Schreiben, wie man hört"**

Diese Methode stellt einen Verstoß gegen Bedingung 2 dar. Die Kinder schreiben oft bis zu 2 Jahre lang alle Wörter so, wie sie sie hören. Dies führt dazu, dass falsche Schreibweisen gespeichert oder sogar falsch automatisiert werden (z. B. „faren" statt „fahren", „lib" statt „lieb"). Mit einem Reiz (gehörtes Wort) wird immer wieder eine falsche Antwort (Abruf einer falschen Buchstabenfolge) verbunden. Ein späteres Umlernen muss gegen diesen Mechanismus erfolgen und ist daher besonders kraft- und zeitaufwendig.

Mit dieser Methode dürfen nur Wörter geschrieben werden, die man genau so schreibt, wie man sie ausspricht. Alle anderen Wörter müssen ausgelassen werden.

In den Lernmaterialien dieses Buches gibt es eine Lernphase des lautgetreuen Schreibens. Diese dient dazu, phonologische Bewusstheit aufzubauen. In dieser Lernphase wird genauestens darauf geachtet, dass nur Buchstabenverbindungen und Wörter verwendet werden, die genauso geschrieben werden, wie man sie hört.

Sobald ein Kind in der Lage ist, Gehörtes in Buchstaben umzusetzen, sollte mit einem systematischen Rechtschreibtraining begonnen werden. Hierbei wird für diejenigen Wörter, die anders geschrieben als gesprochen werden, die richtige Rechtschreibung über den bildlichen Kanal gelernt.

- **Lesen- und Schreibenlernen mit der Anlauttabelle**

Die Kinder erlernen inhaltliche Verknüpfungen, z. B. „A wie Apfel", „F wie Fisch". Beim Lesen selbst sind entsprechende Verknüpfungen nicht nur sinnlos, sondern behindern auch. Dieser Lernweg trifft daher diejenigen Kinder hart, die die Anlauttabelle ernsthaft erlernen. Sie müssen beispielsweise beim Lesen des Wortes „Anna" die gelernte Antwort (z. B. „A wie Apfel" unterdrücken).

- **Verwendung von Bildern in Lesebüchern**

Wie wir gesehen haben, sind Bilder beim Erlernen von Lesen und Rechtschreibung sowohl nach dem Modell von Glaser und Glaser als auch nach dem Modell von Dehaene unnötig. Lesen und Rechtschreibung laufen in den wichtigsten Phasen der Informationsverarbeitung zunächst einmal ohne Bedeutung ab. Bilder können sogar das Erlernen des Lesens verlangsamen (z. B. Samuels 1967; Singer, Samuels und Spiroff 1973/74).

Der wichtigste Grund hierfür ist, dass die Kinder aufgrund der Bilder Vorstellungen darüber entwickeln, was im Text stehen muss. Viele Kinder beginnen dann, vermehrt zu raten. Dies hat zur Folge, dass die Augen nicht mehr jeden Buchstaben sehen, sondern häufig zu große Sprünge machen und viele Rücksprünge erfolgen. Hierdurch wird nicht nur die Steuerung der Saccaden fehlerhaft, sondern auch das Zusammenziehen der Buchstaben. Bilder sollten daher erst dann Texte begleiten, wenn das Lesen ausreichend automatisiert ist.

Tipp: Haben Sie interessante Lesematerialien mit Bildern, kleben Sie diese zu und kopieren sie notfalls. Dies ist nicht mehr nötig, wenn die Kinder ausreichend automatisiert lesen können.

Anmerkung zu den Lernmaterialien in diesem Buch: Die Lernmaterialien dieses Buches enthalten keine Bilder. Sie werden aber einige Seiten mit bunten Rechtecken, Pfeilen und Sternen sehen. Diese werden allerdings mit der beigelegten Schablone während des eigentlichen Speicherprozesses abgedeckt. Sie dienen lediglich am Anfang des Lesenlernens zum Löschen des Kurzzeitspeichers. Dies verbessert die Eigensteuerung beim Speichern und verbessert darüber das Speichern selber. Die Kinder machen die Erfahrung, dass es zur Lösung der Aufgaben günstiger ist, das zu Lernende zu speichern.

- **Fehler machen**

Fehler stellen immer eine zweite Antwort dar. Sie verletzen damit immer die Bedingung 2. Deswegen sind Lernwege zu vermeiden, die zu viele Fehler mit sich bringen.

- **Fehler finden lassen**

Hiervon gibt es viele Spielarten. Fehler werden immer auch gespeichert und stellen damit eine zweite Antwort dar. Es wird damit Bedingung 2 verletzt.

Einige Beispiele für diese Methode: Die Kinder müssen in Texten Fehler finden (z. B. „Zuk" anstatt „Zug"). Die Kinder sollen die einzelnen Worte herausfinden (z. B. „Wasserläuftaus" – „Wasser läuft aus").

Eine nächste Variante dieses Lernweges ist die Folgende: Die Kinder müssen in einem falsch geschriebenen Wort den Fehler finden. Dieser Lernweg wird von fast allen Eltern geliebt. Die Eltern sagen dann z. B.: „Schau Dir ‚faren' genau an. Wo ist der Fehler?" In diesem Fall schaut das Kind besonders intensiv das falsch geschriebene Wort an und speichert es, ohne es zu wollen.

- **Rechtschreiben lernen über Regeln, die Ausnahmen haben**

Dieser Weg ist sehr verbreitet. Nehmen wir folgende Regel: „Am Satzanfang wird immer groß geschrieben". Diese Regel kann

gut automatisieren. Sie hat keine Ausnahmen.
Eine Regel wie die folgende automatisiert praktisch nie: „Folgt im Wortstamm auf einen betonten kurzen Vokal nur ein einzelner Konsonant, so kennzeichnet man die Kürze des Vokals durch Verdopplung des Konsonantenbuchstabens" (Zitat Duden, 24. Auflage, Bd. 1, S. 1163/64). Beispiele für ein Einhalten dieser Regel wären: Hammer, Treffer, Roller. Zu dieser Regel gibt es allerdings zahlreiche Ausnahmen. Diese reichen von der Schreibung „ck" statt „kk" und „tz" statt „zz", von denen es wiederum Ausnahmen wie „Pizza" gibt, bis hin zu den Wörtern wie „bin", „man", „mit", „hat" (aber: „hatte"), „Himbeere" oder „Bus".

- **Buchstaben aufbauen über alle Sinne**

Bei dieser Lernmethode werden systematisch Reiz und Antwort gegeneinander ausgetauscht, z. B. durch Kneten, Ablaufen, Abtasten, Malen, Erlernen von Buchstaben durch Maßnahmen wie Schreiben auf den Rücken, Erfühlen auf Sandpapier, Darstellen mit Knetmasse, Erfühlen von Gegenständen, deren Bezeichnung den Buchstaben enthält, Ablaufen eines Buchstabens am Boden usw.
Die Autoren plädieren für mehrkanaliges Lernen. Wichtig ist hierbei jedoch, dass nur die Kanäle einbezogen werden, die für die spätere Aufgabenlösung wichtig sind. Das reine Aktivieren von Kanälen ist nach heutigem Stand des Wissens für das Erlernen von Lesen und Rechtschreibung nicht hilfreich. Bei dem Lernweg „Buchstaben aufbauen über alle Sinne" muss viel unnötige Zeit und Anstrengung darauf verwendet werden, jeweils neue Hilfestellungen zu erlernen und durchzuführen. Dies ist gerade für die schwächeren Schüler ungünstig. Anstatt ständig unterschiedliche Verknüpfungen zwischen einem Buchstabenzeichen und den verschiedensten Reaktionsmöglichkeiten herzustellen, sollte von Anfang an gleich die Zuordnung des Lautes zum zugehörigen Schriftzeichen geübt und über stets gleichbleibende Wiederholungen automatisiert werden.

- **Zeitnahe Einführung einander ähnelnder Lerninhalte**

Ähnliche Buchstaben (z. B. b–d–p/m–n) oder ähnliche Wörter im Bereich der Rechtschreibung werden zeitlich eng beieinander eingeführt. Hierdurch kommt es gehäuft zu Verwechslungen. Dies bedeutet eine hohe Fehlerrate und unterläuft die Automatisierung. Gerade schwächere Kinder sind von einer zeitnahen Einführung einander ähnelnder Lerninhalte besonders betroffen. Im Bereich des Lesenlernens sind dies beispielsweise Kinder, die Unterschiede zwischen Lauten weniger gut hören oder die mehr Lerndurchgänge brauchen, um die Benennung eines Buchstabens zu speichern.
Hier ist es wichtig, zwei Dinge zu unterscheiden. Sollen ähnliche Buchstaben oder Wörter gespeichert werden, ist gleichzeitiges Darbieten ungünstig. Es kommt leichter zu Verwechslung. Der Fehler wird gespeichert. Sollen hingegen ähnliche Dinge miteinander verglichen werden, ist es besser, sie gleichzeitig anzubieten. „Vergleichen" und „Speichern" ist nicht dasselbe.

- **Im Bereich der Rechtschreibung werden zu viele neue Wörter gleichzeitig eingeführt**

Hiervon sind die ohnehin schwachen Schüler immer besonders betroffen. Während ein guter Schüler für ein neues Diktat die Rechtschreibung von möglicherweise 3 Wörtern üben muss, muss sich ein rechtschreibschwaches Kind in der gleichen Zeit die Rechtschreibung von 20 oder mehr Wörtern aneignen. Hierdurch macht gerade das schwächere Kind mehr Fehler. Diese verlangsamen oder verhindern eine Automatisierung. Daraus folgt, dass neu zu übende Wörter in Schwierigkeit und Anzahl immer bezogen auf den Leistungsstand des Kindes ausgewählt werden müssen.

- **Spielarten der Ganzwortmethode beim Lesenlernen**

Ein zu frühes Einführen ganzer Wörter bewirkt bei vielen Kindern, dass sie versuchen, das Wort als Ganzes anhand seiner äußeren Form zu erkennen, anstatt Buchstabe für Buchstabe zu entziffern. Hierdurch kommt es nicht mehr zu einer sauberen Zuordnung von Buchstabe und zugehörigem Laut. Dies erschwert die Automatisierung des Lesens der einzelnen Buchstaben.

- **Zu häufige Wechsel der Lernmethoden**

Jede neue Übungsmethode macht es wieder notwendig, dass Anstrengung auf das Erlernen der Methode anstatt auf die Automatisierung der Inhalte verwendet wird. Gerade schwächere Schüler machen hierdurch mehr Fehler und werden besonders stark im Automatisierungsprozess behindert.

- **Einsatz von Hilfsmitteln**

Beim Verwenden von Hilfsmaterialien muss geprüft werden, inwieweit das Verfahren zur Verwendung der Zusatzmaterialien zunächst selbst automatisiert werden muss, bevor es zur Automatisierung der eigentlichen Inhalte verwendet werden kann. Weil nicht genügend individuell angemessenes Übungsmaterial für die einzelnen Aufgabentypen vorhanden ist oder die Aufgabentypen innerhalb einer Übungseinheit zu schnell wechseln, werden einzelne Aufgabentypen schlechter automatisiert.

- **Zu früher paralleler Einsatz mehrerer Lehrwerke und Zusatzmaterialien mit verschiedenen visuellen Darstellungsformen**

Das Kind muss sich in jeder Übungseinheit neu in die Systematik eindenken.

- **Lange zeitliche Lücken zwischen den Lerneinheiten**

Zu lange Abstände zwischen den Wiederholungen führen immer dazu, dass mehr Fehler gemacht werden, die den Automatisierungsprozess verlangsamen.

2.7 Studien zur Effektivität verschiedener Lernwege zum Lesen

Im Jahr 1997 wurde vom U.S. Kongress folgender Auftrag gegeben: Eine Kommission sollte die vorhandenen Studien über die Effektivität verschiedener Lernwege zum Lesen im Unterricht sichten und zusammenfassen. Eine solche Zusammenfassung wissenschaftlicher Arbeiten zu einer bestimmten Fragestellung nennt man „Metastudie".

Insgesamt wurden hierbei zunächst über 1 900 Studien zu verschiedenen Konzepten des Leseunterrichts erfasst. Von diesen wurden nur diejenigen 52 beibehalten, die sauberen wissenschaftlichen Kriterien entsprachen, die also u. a. die folgenden Voraussetzungen erfüllten:

- ein experimentelles oder quasiexperimentelles Design mit einer Kontrollgruppe,
- eine saubere statistische Auswertung, die die Berechnung von Effektgrößen zulässt,
- die Veröffentlichung in einer anerkannten Fachzeitschrift.

Die Ergebnisse wurden im „National Reading Panel" veröffentlicht (National Institute of Child Health and Human Development 2000). Der interessierte Leser kann unter www.nationalreadingpanel.org direkten Einblick in diese Forschungsarbeit nehmen.

Die im „National Reading Panel" zusammengefassten Ergebnisse sind eindeutig. Es zeigte sich, dass die Kombination aus 2 Übungsbausteinen den größten Lernfortschritt ermöglicht:

- **Direktes und intensives Üben der Buchstaben-Laut-Zuordnung:** Dies bedeutet, dass die Kinder üben, zu einem geschriebenen Buchstaben, z. B. „A", den Laut „A" zu sagen. Dieser Weg ist allen indirekten Wegen überlegen. Dies gilt zunächst für alle Kinder. Der „National Reading Panel" hebt darüber hinaus ausdrücklich hervor, dass gerade Kinder mit höherem Risiko für spätere Lese- und Rechtschreibschwierigkeiten besonders vom direkten Einüben der Buchstaben-Laut-Zuordnung profitieren:
  „The conclusion drawn from these findings is that systematic phonics instruction is significantly more effective than non-phonics instruction in helping to prevent reading difficulties among at risk students and in helping to remediate reading difficulties in disabled readers." (National Reading Panel, S. 2–94)
  Übersetzung (Jansen, Streit, Fuchs): „Aus diesen Ergebnissen wird geschlossen, dass das systematische Üben der Buchstaben-Laut-Zuordnung signifikant effektiver ist als ein Unterricht ohne Buchstabenüben, um Leseschwierigkeiten bei Risikoschülern zu verhindern und Leseschwierigkeiten bei schlechten Lesern zu behandeln."
- **Üben der phonologischen Bewusstheit** (s. unten: 1.8): Hierzu muss trainiert werden, einzelne Laute zu Worten zusammenzuziehen und Worte in ihre einzelnen Laute zu zerlegen. Dies ist laut National Reading Panel am effektivsten, wenn ein gehörter Laut immer durch den zugehörigen Buchstaben dargestellt wird.

Im vorliegenden Lernmaterial werden diese beiden Trainingselemente wie folgt umgesetzt:

1. Direktes und intensives Üben der Buchstaben-Laut-Zuordnung
Benennen von Einzelbuchstaben: Das Kind trainiert und automatisiert die Zuordnung des Lautes zum bildlich wahrgenommenen Schriftzeichen. ▶ **Register 1 und 2**
Schreiben von Einzellauten nach Diktat: Das Kind trainiert und automatisiert die Zuordnung des Schriftzeichens zum gehörten Laut. ▶ **Register 4**
2. Üben der phonologischen Bewusstheit
Zusammenziehen von Einzelbuchstaben zu Buchstabenverbindungen: Das Kind trainiert, beispielsweise die beiden Laute „M" und „A" zu „MA" zusammenzuziehen. Dies wird gleich an den vorher sicher gelernten Buchstaben geübt. ▶ **Register 1 und 2**
Hören der Einzellaute einer Lautverbindung und Übersetzung in Buchstaben: Das Kind trainiert, die Einzellaute einer gehörten Lautverbindung (z. B. der gesprochenen Silbe „MA") zu hören. Anschließend werden diese in Buchstaben umgesetzt. ▶ **Register 4**

2.8 Training phonologischer Bewusstheit

Mit „phonologischer Bewusstheit" ist die Fähigkeit gemeint, die Lautstruktur von Wörtern umfassend zu analysieren. Hierzu gehören u. a. folgende Fertigkeiten:

- Laute gut unterscheiden zu können;
- Einzellaute zu Lautverbindungen zusammensetzen zu können, d. h. beispielsweise den Laut „M" und den Laut „A" zur Lautverbindung „MA" zusammensetzen zu können;
- die Abfolge von Lauten innerhalb von Wörtern herauszuhören. Damit ist beispielsweise gemeint, dass das Kind, wenn es „Blume" hört, erkennt: Das Wort fängt mit dem Laut „B" an, danach höre ich den Laut „L" usw.

Phonologische Bewusstheit ist eine ganz entscheidende Fertigkeit für das erfolgreiche Erlernen von Lesen und Rechtschreiben. Aus einer Vielzahl von Studien in unterschiedlichen Ländern (vgl. Rayner et al. 2001) weiß man, dass Kinder, die sich in diesem Bereich schwer tun, später mehr Schwierigkeiten mit dem Lesen und Rechtschreiben haben. Eine der ersten dieser Studien war die Arbeit von Bradley und Bryant (1983). Hier wurden vier- und fünfjährigen Kindergartenkindern Wortpaare wie beispielsweise „her-hat" vorgesprochen. Anschließend sollten die Kinder entscheiden, ob die Anfangsbuchstaben beider Worte gleich oder verschieden waren. Kindergartenkinder, denen diese und ähnliche Aufgaben schwer fielen, hatten später deutlich schlechtere Leseleistungen.[19]

Ebenfalls durch eine Reihe von Studien gesichert ist, dass sich die phonologische Bewusstheit üben lässt und sich hierdurch auch die Lese- und sogar die Rechtschreibleistungen verbessern. **Am wirkungsvollsten ist ein solches Training, wenn es gleich in Verbindung mit dem Erlernen der Buchstaben durchgeführt wird.** Dies ergab die Metaanalyse des National Reading Panel (vgl. 1.7). In der Zusammenfassung heißt es dort:

"It can be seen that teaching children to manipulate phonemes with letters created effect sizes almost twice as large as teaching children without letters (d = 0.67 vs. 0.38)." (National Reading Panel, S. 2–21f)

Übersetzung (Jansen, Streit, Fuchs): „Man kann sehen, dass Kinder zu unterrichten, mit Phonemen umzugehen, in der Verbindung mit Buchstaben fast doppelt so große Effekte bringt wie ohne Buchstaben (d = 0,67 vs. 0,38)."

Entsprechendes gilt für das Rechtschreiben:

"Likewise, letters benefited spelling more than no letters, with the effect size almost twice as great (d = 0.61 vs. 0.34). These findings reveal that PA[20] training makes a stronger contribution to reading and spelling performance when the training includes teaching children to manipulate phonemes with letters than when training is limited to speech." (National Reading Panel, S. 2–22)

Übersetzung (Jansen, Streit, Fuchs): „Entsprechend fördern Buchstaben das Rechtschreiben mehr als keine Buchstaben, wobei der Effekt fast doppelt so groß ist (d=0,61 vs. 0,34). Diese Befunde zeigen, dass das Training der phonologischen Bewusstheit stärker zur Lese- und Rechtschreibleistung beiträgt, wenn es beinhaltet, dass Kinder die Phoneme anhand von Buchstaben handhaben, als wenn das Training rein sprachlich stattfindet."

Bereits im Leseteil des vorliegenden Materials erfahren die Kinder ein intensives Training der phonologischen Bewusstheit – und zwar direkt in Verbindung mit Buchstaben. Sie setzen Buchstaben in Laute um und lernen dann – unterstützt durch die Buchstaben – diese Laute zu Lautverbindungen zusammenzuziehen.

Dieses Training der phonologischen Bewusstheit wird in Register 4 vertieft. In den lautgetreuen Silbendiktaten übt das Kind, die Einzellaute einer Lautverbindung (z. B. der gesprochenen Silbe „MA") zu erhören. Anschließend werden diese in Buchstaben umgesetzt. Auch dieser Teil des Trainings der phonologischen Bewusstheit ist nach den Gesetzmäßigkeiten gestaltet, die für das gesamte Material gelten:

!
- **Alle für das Schreiben erforderlichen Fertigkeiten wie Feinmotorik, Schreibrichtung, Orientierung in den Linien werden zunächst getrennt geübt.**
- **Das kleinschrittige Vorgehen bewirkt, dass auch Kinder mit Schwierigkeiten an keiner Stelle überfordert werden.**
- **Die Anzahl an Wiederholungen wird individuell gestaltet.**

2.9 Rechtschreiben sicher lernen

2.9.1 Machen Sie Ihren Kindern ein Geschenk: Lassen Sie sie Wörter buchstabieren

Ein Kind, das im Sinne der Ganzheitsmethode lernt, erkennt ein Wort zunächst an seiner äußeren Gestalt. Ein Kind, das mit dem Lernmaterial dieses Buches lernt, erkennt ein Wort anhand der Buchstaben. Das sind zwei ganz verschiedene Wege.

! Rechtschreiben lässt sich nicht gut über die Ganzheitsmethode erlernen.

In kaum einem Punkt gibt es so viel Einigkeit wie in diesem. Unter der Ganzheitsmethode versteht man, dass ein Wort anhand seiner äußeren Gestalt bzw. seiner äußeren Form als „Ganzes" erkannt wird. Dies ist etwas völlig anderes als die Annahme, dass ein Wort mithilfe seiner einzelnen Elemente wahrgenommen wird. Dies sind auf einer frühen Ebene der Informationsverarbeitung die einzelnen Elemente, aus denen jeder Buchstabe besteht (wie beim „A" die Elemente /, \ und -) und auf etwas höherer Ebene die Abfolge der Einzelbuchstaben.

Kinder und erfahrene Leser sind in der Lage, sich ein Wort bildlich vorzustellen, indem sie sich die einzelnen Buchstaben vorstellen – in der richtigen Reihenfolge. Sie haben dann eine bildliche „Kopie" des Wortes bzw. eine bildliche Repräsentation vor Augen – bestehend aus einzelnen Buchstaben. Diese „Kopie" oder Repräsentation wird zunächst im Kurzzeitspeicher festgehalten. **Die Speicherung lässt sich vertiefen, indem die Kinder das vorgestellte Wort buchstabieren.** Durch wiederholtes Buchstabieren bauen sie eine dauerhafte Repräsentation des entsprechenden Wortes in ihrem Langzeitspeicher auf. Nochmals betont:

! Diese Repräsentation besteht aus einzelnen Buchstaben und ist nicht im Sinne einer äußeren Gestalt abgespeichert.

Dieser Zusammenhang ist ein Grund dafür, dass Sie in diesem Buch keine Bilder mit Beschriftungen sehen, wie etwa das Bild eines Hundes unter dem „Hund" geschrieben steht. Es gibt Kinder, die in diesem Fall das Wort aufgrund des Bildes erkennen und dann als ganze Figur auswendig lernen, anstatt es sich über die Buchstaben zu erlesen.

19 Stanovich (2002, S. 61) fasst die Studien zur phonologischen Bewusstheit wie folgt zusammen: Die durchschnittliche Korrelation zwischen phonologischer Bewusstheit und Leseleistungen liegt bei 0,54 während die gemessene Intelligenz nur mit durchschnittlich 0,35 mit den Leseleistungen korreliert. Damit erklärt die phonologische Bewusstheit fast 30% der Varianz der Leseleistungen.

20 PA = Phonological Avareness, dt. Phonologische Bewusstheit (die Autoren)

Dass beim erfahrenen Leser Wörter als bildliche Repräsentation abgespeichert sind, wurde von der experimentellen Grundlagenforschung bereits in den 1980er-Jahren zwingend angenommen[21]. Hierfür gab es mehrere Gründe. Zum damaligen Zeitpunkt waren bereits Grundprinzipien der menschlichen Informationsverarbeitung bekannt, etwa dass für die Wahrnehmung grundsätzlich innere Repräsentationen der äußeren Wirklichkeit entscheidend sind. Warum sollte es bei der Schrift anders sein? Darüber hinaus ist der bildliche Kanal in der menschlichen Informationsverarbeitung extrem stark, was gäbe es da für Gründe, ihn beim Lesen und Rechtschreiben nicht zu benutzen? Buchstaben und geschriebene Wörter liegen in bildlicher Form vor, warum sollte das System den Kanal hier einfach wechseln? Auch in den 1980er-Jahren wusste man bereits, dass die menschliche Informationsverarbeitung als Gesamtsystem sehr logisch und sehr ökonomisch arbeitet. Nichts sprach dafür, dass es beim erfahrenen Leser keine bildliche Repräsentation eines Wortes geben sollte.

Die Nobelpreisträger Hubel und Wiesel

In diesem Zusammenhang sind die Arbeiten von Hubel und Wiesel (1959) oft missverstanden worden. Weil die Autoren 1981 den Nobelpreis für ihre Arbeit erhalten haben, wurden diese von sehr vielen gelesen. Für das Erlernen des Lesens und Rechtschreibens wurden dabei zum Teil falsche Schlüsse gezogen. Hubel und Wiesel hatten aufgezeigt, dass bildliche Wahrnehmung über das Auge nicht wie eine Fotografie funktioniert. Bereits in den ersten Stufen der Informationsverarbeitung in der primären Sehrinde unseres Gehirns findet eine grundlegende Umwandlung des anfänglichen Bildes statt. Die eingehende Information wird vollständig in einzelne Merkmale wie Winkel, Kanten, Orientierung im Raum usw. zerlegt. Hieraus schlossen viele, dass es keine innere bildliche Repräsentation eines Wortes geben könne und weiter, dass Rechtschreibung dann nur über Regeln funktionieren würde. Heute wissen wir, dass die Zerlegung eines wahrgenommenen Wortes in seine Einzelbestandteile dazu dient, alle seine unwesentlichen Merkmale zu entfernen, z. B. die Tintenfarbe, die Schriftgröße, die Schrifttype, die Lokalisation im visuellen Feld. Damit stellt die Zerlegung den Beginn eines „Reinigungsprozesses" dar. Am Ende steht eine „ideal vereinfachte" Form des Wortes. Diese kann dann mit der gelernten, ebenfalls „ideal vereinfachten" bildlichen Repräsentation des Wortes verglichen werden. Sobald eine Passung ermittelt wird, ist das Wort erkannt. Das „System" kennt zu diesem Zeitpunkt aber noch nicht die Bedeutung und die Aussprache des Wortes. Dies stellt jedoch kein wirkliches Problem mehr dar. In den folgenden Verarbeitungsschritten kann dem Wort dann die Aussprache bzw. Bedeutung zugeordnet werden. Dies geschieht mithilfe der Netzwerkverbindungen.

Ein weiterer Schritt der Absicherung gelang 2009. Mithilfe neuer technischer Verfahren ist es heute möglich, die Aktivität kleinster Verbände von Nervenzellen sichtbar zu machen. So ließ sich im Experiment aufzeigen, dass Wörter wie „Form" und „Farm" trotz ihrer bildlichen und lautlichen Ähnlichkeit im Gehirn jeweils durch einen eigenen Neuronenverband (verbundene Gruppe von Nervenzellen) repräsentiert werden, deren Aktivität sich nicht überlappt (z. B. Glezer et al 2009). Die einzelnen Neuronenverbände liegen in einem Gebiet des Gehirns, das als „visual word form area" bezeichnet wird. Dies kann man etwa übersetzen mit „Gebiet für bildliche Wortformen". Dieses Gebiet befindet sich in der linken Gehirnhälfte im Bereich der Sehrinde. Die Autoren sehen in ihrer Arbeit eine direkte Unterstützung für das Vorhandensein einer bildlichen Repräsentation von Wörtern und damit für das Vorhandensein eines orthographischen Lexikons. In diesem Lexikon sind die einzelnen Wörter mit ihrer Buchstabenabfolge gespeichert. Jedes Wort ist – aufgrund von Lernerfahrungen – durch einen eigenen, nur auf das Erkennen dieses Wortes spezialisierten Neuronenverband repräsentiert. Infolgedessen reagiert jeder Neuronenverband nur auf ein Wort.

Die heutige Vorstellung in der experimentellen Grundlagenforschung ist die folgende: Das Kind, das mit dem Lesen beginnt, verfügt noch nicht über eine innere bildliche Repräsentation des Wortes. Zu dieser Zeit spricht es das Wort aus und kommt über ein inneres oder lautes Aussprechen zur Bedeutung des Wortes. Der erfahrene Leser verfügt über diesen Weg lebenslang und benutzt ihn z. B. bei selteneren Worten. Bei den häufigen Worten ermittelt er über die Buchstaben – ohne Aussprache – und mithilfe der inneren bildlichen Repräsentation das zu lesende Wort. Das heißt, der kompetente Leser „liest über zwei Wege". Einen bildlich orientierten und einen lautlich orientierten. Dabei wird der bildlich orientierte Weg für alles verwendet, was sehr gut und häufig überlernt ist. Dem Leseanfänger steht zu Beginn nur der lautliche Weg zur Verfügung[22].

Was bedeutet dies für die Rechtschreibung?

Durch ein „sauberes" Lesen, bei dem der Leser wirklich jeden einzelnen Buchstaben des Wortes erfasst, werden bereits bildliche Repräsentationen (in der „visual word form area") aufgebaut. Diese können für das Rechtschreiben verwendet werden. Das wiederum bedeutet:

! – Das Lesen sollte dem Schreiben zeitlich vorausgehen, denn das Lesen bahnt das richtige Schreiben an. So erhält das Kind von Anfang an Informationen über die richtige Schreibweise der zu schreibenden Wörter.

21 Dies ist nicht selbstverständlich. Bis heute gehen immer noch Lernmethoden davon aus, dass es keine bildliche Repräsentation der Wörter gibt. Diese Sichtweise ist dann u.a. ein Grund, warum das Lernen von Rechtschreibregeln über das Hören so überbetont wird.

22 Bei beiden Wegen wird die Bedeutung der Worte erst in einer späten Phase ermittelt. Die Bedeutung selber wird nur dann zum Lesen herangezogen, wenn die beiden ersten Wege nicht erfolgreich sind. So kann ein Leser beispielsweise über den Zusammenhang erschließen, wie ein Wort heißen muss, das z.B. verkehrt geschrieben ist oder gar fehlt. Weil das Erschließen in gewisser Weise ein Erraten ist, steigt dabei natürlich die Fehlerrate an.

- Das Lesen muss so genau erlernt werden, dass das Kind bereits beim Lesen wirklich jeden einzelnen Buchstaben wahrnimmt und verarbeitet. Kinder, die beim Lesen beispielsweise nur die ersten Buchstaben der Wörter entziffern und dann den Rest des Wortes erraten, bauen sich keine sichere innere Repräsentation des Wortes auf. Dies bedeutet für das Rechtschreiben zusätzliches Üben.
- Da durch das Lesen das Rechtschreiben angebahnt wird, wird das anschließende Erlernen der Rechtschreibung erleichtert. Hierdurch lernen die Kinder schneller und machen weniger Fehler. Dies beschleunigt den Automatisierungsprozess.

2.9.2 Die bildliche Repräsentation der Wörter als Dreh- und Angelpunkt für die Rechtschreibung

Wenn die Rechtschreibung geübt wird, indem bildliche Repräsentationen der Wörter eines Grundwortschatzes gespeichert werden, hat dies einen entscheidenden Vorteil: Für eine bildliche Repräsentation stellen die typischen Schwierigkeiten der Rechtschreibung kein Problem dar. Dass zum Beispiel das Wort „fahren" mit „h" geschrieben wird oder das Wort „wollen" mit zwei „l" stellt für die bildliche Ebene keine Schwierigkeit dar. Dies wiederum bedeutet: **Die normalen Legastheniefehler entfallen!**

Drücken wir es nochmals anders aus. Wörter wie beispielsweise „fahren" oder „wollen" sind nur dann schwierig, wenn ein Kind sie über das Hören richtig schreiben will. Schwierigkeiten im Bereich des Hörens benachteiligen Kinder daher nur dann, wenn sie Rechtschreiben über das Hören erlernen sollen. Dies betrifft z. B. Kinder mit einem phonologischen Defizit, Kinder, die Dialekt sprechen oder solche, die aufgrund ihres Migrationshintergrundes nicht so sicher in der deutschen Sprache sind. Ein Kind, das die deutsche Sprache nicht vollständig beherrscht, hat auf der bildlichen Ebene keinen Nachteil gegenüber anderen Kindern. Diesen Nachteil hat es nur, wenn es das Rechtschreiben über den Weg des Hörens erlernen soll.

!
- **Bei einem Lernweg über die bildliche Repräsentation des Wortes entfallen die typischen Rechtschreibprobleme.**
- **Dieser günstige Weg wird über das Lesen angebahnt.**
- **Von Anfang an haben die Kinder so eine bessere Chance mit wenigen Fehlern zu lernen.**
- **Da der Erfolg für die Motivation entscheidend ist, ergibt sich hieraus ein enormer Vorteil.**
- **Weil nur wenige Fehler gemacht werden, dürfen diese rückgemeldet werden. Damit ergibt sich ein weiterer Lernvorteil. Die Rückmeldung der Fehler kann ehrlich und klar sein. Dies verbessert die Beziehung zu den Bezugspersonen und ermöglicht ehrliche Partnerarbeit zwischen den Kindern in der Schule und im Kindergarten. Dies ist eine wesentliche Voraussetzung für den Aufbau angemessenen Sozialverhaltens.**
- **Lesen und Schreiben unterstützen sich gegenseitig. Das Rechtschreibtraining sorgt nicht nur für eine sichere Rechtschreibung, sondern verbessert wiederum das Lesen. Dies werden Sie bei Ihrem Kind oder Ihren Kindern feststellen.**

2.9.3 Grundsätzliches zum Aufbau eines sicheren Schreibwortschatzes

Das Rechtschreibtraining nach dem IntraActPlus-Konzept hat klare Ziele:

1. Für alle Wörter des gewählten Wortschatzes soll eine bildliche Repräsentation aufgebaut werden. Diese soll so automatisiert werden, dass das Wort in wechselnden Zusammenhängen mühelos und sicher richtig geschrieben werden kann. Für den Aufbau dieser bildlichen Repräsentationen sind – wie bereits aufgeführt – **keine Rechtschreibregeln erforderlich**.
2. Es soll die Lernstrategie aufgebaut werden, sich bildliche Repräsentationen aufbauen zu können. Dies hilft:
   - den größten Teil aller Rechtschreibschwierigkeiten zu lösen und
   - später den größten Teil aller Rechtschreibschwierigkeiten z. B. in Englisch und Französisch zu lösen.
3. Aufbau der Fähigkeit zum Speichern.
4. Aufbau einer übergeordneten Lernstrategie.

„Speichern" ist eine Fähigkeit, die trainiert werden kann wie andere Fähigkeiten auch. Kinder, die speichern lernen, speichern im Laufe der Zeit immer schneller ab. Je weniger die Kinder üben, Lerninhalte zu speichern und je weniger Wert die Bezugspersonen auf Speichern legen, desto weniger ist diese Fähigkeit trainiert. Kinder und Erwachsene, die das Abspeichern von Information auf „später" verschieben, haben es in der Regel sehr schwer. Unserer Erfahrung nach wirkt sich eine solche Strategie auch fast immer auf das Selbstbewusstsein der Betroffenen aus.

Lernstrategien

Über die lange Sicht der Schule und des Lebens gesehen, brauchen wir passende Lernstrategien für die einzelnen Lerninhalte und Lebensbereiche. Es gibt Aufgaben und Herausforderungen, die Menschen nur leisten können, wenn sie sehr bewusst und viel speichern. Bei anderen Aufgaben überwiegt das „Nachdenken" oder „Durchdenken" und bei anderen Aufgaben das selbstbewusste „Andersdenken". Weitere Aufgaben sind vielleicht nur zu lösen, wenn Menschen mit anderen gemeinsam „denken" und nicht selten kommt es darauf an, alles zu kombinieren. Kinder können über die Zeit lernen, welche Strategien für welche Probleme am besten geeignet sind.

Das Speichern von bildlichen Repräsentationen ist bei der Rechtschreibung aus folgenden Gründen so entscheidend.

- Die Regeln der Rechtschreibung sind keine Naturgesetze, man kann sie zu einem großen Teil nicht wirklich durch Nachdenken erschließen. Sie hätten im Rahmen der Rechtschreibreform auch anders festgelegt werden können – insofern entsprechen sie in weiten Bereichen sozialen Regeln.
- Erwachsene täuschen sich sehr oft in ihrer Einschätzung, was Kinder wirklich hören können. So sprechen die meisten Erwachsenen bei einem Diktat viele schwierige Wörter betont aus und glauben, ihr Kind könne dies ebenfalls. Dabei machen sich die Erwachsenen an vielen Stellen nicht klar, dass sie diese Betonung nur deshalb besonders deutlich machen können, weil sie das Wort vor ihrem Auge sehen, z.B. „Fehler" oder „wollen".
- Wenn ein Kind etwas über eine Regel herleitet, weiß es wegen der vielen Ausnahmen nicht sicher, wie denn jetzt das Wort wirklich geschrieben wird. Wenn es die Ausnahmen dann mühsam vielleicht im Duden nachgeschlagen hat, stehen zwei Möglichkeiten zur Auswahl: Es speichert das Wort in der richtigen Form ab – also im Sinne einer bildlichen Repräsentation – oder es muss so oft nachschlagen und nachfragen, bis es sich das Wort am Ende doch als bildliche Repräsentation eingeprägt hat.

Dabei wird vom Erwachsenen oft folgendes vergessen. Wenn das Kind ein Wort schreiben soll, weiß es ja gar nicht, ob dieses Wort nach einer Regel geschrieben wird oder nicht. Sofern es nicht massenhaft Fehler machen will, hat es nur eine Möglichkeit: Es müsste sich bei den nach Regeln geschriebenen Wort **merken**, dass sie nach Regeln geschrieben werden. Und auch das kostet Anstrengung. Darüber hinaus müsste es sich für die nicht regelkonformen Worte eine bildliche Repräsentation anlegen. Ob dies eine günstige Strategie ist, entscheidet sich am Ende für jede Regel und jedes Kind getrennt: Wie gut kann ein Kind am Ende „hören" und wie viele Ausnahmen gibt es von der Regel?

Dabei darf nicht vergessen werden, dass auch das Erlernen der Regel selbst Zeit kostet. Weil das so ist, werden Sie bei der Masse aller guten Rechtschreiber Folgendes feststellen: Sie haben sich für ihre häufig gebrauchten Wörter, mit denen sie im privaten und beruflichen Bereich arbeiten, eine bildliche Repräsentation angelegt. Sie sehen das Wort geschrieben vor Augen. Die meisten Erwachsenen mit guter Rechtschreibfähigkeit sehen beispielsweise „Fehler", „wollen" usw. vor ihrem inneren Auge. Und soweit wir das aus unserer Erfahrung übersehen, korrigieren auch die meisten Lehrerinnen und Lehrer bei ihren Schülern ein falsch geschriebenes Wort dadurch, dass sie es vor ihrem inneren Auge richtig geschrieben sehen und **nicht**, weil sie sich eine Regel vorsprechen. **Ein Beispiel:** Nach einem kurzen Vokal wird der nachfolgende Konsonant verdoppelt (Pittza). Eine Ausnahme hiervon ist das „z". Hier heißt es „tz" (Pitza), außer bei Worten, die aus dem Ausland übernommen wurden. Deshalb wird in diesem Fall „Pizza" geschrieben.

Aber Moment Mal, das geht doch gar nicht! Die Lehrerinnen oder Lehrer wissen doch gar nicht, dass die Italiener „Pizza" mit „zz" schreiben – außer, ja außer, sie hätten eine bildliche Repräsentation von „Pizza" gespeichert.

2.9.4 Einige Regeln sind notwendig

Für den sicheren Gebrauch der gelernten Wörter im Satz sind darüber hinaus einzelne Rechtschreibregeln erforderlich[23]. Diese werden in dem vorliegenden Lernmaterial entweder gelernt oder für spätere Lernschritte angebahnt. Sinnvolle Regeln wären:

Regeln zur Groß- und Kleinschreibung

- **Am Satzanfang schreibt man groß.** Bereits im Rahmen von Diktat 1 wird diese Regel besprochen und geübt.
- **Namenwörter schreibt man groß.** Dies ist die zweite Regel zur Groß- und Kleinschreibung. Sie kann, braucht jedoch nicht besprochen zu werden. Das Kind lernt diese Regel implizit mit, indem es sich bei Namenwörtern merkt, dass der erste Buchstaben groß geschrieben wird (z. B. „Hase": „**Großes H**, a, s, e").

Regeln für die Zeichensetzung

- **Ein Satz endet mit einem Schlusszeichen (Punkt, Ausrufezeichen, Fragezeichen).**
- **Die wörtliche Rede wird mit Anführungszeichen gekennzeichnet.**

Die Satzzeichen werden durch alle Diktate hindurch mit diktiert, sodass zugehörige Regeln angebahnt werden. Dies ermöglicht einerseits implizites Lernen und erleichtert darüber hinaus ein späteres bewusstes Lernen.

Ableitung vom Wortstamm oder Grundwort

Das Prinzip der Stammschreibung wird ab Diktat 8 angebahnt, d. h. ab hier können im Diktat an einzelnen Stellen Veränderungen des Wortstamms vorkommen. (beispielsweise Ableitung „schreibt" vom Lernwort „schreiben"). Es ist sinnvoll, dass die Kinder lernen, die Grundform eines Wortes oder den Wortstamm zu erkennen und dann Ableitungen vorzunehmen. Dabei ist das Wissen um die Schreibung von Wortbausteinen (ver-, ge-,...) eine weitere Hilfestellung.

Beispiele:

- Nutzung des Plurals bei der Schreibung der Singularform: Wälder, also Wal**d**
- Verlängerungen des Grundwortes bei den Adjektiven: runde, also run**d**
- Ableitung vom Wortstamm: fahren, also f**ä**hrt, gefahren, verfahren, Fahrzeug, Fahrrad,...

Auch wenn die Kinder mit einem Wörterbuch arbeiten, müssen sie das jeweilige Grundwort finden, denn dieses ist im Wörterbuch alphabetisch aufgelistet.

Besonderheiten beim Rechtschreiben

Rechtschreibphänomene werden jeweils einzeln, eines nach dem anderen eingeführt. Es werden dann gehäuft Wörter mit der entsprechenden Besonderheit (z. B. „ie", Lautver-

23 Wenig hilfreich sind Regeln, die zu viele Ausnahmen haben oder durch „Hören" zu schwer umsetzbar sind.

dopplung, „au“ wird in der Mehrzahl zu „äu“) gelernt. Dies ermöglicht bereits auf der Ebene des impliziten Lernens ein Speichern dieser Besonderheit.

Im Rahmen einer Sprachbetrachtung kann zu einem späteren Zeitpunkt die entsprechende Regel besprochen werden. Ein solch bewusstes Besprechen ist dann leichter, wenn die Kinder über genügend Beispiele verfügen und sie bereits begonnen haben, ein Gefühl für Rechtschreibung zu entwickeln.

Für das Rechtschreibtraining nach dem IntraActPlus-Konzept ist jedoch entscheidend, dass die entsprechenden Wörter nicht über eine Regel abgeleitet, sondern über den „bildlichen“ Weg gespeichert werden.

Sprachbetrachtung

Die Sprachbetrachtung ist ein eigenständiger Lerninhalt im „Schulbereich“ und ein eigenständiges Ziel von Lehrplänen. Die Sprachbetrachtung geht über das Ziel „richtig zu schreiben“ hinaus“. Die Kinder sollen die schriftsprachlichen Strukturen der deutschen Sprache **bewusst** erfassen. Dabei wird in aller Regel in den Schulen nur bis zur Lerntiefe 1 oder 2 (vgl. 1.10) gelernt. Dies ist der Grund, warum die meisten Erwachsenen diese Regeln nicht mehr so genau wissen, auch wenn sie sehr sicher in der Rechtschreibung sind. Kenntnisse über schriftsprachliche Strukturen trifft man dann besonders bei Erwachsenen an, wenn sie im Rahmen der gemeinsamen Hausaufgaben mit ihren Kindern erneut diese Inhalte gelernt haben.

2.9.5 Implizites Lernen: ein zusätzlicher Weg

Das IntraActPlus-Konzept geht davon aus, dass zum Erlernen der richtigen Schreibweise die folgenden Lernwege wichtig sind und sich gegenseitig unterstützen:
- Lesen,
- bewusstes Speichern von bildlichen Repräsentationen einzelner Wörter,
- eine sehr **begrenzte** Anzahl von bewusst zu lernenden Regeln sowie
- unbewusstes Erfassen von Rechtschreibregeln im Sinne des impliziten Lernens.

Die experimentelle Grundlagenforschung hat in den letzten drei Jahrzehnten für viele Bereiche aufgezeigt, dass nicht nur Kinder sondern Menschen im Allgemeinen beständig unbewusst oder nebenbei lernen. Dies wird mit dem Fachbegriff „implizit“ benannt. Nur mit Hilfe dieses Lernens können Kinder ihre Fähigkeiten beispielsweise für Bewegungen, soziales Lernen, Sprache, Lesen und Rechtschreiben vollständig aufbauen.

Weil implizites Lernen so grundlegend ist, können Kinder **ohne bewusstes** Grammatiktraining die Sprache ihrer Bezugspersonen übernehmen und in dem Maße grammatisch richtig sprechen, wie ihre Bezugspersonen es können. Der Spracherwerb ist ohne unbewusstes Lernen nicht möglich. In Zusammenhang mit ■ Abb. 2.7 haben Sie die Erweiterung des Wahrnehmungsfensters für „Lesen“ kennengelernt. Auch dieses ist ein perfektes Beispiel für unbewusstes Lernen. Die Kinder lernen nicht bewusst, wie sie ihr Wahrnehmungsfenster für das Lesen erweitern können. Sie tun es **unbewusst**. Im sozialen Bereich erfassen die Kinder beispielsweise ihre Bezugspersonen über ihre unbewusste Wahrnehmung präzise anhand der gesendeten sozialen Signale (Jansen, Streit 2006). Auch jede Form der Automatisierung beinhaltet große Anteile impliziten Lernens. Dass implizites Lernen auch für den Rechtschreibbereich bedeutungsvoll ist, zeigten Pacton et al. (2001) auf.

Implizites Lernen hat den großen Vorteil, dass sich ein Kind bei dieser Art des Lernens nicht anstrengen muss. Es lernt eben unbewusst oder nebenbei. Deshalb können Sie Ihrem Kind oder Ihren Kindern ein weiteres Geschenk machen: Unterstützen Sie Ihr Kind so, dass es unbewusst – ohne willentliche Anstrengung – Regeln beim Lesen und Rechtschreiben aufbauen kann. Ihr Kind bekommt dann ein „Bauchgefühl“ wie **unbekannte** Wörter wahrscheinlich gelesen werden und wie **unbekannte** Wörter wahrscheinlich richtig geschrieben werden. Hierzu müssen zwei Regeln eingehalten werden:
- möglichst wenige Fehler auf dem gesamten Lernweg
- ehrliche Rückmeldung der Fehler

Ehrliche Rückmeldung von Fehlern

Dass die ehrliche Rückmeldung am Fehler ihre Grenzen hat, ist eigentlich selbstverständlich. So dürfte es für die meisten Kinder nicht förderlich sein, wenn die Fehler auf der Weihnachtskarte verbessert werden – vielleicht noch unter dem Weihnachtsbaum. Auch – wenn wir einmal den Lernbereich wechseln – werden viele Kinder bald das Sprechen aufhören, wenn jeder Fehler verbessert wird, sobald sie die ersten Schritte machen Englisch frei zu sprechen. Darüber hinaus ist bei der Rückmeldung von Fehlern grundsätzlich wichtig, dies positiv zu tun, also keinen strafenden Gesichtsausdruck oder keine genervte Stimme zu haben (Jansen, Streit 2006).

2.10 Das 5-Stufen-Modell der Lerntiefe nach dem IntraActPlus-Konzept

Um das Wesentliche herauszuarbeiten, wurde bei der bisherigen Betrachtung eine Vereinfachung vorgenommen. Es wurde bisher nur der Prozess der Automatisierung betrachtet und damit der Eindruck erweckt, ein Lernprozess bestehe nur aus 2 Lernstufen:
- vor der Automatisierung
- nach Automatisierung

Dies stellte, wie gesagt, eine **Vereinfachung** dar.

Lerninhalte werden unterschiedlich tief gelernt. Das IntraActPlus-Konzept geht von einem 5-stufigen Modell der Lerntiefe aus. Jede Lernstufe ist durch ihr Ende gekennzeichnet, z. B. endet Lernstufe 1 mit dem Verstehen des Lerninhaltes und Lernstufe 3 mit der Automatisierung des Lerninhaltes, ohne dass dieser flexibel angewendet werden kann. Dies ist erst am Ende von Lernstufe 5 möglich (Tab. 1.1).

Tab. 1.1. Das 5-Stufen-Modell der Lerntiefe im Rahmen des IntraActPlus-Konzeptes.

Lerntiefe	...ist charakterisiert durch
Stufe 1: Verstehen	Aufmerksamkeit notwendig
Stufe 2: Überlernen	Aufmerksamkeit notwendig
Stufe 3: Automatisieren	Ohne Aufmerksamkeit
Stufe 4: Flexibilisieren	Aufmerksamkeit notwendig
Stufe 5: Automatisieren des Flexibilisierten	Ohne Aufmerksamkeit

Die wichtigsten Lerninhalte des Lebens müssen bis Lerntiefe 5 gelernt werden. Dies bedeutet, die Lerninhalte können automatisch, aber flexibel gehandhabt werden. So muss ein Autofahrer beispielsweise automatisch und flexibel auf eine sich verändernde Verkehrssituation reagieren können. Der Lesende sollte die verschiedenen Schriften lesen können, ohne bewusst darüber nachdenken zu müssen. Beim Sprechen sollten englische Vokabeln automatisiert an den allgemeinen Sinnzusammenhang angepasst werden können. Eine richtige Rechtschreibung muss nicht nur beim Diktatschreiben, sondern auch im Rahmen eines Aufsatzes oder einer Geschichtsarbeit ohne Nachdenken möglich sein usw. Die Lerninhalte von Nebenfächern werden von den besten Schülern in der Regel bis Lerntiefe 2 gelernt. Dies bedeutet, dass diese Schüler den Lernstoff sehr gut beherrschen, aber immer noch ihre volle Aufmerksamkeit für das Abrufen von Lerninhalten und Aufgabenlösungen benötigen. Eine Automatisierung ist noch nicht eingetreten und eine entsprechende Leistung wird auch vom Lehrplan nicht gefordert.

Anders verhält es sich mit dem Lesen und Rechtschreiben. Hier werden im Lehrplan Fähigkeiten verlangt, die nur auf Stufe 5 mit flexibler automatisierter Informationsverarbeitung möglich sind.

Für ein umfassenderes Verstehen von Lernwegen ist Folgendes wichtig: Für die Stufe 1 „Verstehen" gelten die Regeln für die Automatisierung nicht. Um Verstehen zu erreichen, können die Aufgaben, Beispiele, Materialien usw. häufig gewechselt werden. Oft wird es erst gerade durch den häufigen Wechsel möglich, Verständnis zu schaffen. Auch können Lernmethoden verwendet werden, die die Automatisierung verlangsamen würden, um das Verständnis zu verbessern. So können Fehler auf der Lernstufe 1 sinnvoll sein, sofern sie das Verstehen verbessern oder erst ermöglichen. Die Fehleranzahl sollte aber immer so gering wie möglich gehalten werden, weil sich auch hier der Fehler speichert. Wenn sich aber anders das Verstehen nicht aufbauen lässt, muss man die notwendige Anzahl an Fehlern in Kauf nehmen.

Entscheidend ist, dass die Lernstufe 1 „Verstehen" zu einem idealen Zeitpunkt verlassen wird.

Einerseits muss beim Lernenden ein ausreichendes Verständnis aufgebaut sein, anderseits dürfen keine ungünstigen Automatisierungen entstehen bzw. der Automatisierungsprozess darf nicht unnötig verlangsamt werden.

Die Autoren können sich vorstellen, dass die Anlauttabelle auf der Stufe 1 sinnvoll verwendet werden kann, um Verständnis aufzubauen. Die Frage ist, wie viele **Minuten** sie benutzt werden dürfte, ohne die günstigen Automatisierungsprozesse unnötig zu verlangsamen.

Ein weiterer wichtiger Punkt ist der Folgende: Erinnerungstechniken (Memotechniken) können dabei helfen, Lerninhalte besser zu behalten, behindern aber nicht selten den Automatisierungsprozess.

Ein Beispiel hierzu: Beim Englischlernen bietet es sich an, eine Reihung zu benutzen, um unregelmäßige Verben zu lernen, z. B. für gehen „to go, went, gone". In dieser Reihung lässt sich ein unregelmäßiges Verb grundsätzlich leichter behalten.

Wenn ein Lernender jetzt aber nur Abfolgen wie „to go, went, gone" automatisiert, so bekommt er größte Probleme, wenn er automatisiert sprechen möchte. Er kann es nicht. Wollte er beispielsweise die Vergangenheitsform „went" benutzen, so müsste er sich immer über „go" an „went" heranarbeiten. Ein mühsames Unterfangen, vor allem im Gespräch.

Um automatisiert zu sprechen, muss der Lernende also nicht die Memotechnik selbst automatisieren, sondern die Anwendung der richtigen Verbformen im Satz. Dies bedeutet: Er sollte die Abfolge „to go, went, gone" nur bis zur Stufe 2 der Lerntiefe wiederholen. Ab diesem Zeitpunkt wird nur noch die Anwendung im Satz wiederholt. Dies allerdings muss bis zur Stufe 5 geschehen.

Erinnerungstechniken lassen den Lerninhalt zunächst einmal schneller behalten, beeinträchtigen aber nicht selten den Automatisierungsprozess. Von diesem Effekt sind diejenigen am stärksten betroffen, die die Erinnerungstechniken am besten gelernt haben. Als gutes Beispiel hierfür sehen die Autoren die Anlauttabelle an.

2.11 Einwände gegen das hier vorliegende Konzept

„Lesen und Rechtschreiben lernen nach dem IntraActPlus-Konzept" macht vieles anders, als es in den gängigen Lese- und Rechtschreibprogrammen üblich ist. Das ergibt auch Sinn und entspricht dem Wunsch vieler Lehrerinnen und Lehrer, Therapeutinnen und Therapeuten und Eltern. Zu erdrückend wurden in den vergangenen Jahren die ungünstigen Rückmeldungen aus dem Lernalltag „Schule" und „Hausaufgaben". Die ungünstigen Ergebnisse der Pisa-Studien unterstützten die Erfahrungen aus der Praxis.

Weil das IntraActPlus-Konzept mit vielem Gängigen bricht, hat es eine heftige Diskussion ausgelöst. Viele der dabei aufkommenden Fragen wurden bereits in den bisherigen Ausführungen beantwortet. Auf die zwei nachfolgenden Einwände wurde jedoch bisher noch nicht ausreichend eingegangen.

Erster Einwand: Das IntraActPlus-Konzept ist nicht wissenschaftlich

Die bisherigen theoretischen Ausführungen zeigten die wissenschaftlichen Grundlagen von „Lesen und Rechtschreiben lernen nach dem IntraActPlus-Konzept". Da mag der Einwand zunächst irritieren, das Konzept sei nicht wissenschaftlich. Der scheinbare Widerspruch lässt sich jedoch nachvollziehbar auflösen: Es gibt unterschiedliche Vorstellungen von Wissenschaft.

In der Medizin, der Psychologie und den Naturwissenschaften hat sich die Vorstellung durchgesetzt, dass wissenschaftliches Wissen überprüfbar sein muss. Jeder soll prinzipiell in der Lage sein, an jedem Ort dieser Erde beliebige Ausschnitte dieses Wissens zu überprüfen. In diesem Zusammenhang wird das wissenschaftliche Experiment als die herausragende Methode angesehen.

Mithilfe dieses Weges wurden die großen Wissensfortschritte in den Naturwissenschaften, der Medizin und der Psychologie ermöglicht. Über diese Fortschritte berichteten die Medien und übertrugen damit ein bestimmtes Wissenschaftsverständnis in große Bereiche unserer Gesellschaft. So verbindet man heute in der Regel wissenschaftliche Erkenntnis mit Experimenten und dem intelligenten Einsatz ausgefeilter Untersuchungs-und Messinstrumente. Dieses Wissenschaftsverständnis liegt auch dem IntraActPlus-Konzept zugrunde.

Im Schulbereich lässt sich dieses Wissenschaftsverständnis für große Bereiche nicht anwenden. So kann man beispielsweise mit Hilfe von Experimenten keine Aussagen darüber machen, welche Inhalte in Geschichte, Deutsch, Geographie, Musik und Kunst bearbeitet werden sollen. Anstelle des Experimentes gewinnen der „Experte" und ein „sozialer Findungsprozess" an Bedeutung. Was als wissenschaftliche Erkenntnis gilt, hängt dann einerseits mit der Bedeutung des Experten und andererseits mit der Anzahl der Experten zusammen, die sich auf eine Aussage geeinigt haben. Mit Hilfe dieser Wissenschaft können dann beispielsweise die Inhalte für den Schulunterricht bestimmt werden, aber etwa auch Aussagen gemacht werden zu den Zielen der Persönlichkeitsentwicklung oder zu Werten und Zielen im Allgemeinen.

Da beide Wissenschaftsformen ihre unterschiedlichen Anwendungsbereiche haben, ist eigentlich kein Konflikt zu erwarten. Dieser ergibt sich jedoch, wenn die Methode des „Experten" und des „sozialen Findungsprozesses" auf Bereiche übertragen wird, die nicht alleine durch „Nachdenken", Intuition" und „Diskussion" zu erhellen sind (s. auch Spitzer 2010). Ob unser Gehirn beim Lesen die Bedeutung in einem frühen oder in einem späteren Stadium der Informationsverarbeitung hinzufügt, kann nicht durch einen „sozialen Findungsprozess" ermittelt werden. Für den Aufbau eines Trainings sind solche Sachverhalte jedoch von größter Bedeutung.

Mit dem Wechsel der Wissenschaft wechselt auch die Art und Weise der wissenschaftlichen Auseinandersetzung. In der experimentell ausgerichteten Wissenschaft haben sich über Jahrzehnte Spielregeln herausgebildet. Wird ein Experiment in Frage gestellt, so ist der wichtigste Diskussionsbeitrag, ein besseres Experiment zu finden oder durchzuführen. Dieses wiederum kann von jedem nachvollzogen, in Frage gestellt und durch ein noch besseres Experiment überprüft werden. Dieser Standard war die Grundlage des Wissens-und Erkenntniszuwachses, den die Naturwissenschaften, die Medizin und die Psychologie in den letzten Jahrzehnten erfahren haben.

Beziehen wir diesen Standard auf die Experimente, die die Grundlage für das hier vorliegende Lese- und Rechtschreibkonzept darstellen, so ist uns bezüglich der ausgewählten Experimente von keinem einzigen Kritiker ein ernsthaftes „Gegenexperiment" genannt worden.

Warum aber dann die heftige Kritik von Einzelnen? Das IntraActPlus-Konzept verstößt gegen eine Norm, die von den wichtigsten Kritikern als unumstößlich angesehen wird: „Selbst entdeckendes Lernen". Hierzu gehört beim Lesen und Rechtschreiben in der gängigen Praxis: „Schreiben wie man hört" und „Anlauttabelle".

„Schreiben wie man hört" und „Anlauttabelle" verstoßen gegen umfassend gesicherte Erkenntnisse aus der experimentellen Psychologie – wie im vorherigen Theorieteil dargestellt. Weil diese beiden Lernwege die biologische Ausstattung eines Kindes nicht angemessen berücksichtigen, können sie auch nicht als kindgemäß angesehen werden. Dass dies nicht nur eine theoretische Betrachtung ist, haben wir den Jahrzehnten unserer Tätigkeit als Therapeutin, als Therapeut und als Lehrerin erfahren müssen. Die Anzahl der Kinder, die an diesen Methoden scheitern und aufgrund von Überforderung und Misserfolg therapeutische Hilfe in Anspruch nehmen müssen, ist nicht gering.

Vor diesem Hintergrund erscheint uns ein Einwand gegen das IntraActPlus-Konzept zynisch: „Die Schule sei keine Therapie". Unsere Erfahrung zeigt eher das Gegenteil – ungünstige, automatisierungshemmende Lernwege schaffen therapiebedürftige Kinder, die nicht nur Probleme mit dem Lesenlernen bekommen können, sondern mit dem Lernen überhaupt.

Zweiter Einwand: Das Lernmaterial fördert selbstentdeckendes Lernen zu wenig

Der mitdenkende, selbstständige, selbstsichere, sozial verantwortliche und sozial kompetente Schüler ist eine Vision, ein Ziel, hinter dem wohl alle Eltern und Lehrerinnen und Lehrer und Therapeutinnen und Therapeuten stehen.

Wir haben uns in den letzten Jahrzehnten in einer intensiven Weise damit beschäftigt, wie dieses Ziel im technischen Sinne zu erreichen ist. Selbstentdeckendes Lernen ist dabei ein Weg, den wir wie unsere Kritiker gut heißen. Im Unterschied zu diesen glauben wir jedoch, dass „selbstentdeckendes Lernen" mit großer Umsicht eingesetzt werden muss, damit Kinder von diesem Weg profitieren und nicht an ihm zerbrechen. Darüber hinaus darf er nicht zum Selbstzweck werden. Selbst entdeckendes Lernen ist nicht an und für sich ein Ziel, sondern nur dann, wenn es Kinder motiviert, stark macht und zur Selbstständigkeit verhilft.

Unter bestimmten Bedingungen tritt das genaue Gegenteil ein. In diesen Fällen werden Kinder vom selbstständigen Lernen abgehalten, weil sie aufgrund von Überforderung und Misserfolg dem Lernen dann grundsätzlich ausweichen. Weil sie ihre Lernziele nicht erreichen, die sie insgeheim doch erreichen wollen, werden sie unsicher. Dies sind dann keine guten Voraussetzungen, sozial erfolgreich zu sein.

Beispiele dafür, unter welchen Bedingungen selbstentdeckendes Lernen behindert

- **Selbstentdeckendes Lernen kostet Zeit und verlangsamt das Lesenlernen**

Selbstentdeckendes Lernen verlangsamt das Lesenlernen. Lesen ist jedoch eine Voraussetzung für viele Lerninhalte, beispielsweise in Deutsch, Mathematik und Sachkundeunterricht. Kinder, die schlecht oder gar nicht lesen können, haben enorme Nachteile. Sie können bei diesen Lerninhalten nicht richtig mitdenken, geschweige denn selbstentdeckend lernen.

- **Selbstentdeckendes Lernen mit Hilfe der Anlauttabelle überfordert viele Schüler**

Beim selbstentdeckenden Lernen mit der Anlauttabelle wird das vorausgesetzt, was viele Kinder erst noch lernen müssen: sicher die einzelnen Laute eines Wortes durch Hören zu erkennen. Ein besonders drastisches Beispiel hierfür sind Kinder mit einer auditiven Verarbeitungs- und Wahrnehmungsstörung (AVWS), dem sogenannten „phonologischen Defizit." Diese Kinder tun sich besonders schwer, weil sie einzelne Laute nicht getrennt wahrnehmen und benennen können. Oftmals können sie schon die Anlaute nicht eindeutig identifizieren. Häufig hören sie die Vokale besser als die Konsonanten. Die ihnen abverlangte Fähigkeit, kurze Vokale von langen zu unterscheiden, gelingt ihnen nicht. Somit haben sie bedingt durch ihr Störungsbild große Probleme, über die auditiv dominanten Herangehensweisen das Lesen und Rechtschreiben zu erlernen. Auch Kinder mit einem Dialekt und mit einem Migrationshintergrund tun sich mit diesem Weg schwer.

- **Selbstentdeckendes Lernen führt zu mehr Fehlern**

Selbstentdeckendes Lernen beim Lesen und Rechtschreiben führt zu mehr Fehlern. Fehler werden gespeichert und verlangsamen den Lernprozess. Besonders ungünstig ist es, wenn Fehler nicht korrigiert werden dürfen oder sehr spät korrigiert werden. Der große Einfluss von gespeicherten Fehlern macht sich vor allem bei der Rechtschreibung bemerkbar.

- **Selbstentdeckendes Lernen zwingt zur Verarbeitung unnötig riesiger Informationsmengen**

Stellen wir uns Fahrschüler vor. Würden Fahrschüler selbstentdeckend lernen müssen, so dürften sie die Verkehrsregeln nicht einfach lernen. Zunächst einmal müssten sie sich die Verkehrsregeln selbst erschließen, erst dann dürften sie sie lernen. Da die Verkehrsregeln nicht naturwissenschaftlichen Gesetzmäßigkeiten folgen, lassen sie sich im Einzelfall sehr schwer oder gar nicht erschließen. Die Schüler müssten ergründen, was sich der Gesetzgeber erdacht hat und warum. So müssten Fahrschüler beispielsweise in Deutschland erarbeiten, warum der Gesetzgeber den Rechtsverkehr verpflichtend vorschreibt. Fahrschüler in England müssten hingegen herausfinden, warum der Gesetzgeber den Linksverkehr bevorzugt. Darüber hinaus würden sie erst sehr spät oder nach Jahren korrigiert, wenn sie sich etwas Falsches erschlossen haben.

Rechtschreibung folgt ebenfalls keinen naturwissenschaftlichen Regeln. Deshalb arbeiteten die Wissenschaftler der Rechtschreibreform mehrere **Jahrzehnte** und legten dann die Regeln im Sinne einer sozialen Einigung fest. Diese müssen dann Erstklässler erschließen, wenn sie selbstentdeckend lernen. Darüber hinaus werden sie spät, oft erst nach Jahren korrigiert, wenn sie sich etwas Falsches erschlossen haben.

Selbstentdeckendes Lernen kann für Kinder Überforderung bedeuten. In diesem Fall baut selbstentdeckendes Lernen immer Motivation ab. Besonders schlimm kann es für Kinder sein, wenn sie alle oder die meisten Schulinhalte selbstentdeckend erlernen müssen und damit überfordert sind. Für nicht wenige Kinder bedeutet dass: Eine Überforderung folgt der nächsten. Jetzt beginnt fast immer ein Teufelskreislauf. Die Kinder versuchen sich dem Lernen zu entziehen. Dies tun sie durch passive und aktive Widerstände. Indem sie so reagieren, geraten sie mit ihren wichtigsten Bezugspersonen in Konflikt. Für diese Kinder ist aus der gut gemeinten Vorstellung des selbstentdeckenden Lernens ein Alptraum geworden.

2.12 Das IntraActPlus-Konzept als Ganzes

Das IntraActPlus-Konzept als Ganzes hat als Ziel, über die Beziehung zwischen Kind und Bezugsperson und über angemessene Aufgabenstellungen den Aufbau von Wissensbeständen, Sozialverhalten und einer positiven Eigensteuerung zu fördern für Kinder jeden Alters.

Das vorliegende Lernmaterial ist nur ein Teil des IntraActPlus-Konzepts. Es wurde von uns erstellt, um allen Leistungsgruppen ein sicheres Automatisieren sämtlicher Verarbeitungsschritte, die für ein müheloses Lesen und Rechtschreiben erforderlich sind, zu ermöglichen. Dies bedeutet freie Kapazitäten für sinnerfassendes Lesen bzw. kompetentes, kreatives Schreiben.

Ob die Möglichkeiten dieses Lernmaterials in vollem Umfang genutzt werden, hängt jedoch auch von anderen Faktoren ab, z. B. von der Beziehung zwischen Kind und Bezugsperson. Die Möglichkeiten, über „Beziehung" auf die Entwicklung einer günstigen Eigensteuerung und eines positiven Sozialverhaltens einzuwirken, wurden bereits im Buch „Positiv lernen" veröffentlicht (Jansen und Streit 2006).

2.13 Literatur

Weiterführende Literatur

Umfassende Übersicht über den aktuellen Forschungsstand zum Lesen und Lesenlernen, sehr gut lesbar:

[1] Dehaene S (2010) Lesen: Die größte Erfindung der Menschheit und was dabei in unseren Köpfen passiert. München: Knaus

Aufbau von Anstrengungsbereitschaft und Leistungsmotivation, Aufbau einer positiven Eigensteuerung, Verstehen und Verändern eigener unbewusster Signale in Lernsituationen:

[2] Jansen F, Streit U (2006) Positiv lernen. Berlin Heidelberg New York: Springer

Genereller Umgang mit Erziehungsfragen, z. B. Umgang mit Widerstand und Aggression, Lösungen für den Umgang mit Ängsten, Umgang mit eigenen Schuldgefühlen, Verstehen und Verändern unbewusster Signale in Erziehungssituationen:

[3] Jansen F, Streit U (2010) Erfolgreich erziehen. Frankfurt: Krüger

Literatur, auf die im Text verwiesen wurde

[1] Biemiller A (1977–1978) Relationships between oral reading rates for letters, words, and simple text in the development of reading achievement. Reading Research Quarterly 13(2): 223–253

[2] Bradley L, Bryant PE (1983) Categorizing sounds and learning to read – a causal connection. Nature 301: 419–421

[3] Brand M, Giroux I, Puijalon C, Rey A (2007) Syllable onsets are perceptual reading units. Memory and Cognition 35(5): 966–973

[4] Cooper LA, Shepard RN (1973) The time required to prepare for a rotated stimulus. Memory and Cognition 1(3): 246–250

[5] Cunningham AE, Stanovich KE (1997) Early reading acquisition and its relation to reading experience and ability 10 years later. Developmental Psychology, 33(6): 934–945

[6] Dehaene S (2010) Lesen: Die größte Erfindung der Menschheit und was dabei in unseren Köpfen passiert. München: Knaus

[7] Donaghey CL, McMillan TM, O'Neill B. (2010) Errorless learning is superior to trial and error when learning a practical skill in rehabilitation: a randomized controlled trial. Clinical Rehabilitation 24(3): 195–201

[8] Gambrell LB, Wilson RM, Gantt WN (1981) Classroom observation of task-attending behaviors of good and bad readers. The Journal of Educational Research 74(6): 400–404

[9] Glaser WR, Glaser MO (1989) Context Effects in Stroop-Like Word and Picture Processing. Journal of Experimental Psychology: General 118(1): 13–42. Washington: American Psychological Association

[10] Glezer LS, Jiang X, Riesenhuber M (2009) Evidence for Highly Selective Neuronal Tuning to Whole Words in the «Visual Word Form Area«. Neuron 62(2): 199–204

[11] Hammer A, Mohammadi B, Schmicker M, Saliger S, Münte TF (2011) Errorless and errorful learning modulated by transcranial direct current stimulation. BMC Neuroscience 12:72

[12] Haslam C, Moss Z, Hodder K. (2010) Are two methods better than one? Evaluating the effectiveness of combining errorless learning with vanishing cues. Journal of Clinical and Experimental Neuropsychology 32(9): 973–985

[13] Heldmann M, Markgraf U, Rodríguez-Fornells A, Münte TF (2008) Brain potentials reveal the role of conflict in human errorful and errorless learning. Neuroscience Letters 444(1): 64–68

[14] Hubel DH, Wiesel TN (1959) Receptive fields of single neurons in the cat`s striate Cortex. The Journal of Physiology 148(3): 574–591

[15] Jansen F, Streit U (2006) Positiv lernen. Berlin Heidelberg New York: Springer

[16] Jansen F, Streit U (2010) Erfolgreich erziehen: Kindergarten- und Schulkinder. Frankfurt: Krüger

[17] Jansen JG (2011) Elternbriefe-*online*. Elternbrief 13: Pädagogik gegen das Kind – 'Lesen durch Schreiben' mit dem Unterricht nach Sommer-Stumpenhorst, Tinto und Reichen/Der Spracherfahrungsansatz nach Brügelmann. Wie wissenschaftsferne Dogmen unseren Kindern schaden. www.grundschulservice.de, letzter Aufruf: 10. 04. 2012

[18] Kessels RPC, de Haan EHF (2003) Mnemonic strategies in older people: a comparison of errorless and errorful learning. Age and Ageing 32(5): 529–533

[19] Levelt WJ (1989) Speaking: From Intention to Articulation. Cambridge Mass: MIT-Press

[20] Lloyd J, Riley GA, Powell TE (2009) Errorless learning of novel routes through a virtual town in people with acquired brain injury. Neuropsychological Rehabilitation 19(1): 98–109

[21] Maxwell JP, Masters RS, Kerr E, Weedon E (2001) The implicit benefit of learning without errors. The Quarterly Journal of Experimental Psychology Section A 54(4): 1049–1068

[22] National Institute of Child Health and Human Development (2000). Report of the National Reading Panel. Teaching children to read: An evidence-based assessment of the scientific research literature on reading and its implications for reading instruction (NIH Publication No. 00–4769). Washington, DC: U.S. Government Printing Office

[23] Pacton S, Perruchet P, Fayol M, Cleeremans A (2001) Implicit learning out of the lab: the case of orthographic regularities. Journal of Experimental Psychology General 130(3): 401–426

[24] Rayner K, Foorman BR, Perfetti CA, Pesetsky D, Seidenberg MS (2001). How psychological science informs the teaching of reading. Psychological Science in the Public Interest 2(2): 31–73

[25] Rott C, Zielinski W (1985) Vergleich der Buchstaben- und Wortlesefertigkeit guter und schwacher Leser der 2.–4. Grundschulklasse. Zeitschrift für Entwicklungspsychologie und Pädagogische Psychologie 17(2): 150–163

[26] Rüsseler J, Scholz J, Jordan K, Quaiser-Pohl C (2005) Mental rotation of letters, pictures, and three-dimensional objects in German dyslexic children. Child Neuropsychology 11(6): 497–512

[27] Samuels SJ (1967) Attentional process in reading: The effect of pictures on the acquisition of reading responses. Journal of Educational Psychology 58(6): 337–342

[28] Schneider W, Shiffrin RM (1977) Controlled and automatic human Information Processing: I. Detection, search and attention. Psychological Review 84(1): 1–66

[29] Shepard RN, Metzler J (1971) Mental rotation of three-dimensional objects. Science 171: 701–703

[30] Shiffrin RM, Schneider W (1977) Controlled and automatic human Information Processing: II. Perceptual learning, automatic attending, and a general theory. Psychological Review 84(2): 127–190

[31] Singer H, Samuels SJ, Spiroff J (1973/74) The effect of pictures and contextual conditions on learning responses to printed words. Reading Research Quarterly 9(4): 555–567

[32] Spitzer M (2010) Medizin für die Bildung: Ein Weg aus der Krise. Heidelberg: Spektrum

[33] Stanovich KE (2000) Progress in understandig reading: Scientific foundations and new frontiers. New York London: The Guilford Press

[34] Stroop JR (1935) Studies of interference in serial verbal reactions. Journal of Experimental Psychology 18: 643–662

[35] Vinckier F, Dehaene S, Jobert A, Dubus JP, Sigman M, Cohen L (2007) Hierarchical Coding of Letter Strings in the Ventral Stream: Dissecting the Inner Organization of the Visual Word-Form System. Neuron 55(1): 143–156

[36] Yarbus AL (1967) Eye Movements and Vision. New York: Plenum Press

3 Grundregeln zur Erhöhung der Lerngeschwindigkeit

3 | Grundregeln zur Erhöhung der Lerngeschwindigkeit

Eine hohe Lerngeschwindigkeit kann nur erreicht werden, wenn die nachfolgenden Regeln beachtet werden.

3.1 Regel 1: Jeden Lerninhalt so häufig wiederholen, bis die richtige Antwort leichtfällt

Richtiges Wiederholen ist wichtig für eine hohe Motivation und schnelle Lerngeschwindigkeit. Kinder, die mehr und besser wiederholen, lernen schneller und sind konzentrierter und motivierter.

Eltern, Therapeuten und Lehrer geben sich oft zufrieden, wenn die Antwort richtig ist. Eine einzelne richtige Antwort reicht nicht. Das Gelernte ist in den nächsten Tagen vergessen, und das Wiederholen wird anstrengend und fehlerbehaftet. Dies verlangsamt den Umbau des Gehirns, der notwendig ist für tiefgründiges Lernen.

Hohe Motivation, Aufmerksamkeit und Lerngeschwindigkeit kommen auf Dauer nur zustande, wenn beim ersten Lerndurchgang – und bei allen folgenden – immer ausreichend oft wiederholt wird.

Dies bedeutet, dass so lange gelernt wird, bis die Antwort vom Kind genau und leicht abgerufen wird. Das Gelernte steht dann dem Kind sicher zur Verfügung. Auch bei schwerer werdenden Aufgaben kann es sich dann auf das Gelernte verlassen. Es bekommt ein Gefühl von Kontrolle und Leichtigkeit. Dies erhöht seine Motivation, weiter zu lernen.

Kinder ohne eine Lernstörung wiederholen gern. Sie spielen immer wieder dieselben Spiele und wollen immer wieder dieselben Geschichten hören. Sie sind stolz, wenn sie beim Wiederholen die Aufgabe immer besser beherrschen.

Kinder mit einer Lern- und Leistungsstörung wiederholen ungern. Sie treffen sich hier mit den Vorstellungen vieler Erwachsener. Erwachsene wiederholen häufig mit Kindern nicht gern. Dies kann mehrere Gründe haben. Erwachsene haben das, was die Kinder noch lernen müssen, bereits so extrem überlernt, dass es für sie selbst langweilig wird. Hier kommt es häufig zu einem schwerwiegenden Missverständnis zwischen Erwachsenen und Kindern.

Erwachsene, die in ihrer Schulzeit selbst unter einer Lernstörung litten, können sich oft nicht vorstellen, dass es Kindern Spaß macht, zu wiederholen.

Ein weiterer Grund ist der Folgende: Um sich dem Lernen zu entziehen, gehen Kinder, die eine Lernstörung haben, oft in einen Widerstand. Viele Erwachsene vermeiden es, sich mit diesem Widerstand auseinanderzusetzen. Erwachsene Bezugspersonen verzichten dann häufig auf die Anforderung zum Wiederholen, um Frieden zu haben.

Anstatt auf das Wiederholen zu verzichten, wäre es besser, die Lern- und Leistungsstörung zu behandeln. Welche Möglichkeiten es hier gibt, wird in Jansen und Streit (2006) umfassend ausgeführt.

3.2 Regel 2: Bereits beim ersten Lerndurchgang möglichst gut speichern

Es ist wichtig, bereits im ersten Lerndurchgang möglichst gut zu speichern. Gut zu speichern heißt, das Gelernte sicher und leicht wiedergeben zu können.

Was „gut" ist, müssen Kinder durch Erfahrung lernen. Erwachsene Bezugspersonen, die zu schnell sind oder zu schnell vorgehen, lassen nicht zu, dass Kinder diese Erfahrung machen. Die meisten erwachsenen Bezugspersonen nehmen den ersten Lerndurchgang nicht wichtig genug und übertragen damit ihre eigene ungünstige Eigensteuerung auf die Kinder. Jedes Kind braucht unterschiedlich viel Zeit für den ersten Lerndurchgang. Bei entsprechender Anleitung können 3- bis 6-Jährige hier bereits ein gutes Gespür entwickeln.

3.3 Regel 3: Wiederholen, bevor vergessen wird

Für das Üben mit dem einzelnen Kind bedeutet dies: Wiederholungen müssen stattfinden, solange noch 80–90% des Gelernten sicher abrufbar ist und die Antworten noch leicht fallen. Dies bezieht sich sowohl auf den ersten Tag als auch auf die nachfolgenden Tage. Bei lernschwachen Kindern kann es nötig sein, auch am Wochenende und in den Ferien kurze Lerneinheiten durchzuführen, um nicht immer wieder von vorn anfangen zu müssen. Auch kann es wichtig sein, das Gelernte bereits am ersten Tag ein- oder mehrmals zu wiederholen.

Die Häufigkeit des Wiederholens muss wie ein Gummiband an die Lernfähigkeit jedes einzelnen Kindes angepasst werden.

Für die Schule bedeutet dies:
3–4 Wiederholungen (Dauer jeweils 5–7 Minuten) am Tag sind sinnvoll. Die Hausaufgaben stellen immer eine zusätzliche Wiederholung vom Vormittag dar.

3.4 Regel 4: Unnötige Fehler vermeiden

Wer sich anstrengt, muss Fehler machen können. Diese Feststellung betrifft die gefühlsmäßige Seite. Nur wer Fehler machen darf, kann lernen. Nur wer Fehler machen darf, kann sich beim Lernen entspannen und kann Spaß am Lernen langfristig aufbauen. Diese Aussagen gelten unzweifelhaft.

Aber es gibt auch eine andere Seite in Bezug auf Fehler. Jeder Fehler wird gespeichert, ohne dass man es will oder etwas dazu tun muss. Um einen einzelnen Fehler, der gespeichert wurde, auszugleichen, braucht es mehrere positive Durchgänge. Gehen Sie von etwa 3-4 erfolgreichen Durchgängen aus. Das bedeutet, dass jeder Fehler die Lernzeit deutlich verlängert.

! Lernwege müssen immer so aufgebaut sein, dass die Kinder möglichst wenig Fehler machen.

Das Lernmaterial des IntraActPlus-Konzeptes ist so ausgelegt, dass bei richtiger Anwendung fast keine Fehler gemacht werden. Dies gilt sowohl für Kinder mit niedriger als auch mit hoher Intelligenz. Schwache Lernende müssen einfach langsamer vorangehen. Passt man die Lerngeschwindigkeit dem Lernvermögen an und ist nicht ungeduldig, machen alle Kinder wenige Fehler. Sie lernen dadurch am schnellsten.

Folgendes können Sie tun, um unnötige Fehler zu vermeiden

- Passen Sie die Lerngeschwindigkeit an das einzelne Kind an. Langsamer ist oft schneller.
- Gehen Sie im Lernmaterial zurück, wenn zu viele Fehler auftreten.
- Achten Sie darauf, dass alle Kinder die Aufgaben langsam und konzentriert durchführen.
- Arbeiten Sie die Blätter bis zu Ende durch.
- Halten Sie die richtige Reihenfolge der Lernschritte ein. Nur dann nutzen Sie die Vorzüge des Lernmaterials.

3.5 Regel 5: Rechtschreibfehler möglichst nicht anschauen lassen

Fehler werden gespeichert und verlängern die Lernzeit (s. oben). Eine besondere Art, den ungünstigen Einfluss von Fehlern zu erhöhen, ist die Angewohnheit vieler Bezugspersonen, das Kind den Fehler im Wort suchen zu lassen. So schaut das Kind besonders lange und intensiv auf die falsche Schreibweise und speichert sie dabei besonders gut.

Für das Üben mit dem einzelnen Kind bedeutet dies: Schreiben Sie ein falsch geschriebenes Wort beispielsweise richtig auf eine Karteikarte und lassen Sie es vom Kind sofort ausreichend lernen. Das Kind sollte sich das falsch geschriebene Wort möglichst nicht mehr anschauen.

Für die Schule bedeutet dies: Unterstreichen Sie ein falsch geschriebenes Wort nicht, sondern streichen Sie es durch und schreiben Sie die falsch geschriebenen Worte unter dem Diktat richtig. Die Kinder schauen dann nur noch die richtige Schreibweise an und können die richtig geschriebenen Wörter lernen.

3.6 Regel 6: Immer in Lese- und Schreibrichtung arbeiten

Lassen Sie niemals in umgekehrter Richtung lesen, schreiben oder buchstabieren. Lassen Sie niemals beim Lernmaterial von unten nach oben lernen. Lassen Sie in den ersten 2 Jahren möglichst nicht oder so wenig wie möglich im „Bogen" schreiben oder in Bögen Geschriebenes lesen.

Wird immer von links nach rechts gelesen und geschrieben, baut sich das Gehirn so um, dass ein größeres Wahrnehmungsfenster für Buchstaben und Wörter entsteht (■ s. Kap. 2, Abb. 7). Dies ermöglicht es den Kindern, einerseits Buchstaben unbewusst wahrzunehmen und andererseits mehr Buchstaben bewusst scharf zu sehen.
Ein entsprechender Umbau des Gehirns wird verlangsamt, wenn die Lese- und Schreibrichtung sehr häufig gewechselt wird. Dies ist beispielsweise auch dann der Fall, wenn die Kinder mit den Augen aus der Lesezeile „springen", um Bilder am Rand zu verarbeiten. Also immer von links nach rechts arbeiten.

3.7 Regel 7: Möglichst nie mehrere neue Lernschritte gleichzeitig einführen

Neue Lernschritte sind noch nicht automatisiert und werden überwiegend im Kurzzeitspeicher durchgeführt. Dieser ist gekennzeichnet durch eine extrem geringe Verarbeitungskapazität. Lernschritte, die im Kurzzeitspeicher ausgeführt werden, bedürfen daher hoher Aufmerksamkeit und Anstrengung. Einzelne Lernschritte können nur nacheinander ausgeführt werden.

Werden mehrere neue Lernschritte gleichzeitig eingeführt, kommt es daher leicht zu einer Überlastung des Kurzzeitspeichers. Dies führt zu vielen Fehlern und ist mühsam und anstrengend. Es sollte daher immer nur ein einziger neuer Lernschritt auf einmal eingeführt werden. Erst wenn dieser sicher und leicht gelingt, wird mit dem nächsten Lernschritt begonnen. Dies bedeutet beispielsweise:

Lesen: Mit dem Zusammenziehen von Buchstaben wird erst dann begonnen, wenn die hierbei verwendeten Buchstaben sicher und leicht beherrscht werden.

Schreiben: Mit den Vorübungen zum Schreiben wird zunächst nur die Feinmotorik und das Arbeiten in Linien geübt. Erst wenn dies sicher und leicht gelingt, kommt als nächster Lernschritt hinzu, die Buchstaben zu schreiben. Buchstaben werden zunächst nur abgeschrieben, wobei der richtige Schreibablauf und das Einpassen in die Linien geübt werden. Erst wenn dies sicher und leicht gelingt, werden Buchstaben nach Diktat geschrieben, was als zusätzlichen Lernschritt das Abrufen der Buchstabenform aus dem Langzeitspeicher bedeutet.

Rechtschreiben: Sätze werden erst dann nach Diktat geschrieben, wenn die darin vorkommenden Wörter sicher und leicht gelingen.

Zusammenfassung der 7 wichtigsten Regeln beim Umgang mit dem Lernmaterial

1. Wiederholen Sie jeden Lerninhalt so häufig, bis die richtige Antwort leichtfällt.
2. Achten Sie darauf, dass das Kind bereits beim ersten Lerndurchgang möglichst gut speichert.
3. Wiederholen Sie, bevor vergessen wird.
4. Vermeiden Sie unnötige Fehler.
5. Lassen Sie Rechtschreibfehler möglichst nicht anschauen.
6. Arbeiten Sie immer in Lese- und Schreibrichtung.
7. Führen Sie möglichst nie mehrere neue Lernschritte gleichzeitig ein.

4 Das Arbeiten mit Schulklassen und anderen Gruppen

4 | Das Arbeiten mit Schulklassen und anderen Gruppen

Das Arbeitsmaterial ist so gestaltet, dass es in verschiedenen Lernsituationen gleichermaßen effektiv eingesetzt werden kann. Wir unterscheiden für die nachfolgenden Anleitungen zwei Lernsituationen:

- das Lernen mit einem Kind allein sowie
- den individualisierten Unterricht.

In weiten Teilen sind die Lernstrategien für beide Situationen gleich. Es gibt jedoch für den Unterricht in Schulklassen wichtige Besonderheiten, die wir zunächst allgemein und später vor jedem Materialteil (Lesen, Schreiben, Rechtschreiben) gesondert beschreiben. Gleiches gilt, wenn für die Einzelsituation Besonderheiten zu beachten sind.

Das Arbeitsmaterial ist für den individualisierten Unterricht konzipiert. In den ersten Tagen erlernen die Kinder den Umgang mit dem Material und arbeiten dann selbstständig weiter (■ Abb. 4.1).

▲ **Abb. 4.1.** Gruppen- und Partnerarbeit.

Folgende Arbeitsformen bieten sich an:

4.1 Selbstständig arbeiten in Einzelarbeit

Das Material ist so aufgebaut, dass die Aufgabenschwierigkeit – von einer Seite zur nächsten – jeweils nur um einen Lernschritt zunimmt. Dadurch lernen die Kinder weitgehend fehlerfrei und in ihrem individuellen Tempo. Sie benötigen von der Lehrerin oder dem Lehrer lediglich Informationen über die neuen Buchstabennamen.

4.2 Kooperativ arbeiten in Partnerarbeit

Wenn die Kinder die Arbeitstechnik beherrschen – was bereits nach wenigen Tagen der Fall sein kann –, können soziale Kompetenzen gleichzeitig mit der Weiterarbeit im Material aufgebaut werden.

Partnerarbeit ist eine der wichtigsten Arbeitsformen mit dem IntraActPlus-Material (■ Abb. 4.2).

▲ **Abb. 4.2.** Partnerarbeit.

4.3 Kooperativ arbeiten in Kleingruppen

Im Laufe des ersten Schuljahres bietet es sich an, die Kinder in Kleingruppen am Material arbeiten zu lassen, weil die jeweils stärksten Schüler als Experten die Kontrolle des Lernstandes der Mitschüler übernehmen können. Ihr Verantwortungsbewusstsein wird geschult. Die Lehrer werden entlastet. Aber keine Angst um die starken Schüler: Wir haben die Erfahrung gemacht, dass die „Schülerlehrer" durch die Übernahme von Verantwortung am meisten lernen. Sie automatisieren noch schneller und ihre soziale Kompetenz baut sich noch besser auf als bei den anderen.

4.4 Kurze, lehrerzentrierte Phasen

Grundlage für effektives, individuelles Lernen ist, dass die Kinder Informationen über die Buchstabennamen und die Technik der Synthese bekommen. Hierzu führt der Lehrer frontal neue Buchstaben ein. Die Synthese mit den neuen Buchstaben wird gemeinsam geübt, bis die Kinder alles gut verstanden haben.

Das kann in der Gesamtgruppe oder in Untergruppen der Klasse, die jeweils einen ähnlichen Lernstand haben, geschehen. Am Anfang der ersten Klasse finden die lehrerzentrierten Phasen etwas häufiger statt. Sie treten mit voranschreitender Kompetenz der Kinder immer weiter in den Hintergrund.

4.5 Schüler und Lehrer arbeiten während des laufenden Unterrichts in der Einzelsituation

Alle bisher beschriebenen Arbeitsformen ermöglichen, dass jedes Kind in seinem Tempo und selbstständig arbeiten kann. Das schafft für den Lehrer Raum, sich mit einzelnen Kindern intensiv zu beschäftigen, ohne dass die

Klasse dadurch einen Nachteil hat. Für Kinder mit besonderen Schwierigkeiten oder besonderen Voraussetzungen sind diese kurzen, intensiven Phasen besonders wichtig (◘ Abb. 4.3).

▲ **Abb. 4.3.** Schülerin und Lehrerin in Einzelarbeit.

4.6 Spezielle Lehreraufgaben beim Arbeiten mit dem IntraAct-Plus-Material:

- neue Informationen geben,
- Material für jeden Schüler individuell organisieren,
- Schüler mit besonderen Lernbedingungen individuell begleiten und
- Schüler beim Erlernen der Technik und der sozialen Kompetenzen unterstützen.

5 Anleitungen zum Arbeiten mit dem Material

5 | Anleitungen zum Arbeiten mit dem Material

5.1 Lesen

5.1.1 Einzelbuchstaben benennen - Vorübung

Einzelsituation

Material

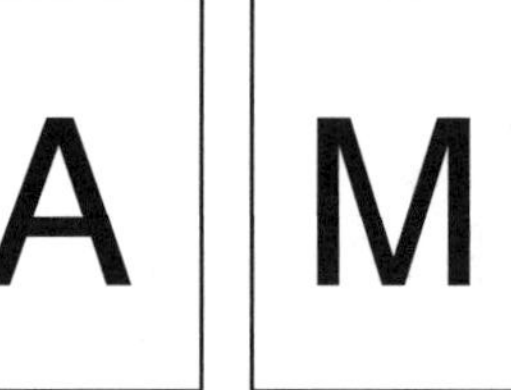

Beispiel

Die Buchstabenkärtchen auf der ersten Seite des jeweiligen Unterregisters werden auseinandergeschnitten.

Wo finde ich das Material?

Unterregister 1.1 bis 1.6, Unterregister 2.1 bis 2.7, jeweils die erste Seite

Durchführung

Erste Schwierigkeitsstufe

1. Das neue Buchstabenkärtchen liegt vor dem Kind auf dem Tisch. Es sind keine weiteren Buchstaben im Blickfeld des Kindes.
2. Die Bezugsperson legt einen Finger unter den Buchstaben. Der Finger wird im Folgenden „Lesefinger" genannt.
3. Die Bezugsperson achtet darauf, dass das Kind den Buchstaben aufmerksam anschaut.
4. Der Buchstabe wird benannt, z. B.: „A". Nur am Anfang wird gesagt: „Das ist ein ‚A'".
5. Unmittelbar anschließend soll das Kind den Buchstaben benennen: „A".
6. Wenn das Kind Schwierigkeiten mit der Benennung hat, gibt die Bezugsperson den Namen des Buchstabens noch einmal vor: „A".
7. Der Buchstabe wird kurz verdeckt. Wenn er wieder aufgedeckt wird, benennt ihn das Kind erneut.
8. Das Kind wiederholt den Buchstaben einige Male. Zwischen den Wiederholungen wird der Zeitraum, in dem der Buchstabe verdeckt ist, allmählich größer.

Zweite Schwierigkeitsstufe

Zur zweiten Schwierigkeitsstufe wird erst übergegangen, wenn die erste Schwierigkeitsstufe sicher und leicht beherrscht wird.

1. Nachdem das Kind den neuen Buchstaben einige Male richtig benannt hat, lenkt die Bezugsperson es durch eine einfache Frage ab (Beispiel: „Welche Farbe hat mein Pullover?").
2. Wenn das Kind die Frage beantwortet hat, benennt es wieder den Buchstaben.

Dritte Schwierigkeitsstufe

Wenn die ersten beiden Buchstaben („A" und „M") entsprechend den Schwierigkeitsstufen 1 und 2 gelernt sind, wird zwischen diesen abgewechselt.

Weiteres Arbeiten

Nach und nach werden weitere Buchstaben in das Üben einbezogen. Dabei wird jeder neue Buchstabe wie oben dargestellt eingeführt. Es kann immer dann weitergegangen werden, wenn dem Kind das bisher Gelernte leicht fällt.
Hat das Kind große Schwierigkeiten mit der zweiten oder dritten Schwierigkeitsstufe, so geht die Bezugsperson jeweils eine Stufe zurück.
Sobald ein neuer Buchstabe sicher gekonnt wird, bearbeitet das Kind die Übungsseiten mit diesem Buchstaben. Sobald also das „A" sicher sitzt, beginnt das Kind mit der ersten Seite zum selbstständigen Arbeiten in Unterregister 1.1.

Wichtig

Der Buchstabe wird immer so benannt, wie er später im Wort gelesen wird (M ist nicht „Emm, B" ist nicht „Be" usw.). Bei Buchstaben, die im Wort unterschiedlich ausgesprochen werden, entscheidet man sich für die häufigste Form (Beispiel: „V" wird gesprochen wie „F", „ch" wird so gesprochen, wie es in „Licht" vorkommt).
Wie die einzelnen Buchstaben ausgesprochen werden, können Sie sich im Internet unter www.intraactplus.de, Stichwort „Bücher" anhören.

Gruppensituation

Material

Beispiele aus dem Buchstabenmeister

Wo finde ich das Material?

Der **Buchstabenmeister** ist ein spezielles Material für das Arbeiten mit Gruppen. Jeder Buchstabe steht auf einer DIN A4-Seite. Dazu können die Buchstaben in der Reihenfolge der Unterregister von Hand geschrieben oder im Internet unter **www.intraactplus.de** heruntergeladen werden.

Zunächst werden nur die Großbuchstaben in ein Mini-Flipchart eingeheftet (DIN-A4-Hochformat, erhältlich im Bürofachhandel). Beim Übergang zu den Kleinbuchstaben werden Groß- durch Kleinbuchstaben ersetzt. Es empfiehlt sich, gleich 2 Buchstabenmeister mit Großbuchstaben herzustellen, da für das Zusammenziehen von Buchstaben (s. Kap. 5.1.3) beide benötigt werden.

Für das Üben mit den Großbuchstaben aus Register 1 stehen im Buchstabenmeister also der Reihe nach die Buchstaben:

- A, M, L, U (zu Unterregister 1.1),
- F, S, I, N (zu Unterregister 1.2),
- B, O, W, E (zu Unterregister 1.3) usw.

Arbeitsformen

Arbeiten mit der ganzen Gruppe oder mit Kleingruppen

Durchführung

1. Der Buchstabenmeister steht auf einem Tisch vor der Klasse oder Gruppe.
2. Der Lehrer achtet darauf, dass alle Kinder auf den Buchstaben schauen.
3. Er zeigt mit dem Lesefinger über den Buchstaben.
4. Der Lehrer benennt den Buchstaben.
5. Alle Kinder wiederholen den Buchstaben gleichzeitig. Es ist wichtig, dass der einzelne Buchstabe so oft wiederholt wird, bis die Klasse oder Gruppe im Gleichklang antwortet.
6. Die Kinder sprechen jeweils dann, wenn der Lesefinger des Lehrers auf die Mitte über den Buchstaben zeigt.
7. Ein zweiter Buchstabe wird in entsprechender Weise aufgebaut.
8. Dann wird zwischen den ersten beiden Buchstaben abgewechselt.
9. Durch Weiterblättern, willkürliches Vor- und Zurückblättern oder Überschlagen von Seiten wechselt der neueste Buchstabe mit bereits gelernten Buchstaben ab.
10. Zum frühestmöglichen Zeitpunkt übernimmt ein Schüler die Lehrerrolle.

Wichtig

Im Optimalfall finden an jedem Schulvormittag 3–4 Wiederholungen statt.

Leistungsdifferenzierung

Die meisten Lehrer entscheiden sich nach einigen Tagen oder Wochen zur Leistungsdifferenzierung. In diesem Fall werden mit den Kindern, die schneller lernen, beispielsweise in Kleingruppen die nächsten Buchstaben geübt. Anschließend können diese Kinder die entsprechenden Übungsblätter bearbeiten.

Sobald ein neuer Buchstabe sicher gekonnt wird, bearbeiteten die Kinder die Übungsseiten mit diesem Buchstaben. Sobald also das „A" sicher sitzt, beginnt das Kind mit der ersten Seite zum selbstständigen Arbeiten in Unterregister 1.1.

Wichtig

- Der Buchstabe wird immer so benannt, wie er später im Wort gelesen wird („M" ist nicht „Emm, „B" ist nicht „Be" usw.) .
- Bei Buchstaben, die im Wort unterschiedlich ausgesprochen werden, entscheidet man sich für die häufigste Form (beispielsweise: „V" wird gesprochen wie „F", „ch" wird so gesprochen, wie es in „Licht" vorkommt).
- Das präzise Sprechen zum Lesefinger muss von Beginn an geübt werden.
- Die Buchstaben wechseln nach Zufall ab, damit die Kinder nicht dazu verleitet werden, die Reihenfolge im Buchstabenmeister auswendig zu lernen.
- Wenn die Kinder im Gleichklang antworten, zeigt das, dass alle Schüler lernen und nicht lediglich die Antwort der Mitschüler kopieren.

5.1.2 Übungsblätter Einzelbuchstaben benennen

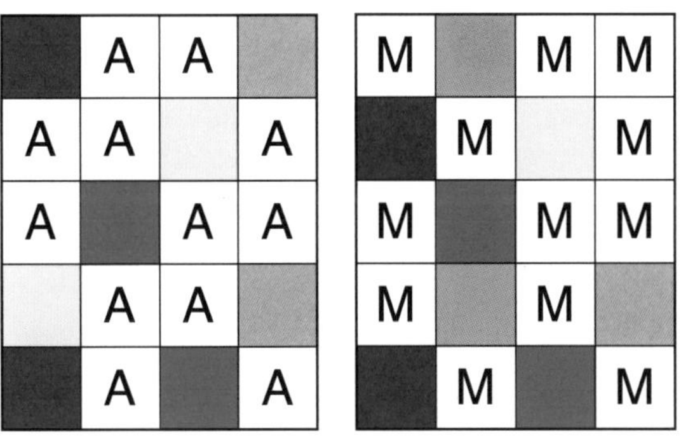

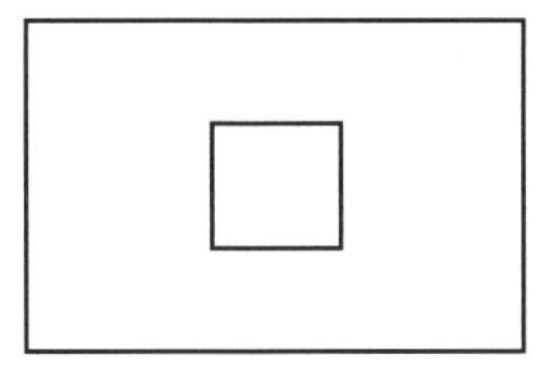

Beispiele Schablone mit Loch

Material

Wo finde ich das Material?

Unterregister 1.1 bis 1.6, Unterregister 2.1 bis 2.7, jeweils im Anschluss an die Buchstabenkärtchen

Durchführung

1. Das Kind legt die Schablone so auf das Blatt, dass nur das erste Fenster zu sehen ist (oben in den Beispielen für die Arbeitsblätter die Farbe „blau" bzw. der Buchstabe „M").
2. Das Kind benennt den Buchstaben, die Farbe oder das Symbol.
3. Das Kind schiebt die Schablone in Leserichtung zum nächsten Fenster vor und benennt wieder.
4. Jede Seite wird so oft wiederholt, bis alle Fenster sicher gelernt sind und flüssig gelesen werden können.

Wichtig

- Das Benennen der Farben oder Symbole dient dazu, den Kurzzeitspeicher zwischen dem Wiederholen der Buchstaben zu löschen.
- Wenn Ihr Kind auf einem hellen Tisch arbeitet, kann es sein, dass die Buchstaben auf der Rückseite des Blattes durchscheinen. Sollte dies Ihr Kind irritieren, so verwenden Sie das beigelegte schwarze Blatt und legen es unter die Übungsseite. Dadurch wird das Durchscheinen verhindert.

Besonderheiten für die Gruppensituation

Arbeitsformen: Partnerarbeit, selbstständiges Arbeiten im Unterricht, Hausaufgaben

1. Die Schablone

Vor dem allerersten selbstständigen Lernen mit dem Material und der Schablone brauchen die Kinder eine möglichst präzise Einführung in die Handhabung des Materials.

Die Schablone brauchen wir als Unterstützung der Augenbewegung in der Leserichtung von links nach rechts. Die Kinder müssen also von Beginn an lernen, die Schablone Reihe für Reihe von links nach rechts zu schieben. Wir helfen durch dieses Vorgehen dabei, die Leserichtung zu automatisieren.

Durch das Lesefenster sehen die Kinder nur den aktuell wichtigen Buchstaben, das Symbol oder das Farbfeld. Es lenkt um das Lesefenster herum in nächster Nähe nichts ab. Das hilft den Kindern dabei, ihre Aufmerksamkeit gezielt auszurichten.

2. Die wichtigsten Lernstrategien

- Ich halte mich an die Leserichtung von links nach rechts.
- Ich richte meine Aufmerksamkeit auf das Lesefenster

Beide Lernstrategien lassen sich gut mit Hilfe des Overhead-Projektors einführen. Hierzu werden farbige Kopien der ersten Seiten des Übungsmaterials auf OHP-Folie hergestellt (alternativ können Beispielseiten im Internet unter www.intraactplus.de heruntergeladen werden). Mithilfe der Schablone wird das Arbeiten mit dem Material vor der gesamten Klasse demonstriert und von den Kindern vorgemacht.

3. Die Arbeitsform

Bereits zu diesem Zeitpunkt bietet es sich an, die Partnerarbeit zu einem wichtigen Bestandteil des Lernens zu machen (vgl. Kap. 4). Die Kinder kennen durch die Vorübungen mit dem Buchstabenmeister alle Lernstrategien, die sie benötigen, um erfolgreich arbeiten zu können. Dabei von einem Partner Rückmeldung zu bekommen und von Anfang an Verantwortung für das eigene Lernen zu übernehmen, baut schon früh Selbstständigkeit auf. Partnerarbeitsphasen von 10 Minuten haben sich in der Praxis gut bewährt.

Es hat sich außerdem bewährt, mit allen Beteiligten (Lesepartnern, Eltern usw.) ein Rückmeldesystem abzusprechen. Beispielsweise können alle, die mit dem Kind geübt haben, am unteren Rand der Seite unterschreiben oder stempeln.

Wichtig

Überprüfung des Lernstandes

Im Klassenverband ist es wichtig, Schwierigkeiten einzelner Kinder möglichst frühzeitig zu erkennen, um zu verhindern, dass Fehler überlernt und so verfestigt werden. Hiermit meinen wir

- Fehler, die den Lerninhalt selbst betreffen (z. B. das Kind sagt „d" zum „b" oder zieht die Buchstaben nicht richtig zusammen)
- Fehler, die die Steuerung betreffen (z. B. Kind geht mit den Augen immer wieder vom Leseblatt weg, Kind arbeitet zu schnell und ungenau)

Um den Kindern hier möglichst früh eine Hilfestellung zu geben, ist es vor allem am Anfang wichtig, dass die Lehrkraft mit jedem Kind mindestens einmal in der Woche einzeln liest. Geeignet sind hierzu alle Unterrichtsphasen mit Partner- Gruppen- oder Freiarbeit.

Kann das Kind eine Seite fehlerfrei und ohne Mühe vorlesen, gilt sie als „fertig". Dies kann man kennzeichnen, indem man die untere rechte Ecke abschneidet.

5.1.3 Buchstaben zusammenziehen – Vorübung

Einzelsituation

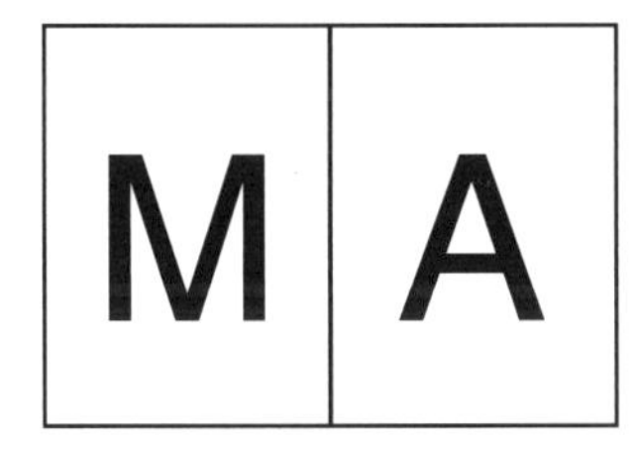

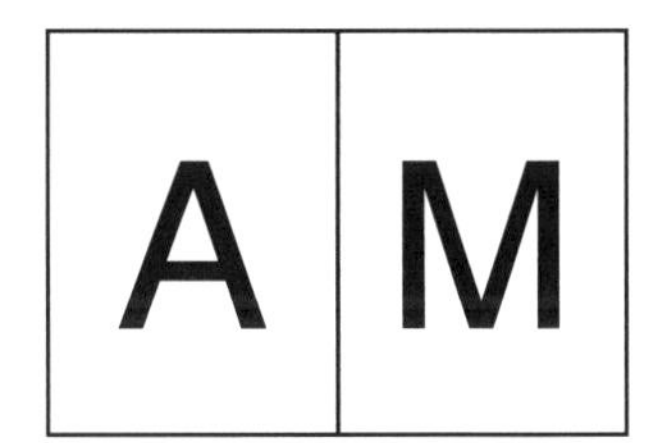

Beispiel

Material

Es werden die bereits für das Benennen von Einzelbuchstaben erstellten Buchstabenkärtchen verwendet.

Wo finde ich das Material?

Zeitpunkt

Das Zusammenziehen von Buchstaben ist für manche Kinder sehr schwer. Deshalb darf mit dieser Übung erst begonnen werden, wenn die verwendeten Buchstaben (im Beispiel „M" und „A") leicht und sicher beherrscht werden.

Durchführung

Erste Schwierigkeitsstufe

1. Die beiden Buchstabenkärtchen (in unserem Beispiel „M" und „A") liegen vor dem Kind auf dem Tisch. Das Kind kann jeden dieser beiden Buchstaben einzeln sicher benennen.
2. Die Bezugsperson zeigt mit dem Lesefinger auf den ersten Buchstaben und benennt ihn: „M".
3. Der zweite Buchstabe wird in der gleichen Weise einzeln benannt: „A".
4. Nun wird der Lesefinger von der Mitte des „M" zur Mitte des „A" geführt.
5. Während der Bewegung des Fingers wird die Silbe gesprochen „MA".
6. Die Bezugsperson achtet darauf, dass das Kind mit den Augen dem Lesefinger folgt.
7. Jetzt macht das Kind genau das nach, was die Bezugsperson vorgemacht hat. Es zeigt mit dem Lesefinger auf das „M" und benennt es. Es zeigt mit dem Lesefinger auf das „A" und benennt es. Unmittelbar anschließend führt es den Lesefinger von der Mitte des „M" zur Mitte des „A" und zieht zusammen: „MA".
8. Sollte das Kind damit Schwierigkeiten haben, macht die Bezugsperson noch einmal vor, wie es geht.
9. Das Kind liest die Silbe noch einige Male. Dazwischen werden die Buchstaben kurz verdeckt. Wenn sie wieder aufgedeckt sind, wiederholt das Kind das Zusammenziehen erneut.

Zweite Schwierigkeitsstufe

1. Nachdem das Kind die Buchstaben einige Male richtig zusammengezogen hat, lenkt die Bezugsperson das Kind durch eine einfache Frage ab (Beispiel: „Welche Farbe hat meine Hose?").
2. Hat das Kind die Frage beantwortet, so liest es die Silbe erneut.

Dritte Schwierigkeitsstufe

1. Jetzt werden die beiden Buchstaben in der anderen Reihenfolge geübt.
2. Zunächst wird das „A" allein benannt.
3. Dann wird das „M" allein benannt.
4. Die beiden Buchstaben werden zu „AM" zusammengezogen.
5. Die neue Silbe wird so häufig wiederholt, bis „AM" sicher und leicht zusammengezogen werden kann.
6. Jetzt wechseln MA und AM beim Zusammenziehen ab.
7. Allmählich werden weitere sicher gelernte Buchstaben in das Üben einbezogen. Es werden dabei jedoch keine Verbindungen aus Konsonanten gebildet.

8. Sobald Silben sicher gekonnt werden, bearbeitet das Kind die Übungsseiten mit diesen Silben.

- Hat das Kind große Schwierigkeiten mit der zweiten oder dritten Schwierigkeitsstufe, so geht die Bezugsperson jeweils eine Stufe zurück.
- Wenn die Reihenfolge der Buchstaben vertauscht wird, braucht das Kind noch einmal seine ganze Aufmerksamkeit, um diesen Aufgabenwechsel zu bewältigen. Bei manchen Kindern sollte dieser Lernschritt daher erst in einer der folgenden Übungssitzungen angegangen werden.

Gruppensituation

Material

Zwei Buchstabenmeister ermöglichen das Zusammenziehen von jeweils 2 Buchstaben (Beispiele).

Wo finde ich das Material?

Die beiden Buchstabenmeister müssen hergestellt werden (s. Seite 45).

Zeitpunkt

Das Zusammenziehen von Buchstaben ist für manche Kinder sehr schwer. Daher darf mit dieser Übung erst begonnen werden, wenn die verwendeten Buchstaben (im Beispiel „M" und „A") von allen Kindern der Klasse oder Gruppe leicht und sicher beherrscht werden.

Durchführung

Arbeitsformen: Arbeiten mit der ganzen Gruppe, Kleingruppenarbeit

1. Die beiden Buchstabenmeister stehen nebeneinander vor der Gruppe.
2. Der Lehrer legt den Lesefinger in die Mitte über den ersten Buchstaben, in unserem Beispiel das „M".
3. Er benennt das „M".
4. Jetzt zeigt er mit dem Lesefinger in die Mitte über das „A".
5. Er benennt das „A".
6. Nun wird der Lesefinger erneut über das „M" gelegt und vom „M" zum „A" geführt.
7. Während der Bewegung des Fingers werden die beiden Buchstaben zusammengezogen: „MA".
8. Jetzt wiederholen die Kinder gemeinsam den Ablauf (ohne dazwischen Pausen zu machen): Der Lehrer zeigt auf das „M", die Kinder benennen es – der Lehrer zeigt auf das „A", die Kinder benennen es – der Lehrer führt den Lesefinger vom „M" zum „A" – die Kinder ziehen die beiden Buchstaben zusammen zu „MA". Dabei wird jeder Buchstabe genau dann ausgesprochen, wenn der Lesefinger auf ihn zeigt.
9. Die Schritte 2–8 werden mehrmals wiederholt.
10. Jetzt werden die beiden Buchstaben entsprechend der Schritte 2–8 mit der umgekehrten Buchstbenfolge geübt: Zunächst wird das „A" allein benannt, dann wird das „M" allein benannt. Unmittelbar anschließend werden die beiden Buchstaben zu „AM" zusammengezogen.
11. Jetzt wechseln „MA" und „AM" beim Zusammenziehen nach Zufall ab.
12. Wenn die Kinder, so wie in unserem Beispiel, mit dem Lernen des Zusammenziehens gerade beginnen, wird an dieser Stelle in der Regel die erste Übungseinheit beendet.
13. In der folgenden Übungseinheit werden die Schritte 2–11 anhand der gleichen Silben „MA" und „AM" wiederholt.

14. Nun wird der nächste Buchstabe des Unterregisters, dies wäre in unserem Beispiel das „L", in das Silbenlesen mit einbezogen. In dieser Weise werden diejenigen Buchstaben, die als Einzelbuchstabe sicher und leicht gelesen werden können, einer nach dem anderen in die Übung zum Zusammenziehen von Buchstaben einbezogen.
15. Sobald Silben sicher gekonnt werden, bearbeitet das Kind die Übungsseiten mit diesen Silben.

Wichtig

Im Optimalfall finden an jedem Schulvormittag 3–4 Wiederholungen statt.

- Zum frühestmöglichen Zeitpunkt übernimmt ein Schüler die Lehrerrolle.
- Es ist nicht sinnvoll, alle möglichen Buchstabenkombinationen zu überlernen (beispielsweise: GK). In jedem Buchstabenmeister werden daher die Vokale durch ein kleines Zeichen (Post-it-Zettel o. Ä.) seitlich markiert, so dass immer Silben zustande kommen, die beim Lesen auch verwendet werden.
- Manche Kinder haben besondere Freude daran, Konsonanten miteinander zu verbinden (beispielsweise: TR). Sind dies Konsonantenhäufungen, die beim Lesen auch vorkommen, so kann man die Kinder diese Verbindungen lesen lassen.

5.1.4 Übungsblätter Buchstaben zusammenziehen

Material

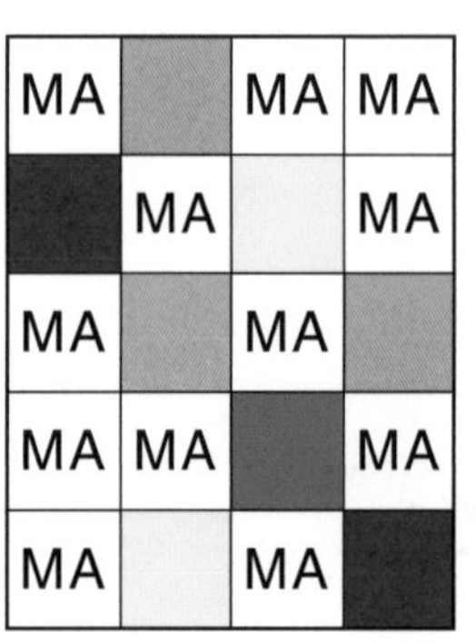

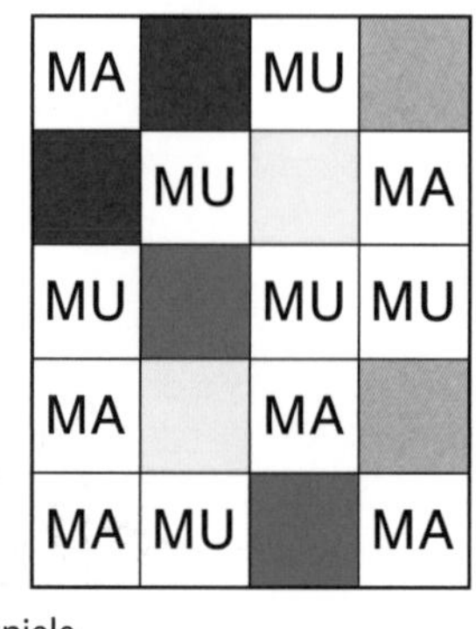

Beispiele

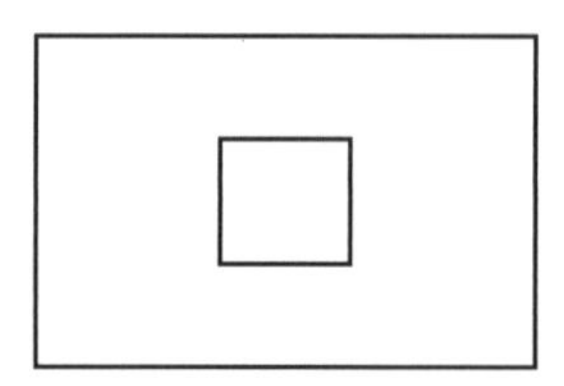

Schablone mit Loch

Wo finde ich das Material?

Unterregister 1.1 bis 1.6, Unterregister 2.1 bis 2.7

Durchführung

1. Die Schablone wird auf das erste Fenster gelegt.
2. Die Silbe, die Farbe oder das Symbol werden benannt.
3. Beim Lesen der Silben geht das Kind weiterhin in der gelernten Weise vor: Das Kind zeigt auf den ersten Buchstaben und benennt ihn. Dann zeigt es auf den zweiten Buchstaben und benennt ihn. Nun führt es den Lesefinger vom ersten zum zweiten Buchstaben und zieht die beiden Buchstaben lesend zusammen.
4. Wird das erste Fenster beherrscht, rückt die Schablone in Leserichtung zum nächsten Fenster vor.
5. Die Seite wird bis zum letzten Fenster bearbeitet.
6. Sie wird so oft wiederholt, bis alle Fenster leicht und sicher gelesen werden können.

Wichtig

- Der Lesefinger bewegt sich beim Zusammenziehen zu Silben von der Mitte des ersten zur Mitte des zweiten Buchstabens.
- Die Augen folgen präzise der Bewegung.
- Es wird zu dem Zeitpunkt gesprochen, zu dem der Lesefinger an der entsprechenden Stelle ist.
- Wenn das Kind das Zusammenziehen ohne vorheriges Benennen der Einzelbuchstaben sicher und leicht beherrscht, darf es dies weglassen.
- Sollte das Kind noch Schwierigkeiten haben, die einzelnen Buchstaben einer Silbe leicht abzurufen, so müssen diese noch einmal besonders geübt werden.
- Bei manchen Kindern ist es für eine Übergangszeit wichtig, dass eine Bezugsperson bei dieser Übung daneben sitzt. Dies ist dann der Fall, wenn das Kind häufig Fehler macht, wenn es allein arbeitet.

5.1.5 Übungsblätter Lesen in Großbuchstaben

WAL	ZIRKUS
LÖWE	GURKE
AFFE	PRIMA
TANTE	APFEL
ONKEL	TOMATE
DELFIN	BANANE
MUSIK	ZITRONE

Beispiel

Unterregister 1.7

Mit Unterstützung des Lesefingers liest das Kind jeweils ein Wort oder einen Satz. Das Wort oder der Satz wird so oft wiederholt, bis flüssig gelesen werden kann und der Inhalt verstanden wurde.

Bei Schwierigkeiten im Wort sollte es zur festen Gewohnheit werden, dass das Kind unmittelbar bei Auftreten der Schwierigkeit auf das Benennen der Einzelbuchstaben zurückgeht. Zunächst wird jeder Buchstabe einzeln benannt, sofort danach werden sie zusammengezogen.

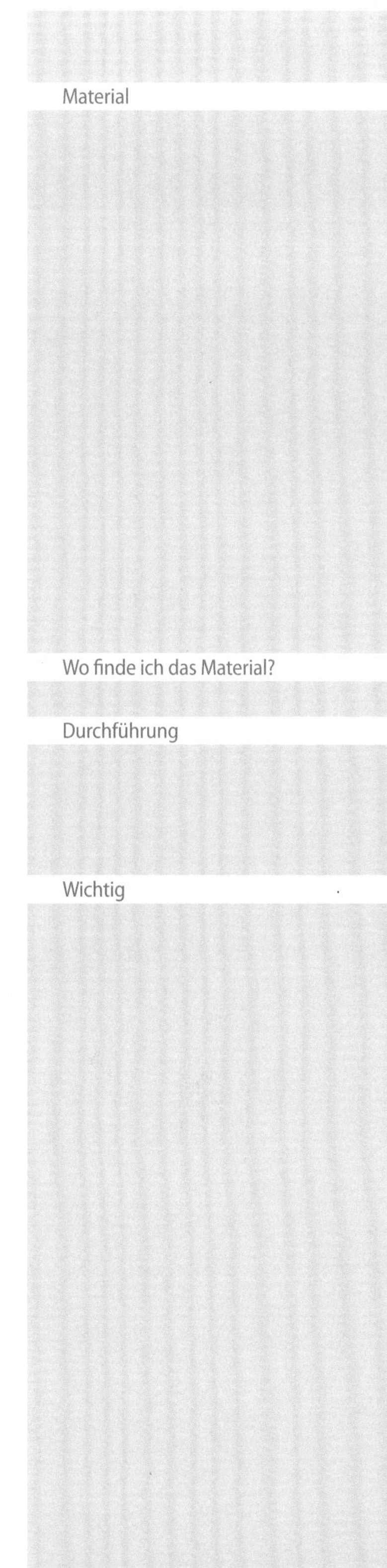

5.1.6 Lesen von Texten

Material

Mama und Papa malen. Oma und Opa laufen. Lisa und Mona laufen. Toni und Timo malen. Olaf und Anna malen. Lena und Nina laufen. Lora und Tina raten. Rita und Rosa lesen. Cora und Lara lesen. Lina und Tobi lesen.	In der Nacht In der Nacht ist es dunkel. In der Nacht sehen alle Sachen komisch aus. Das Auto ist am Tag rot. In der Nacht ist das Auto schwarz. Der Baum ist am Tag grün und braun. In der Nacht ist der Baum schwarz. Der Hund ist am Tag braun. In der Nacht ist der Hund schwarz. Der Schlüssel für das Auto ist am Tag silbern.

Beispiele

Wo finde ich das Material?

Register 3

Durchführung

1. Mit Unterstützung des Lesefingers lesen die Kinder jeweils einen Satz.
2. Der Satz wird wiederholt, bis er flüssig gelesen werden kann und der Inhalt verstanden wurde.

Wichtig

- Ist der Text noch ungeübt, lesen die Kinder langsam. Bei längerer Übung steigt die Lesegeschwindigkeit.
- Bei Schwierigkeiten im Wort sollte es zur festen Gewohnheit werden, dass das Kind unmittelbar bei Auftreten der Schwierigkeit auf das Benennen der Einzelbuchstaben zurückgeht. Zunächst wird jeder Buchstabe einzeln benannt, sofort danach werden die Buchstaben zusammengezogen. Nun wird dieses Wort noch einige Male wiederholt. Anschließend liest das Kind den Satz noch einmal ganz vor.
- Manche Kinder neigen dazu, ganze Texte auswendig zu lernen. In diesem Fall wird eine neue Geschichte angeboten, sobald das Kind den Text gut überlernt hat, sich für das Lesen aber noch anstrengen muss.
- Bei Kindern, die Schwierigkeiten mit dem Zusammenziehen der Buchstaben haben, kann es geschehen, dass sie beim Lesen sinnvoller Wörter nur noch die ersten Buchstaben anschauen und dann versuchen, das Wort zu erraten. Auf diesem Weg wird das Zusammenziehen nicht mehr weiter automatisiert. Deshalb sollte man in diesem Fall zurückgehen und noch einmal für einige Zeit sinnfreie Buchstabenkombinationen üben.

5.2 Lautgetreues Schreiben

5.2.1 Vorübungen zum Schreiben

Mit diesen Vorübungen lernt das Kind, in Linien zu schreiben. Es übt sich in der Feinmotorik. Es braucht aber noch keine zusätzlichen Aufgaben wie das Wiedergeben von Buchstabenformen zu bewältigen.

Gerade was die Feinmotorik betrifft, sind Kinder zu Schulbeginn oft auf einem sehr unterschiedlichen Leistungsstand. Viele Kinder brauchen daher noch mehr Übungsmaterial. Auch für das Üben der Feinmotorik ist es sinnvoller, gleiche Dinge oft zu wiederholen, statt immer wieder zwischen verschiedenartigen Aufgabenstellungen abzuwechseln. **Daher können die Aufgabenblätter aus Unterregister 4.1 zusätzlich im Internet unter www.intraactplus.de abgerufen werden.** Die Aufgaben können dann von jedem Kind beliebig oft ausgeführt werden.

Material

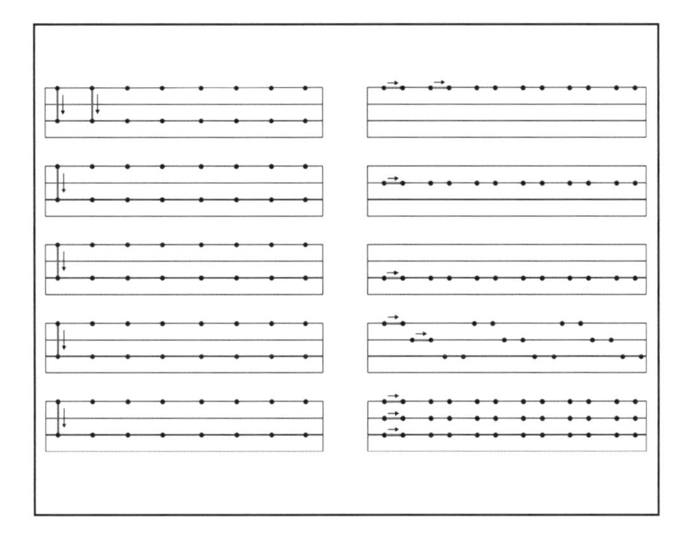

Beispiel

Wo finde ich das Material?

Unterregister 4.1

Zeitpunkt

Die Vorübungen zum Schreiben können parallel zum ersten Lesen mit Register 1 begonnen werden.

Durchführung

Um die Kinder gut auf den späteren Schreibablauf bei den Druckbuchstaben vorzubereiten, muss die Bewegungsrichtung für das Schreiben der Zeichen genau eingehalten werden. Die Bewegungsrichtung wird deshalb genau besprochen und vorgemacht.

5.2.2 Einzelbuchstaben abschreiben

Material

Beispiel

Wo finde ich das Material?

Unterregister 4.2 und 4.3

Zeitpunkt

Mit dem Abschreiben von Einzelbuchstaben sollte frühestens dann begonnen werden, wenn

- die entsprechenden Buchstaben in den Registern 1 und 2 sicher und leicht gelesen werden und
- die feinmotorischen Vorübungen aus Unterregister 4.1 gut beherrscht werden.

Durchführung

Der Schreibablauf und die Linienführung der Buchstaben wird mit den Kindern gut besprochen und ihnen vorgemacht. Für Kinder, die mehr Übung brauchen, können die einzelnen Arbeitsblätter in mehrfacher Ausführung aus dem Internet unter www.intraactplus.de heruntergeladen werden.

5.2.3 Buchstabenverbindungen abschreiben

Material

MA MA

MA

AM

AM

MA

Beispiel

Wo finde ich das Material?

Unterregister 4.2 und 4.3

Durchführung

Das Kind bearbeitet das Übungsblatt.
Erweiterung: Die gleichen Buchstabenverbindungen werden in ein Schreibheft geschrieben. Für Schreibanfänger sind DIN-A5-Hefte mit der Lineatur für Klasse 1 mit farbigem Linienhintergrund günstig.

Material

5.2.4 Einzelbuchstaben nach Diktat schreiben

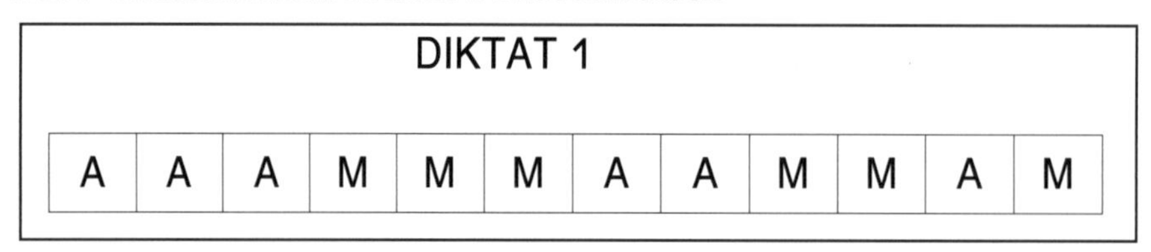

Beispiel

Wo finde ich das Material?

In den Unterregistern 4.2 und 4.3 finden sich jeweils im Anschluss an die Schreibübungen Beispiele für das Diktat von Einzelbuchstaben (Diktat 1).

Zeitpunkt

Mit dieser Aufgabenstellung wird begonnen, wenn das Kind die entsprechenden Buchstaben sicher abschreiben kann. Für die Gruppensituation kann das bedeuten, dass die Übung in Untergruppen der Klasse oder in Partnerarbeit durchgeführt wird.

Durchführung

Einzelsituation

1. Das Kind hat eine leere Seite seines Schreibhefts vor sich liegen.
2. Die Bezugsperson diktiert den ersten Buchstaben (im Beispiel das „A").
3. Das Kind überlegt sich, wie das A aussieht. Fällt ihm dies schwer, so macht die Bezugsperson das Schreiben des „A" noch einmal vor.
4. Das Kind schreibt den Buchstaben „A" in sein Heft.
5. Jetzt wird der geschriebene Buchstabe abgedeckt.
6. Die Bezugsperson diktiert den nächsten Buchstaben. Dies ist in unserem Beispiel erneut das „A".
7. Das geschriebene „A" wird wieder abgedeckt.
8. In entsprechender Weise werden die weiteren Buchstaben der jeweiligen Reihe geschrieben.

Gruppensituation

1. Die Kinder haben eine leere Seite ihres Schreibhefts vor sich liegen sowie ein Blatt zum Abdecken und einen Bleistift bereitgelegt.
2. Vorne steht der Buchstabenmeister (s. Seite 45) bereit, mit der **Rückseite** zur Klasse gedreht. Der zu diktierende Buchstabe ist aufgeschlagen (im Beispiel das „A").
3. Der Lehrer achtet darauf, dass alle Kinder aufmerksam sind.
4. Er diktiert den ersten Buchstaben: „A".
5. Die Kinder schreiben das „A" ins Heft.
6. Jetzt wird der Buchstabenmeister umgedreht. Die Kinder vergleichen und prüfen, ob sie das „A" richtig geschrieben haben.
7. Wurde der Buchstabe falsch geschrieben, wird er durchgestrichen, und das Kind schreibt das „A" noch einmal in Ruhe vom Buchstabenmeister ab.
8. Jetzt decken die Kinder den ins Heft geschriebenen Buchstaben ab.
9. Der Lehrer dreht den Buchstabenmeister wieder um.
10. Entsprechend der Arbeitsschritte 2–9 werden die weiteren Buchstaben der ersten Zeile des Blattes „Diktat 1" geschrieben.

Wenn die Kinder den Übungsablauf gut verstanden haben, kann die entsprechende Übung in Kleingruppen oder als Partnerdiktat durchgeführt werden.

Wichtig

- Jede einzelne Reihe wird so oft wiederholt, bis das Schreiben der Buchstaben leicht und sicher gelingt.
- Vor dem Schreiben jedes neuen Buchstabens werden die bisher geschriebenen Buchstaben abgedeckt: Das Kind soll den Buchstaben jedes Mal erneut aus dem Langzeitspeicher wiedergeben und nicht einfach abschreiben.
- Kinder, die sich mit der Feinmotorik und dem Schreiben in Linien noch schwer tun, können die Buchstaben auch in beliebiger Größe auf ein unliniertes Blatt schreiben.

5.2.5 Buchstabenverbindungen nach Diktat schreiben: Training der phonologischen Bewusstheit

Material

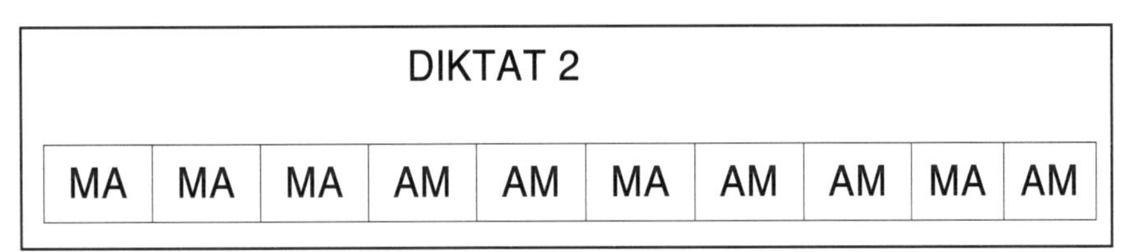
DIKTAT 2

MA	MA	MA	AM	AM	MA	AM	AM	MA	AM

Beispiel

Wo finde ich das Material?

In den Unterregistern 4.2 und 4.3 finden sich Beispiele für das Zusammenschreiben von Einzelbuchstaben (Diktat 2).

Zeitpunkt

Mit dieser Aufgabenstellung wird begonnen, wenn das Kind die Übungen „Diktat 1“ mit den entsprechenden Buchstaben sicher und leicht beherrscht. Für die Gruppensituation kann das bedeuten, dass die Übung in Untergruppen der Klasse oder in Partnerarbeit durchgeführt wird.

Durchführung

Einzelsituation

1. Die Bezugsperson spricht die erste Silbe vor (in unserem Beispiel die Silbe „MA“). Dabei betont sie den ersten Laut: „MMA“.
2. Die Bezugsperson fragt: „Welchen Buchstaben hörst du denn da am Anfang?“
3. Wenn sich das Kind schwer tut, den Anfangsbuchstaben, in unserem Beispiel das „M“, zu hören, wird noch einmal oder öfters wiederholt ausgesprochen: „MMMMA“. Falls nötig, wird dem Kind anfangs geholfen: „MMMMA“ fängt an mit „M“.
4. Sobald das Kind den Buchstaben richtig gehört hat, schreibt es ihn auf. In unserem Beispiel schreibt es das „M“ in sein Schreibheft oder auf ein Blatt.
5. Jetzt spricht die Bezugsperson die Silbe mit Betonung auf dem zweiten Laut („MAAA“).
6. Sie fragt: „Welchen Buchstaben hörst du als nächstes?“
7. Falls sich das Kind hier schwer tut, werden wieder Hilfestellungen über betontes Sprechen gegeben. Falls nötig, wird dem Kind anfangs geholfen: Bei „MAAA“ da hörst du als nächstes ein „A“.
8. Das Kind schreibt das „A“ hinter das „M“ in sein Schreibheft.
9. Die geschriebene Silbe wird abgedeckt.
10. Jetzt wird die nächste Silbe, in unserem Beispiel wieder „MA“, in gleicher Weise geübt.
11. In entsprechender Weise werden die weiteren Buchstabenverbindungen der jeweiligen Reihe diktiert und geschrieben.

Gruppensituation

Erste Schwierigkeitsstufe

1. Der Lehrer achtet darauf, dass alle Kinder aufmerksam sind.
2. Der Lehrer spricht die erste Silbe vor. Im Beispiel oben ist dies die Silbe „MA“. Dabei betont er den ersten Laut: „MMA“.
3. Er fragt die Gruppe: „Welchen Buchstaben hört ihr denn da am Anfang?“
4. Wenn ein Kind die richtige Lösung gefunden hat, wird der Buchstabe („M“) an die Tafel geschrieben.
5. Der Lehrer wartet wieder, bis alle Kinder aufmerksam sind.
6. Dann spricht er erneut die Silbe und betont dabei den zweiten Laut: „MAA“.
7. Er fragt die Gruppe: „Welchen Buchstaben hört ihr am Ende?“
8. Wenn ein Kind die richtige Lösung gefunden hat, wird der zweite Buchstabe der Silbe, das „A“, hinter das „M“ an die Tafel geschrieben.
9. Jetzt wird mit den weiteren Silben der ersten Zeile von Diktat 2 in gleicher Weise weitergearbeitet.

Zweite Schwierigkeitsstufe

1. Alle Kinder haben eine leere Seite ihres Schreibhefts vor sich liegen sowie ein Blatt zum Abdecken und einen Bleistift bereitgelegt.
2. Der Lehrer achtet darauf, dass alle Kinder aufmerksam sind.
3. Der Lehrer spricht die Silbe vor. Dabei betont er den ersten Laut: „MMA".
4. Er fordert die Kinder sinngemäß auf: „Welchen Buchstaben hört ihr am Anfang? Schreibt ihn ins Heft!"
5. Der Lehrer wartet, bis alle Kinder mit dem Schreiben fertig sind und aufmerksam sind.
6. Dann spricht er erneut die Silbe und betont dabei den zweiten Laut: „MAA".
7. Er fordert die Gruppe sinngemäß auf: „Welchen Buchstaben hört ihr am Ende? Schreibt ihn auf!"
8. Wenn alle Kinder mit Schreiben fertig sind, schreibt der Lehrer die Silbe an die Tafel. Die Kinder prüfen, ob sie sie richtig geschrieben haben.
9. Jetzt wird mit den weiteren Silben der ersten Zeile von Diktat 2 in gleicher Weise weitergearbeitet.

Wenn die Kinder den Übungsablauf gut verstanden haben, kann die entsprechende Übung in Kleingruppen oder als Partnerdiktat durchgeführt werden.

Wichtig

- Jede einzelne Reihe wird so oft wiederholt, bis das Schreiben der Buchstabenverbindungen leicht und sicher gelingt.
- Ist das Kind in der Lage, Silben und lautgetreue Wörter sicher nach Gehör zu schreiben, so hat es die für das Schreiben erforderliche phonologische Bewusstheit aufgebaut. Nun wird nicht mehr weiter lautgetreu geschrieben, sondern mit Register 5 (Rechtschreiben) weitergearbeitet.

5.3 Rechtschreiben

5.3.1 Grundlegendes zum Arbeitsmaterial

Im Unterregister 5.2 finden Sie 40 Seiten aus dickerem Material mit Lernwörtern. Jede dieser Seiten umfasst 12–16 Wörter, die eine „Lerneinheit" bilden. Lerneinheit 1 besteht aus den fogenden Wörtern:

Mama	Papa	gut	er
im	Gras	ist	alt
Hase	Igel	der	das
________	________	________	________

Durch die Perforation an den Kartenrändern lassen sich die einzelnen Wortkärtchen im Format DIN A8 leicht voneinander lösen. Die unbeschriebenen Kärtchen können für individuelle oder themenbezogene Wörter verwendet werden. Sie sind jeweils mit einer Schreiblinie versehen.

In Unterregister 5.1 finden sich 40 Diktate. Diese sind jeweils den Lerneinheiten zugeordnet. Wenn das Kind also die Wörter der Lerneinheit 1 sicher beherrscht, kann es Diktat 1 üben. Dies wäre:

Diktat 1

Das ist Mama.
Das ist Papa.

Das ist der Hase.
Der Hase ist im Gras.

Das ist der Igel.
Er ist im Gras.
Er ist alt.

5.3.2 Grundwortschatz üben

Material

Mama	Papa	gut	er
im	Gras	ist	alt
Hase	Igel	der	das
______	______	______	______

Wo finde ich das Material?

Unterregister 5.2

Material – Was brauche ich noch?

5-Fächer-Lernbox oder Karteikasten im Format DIN A8.

Zeitpunkt

Mit dem Rechtschreibtraining kann begonnen werden, wenn der Leseteil fertig bearbeitet wurde. Für die Diktate ist es darüber hinaus wichtig, dass das Kind den Schreibablauf aller Buchstaben automatisiert hat. Es sollte keine Anstrengung beim Schreiben der Buchstaben mehr notwendig sein.

Durchführung

Die neu zu lernenden Wörter kommen in das erste Fach des Karteikastens.

„Bezugsperson" ist jede Person, die mit dem Kind das Lernen durchführt, z. B. ein Elternteil, der Lernpartner oder die Lehrerin bzw. der Lehrer. Wenn das Kind den folgenden Ablauf sicher beherrscht, kann es auch alleine lernen.

1. Das erste Wortkärtchen (im Beispiel das Wort „Mama") wird aus dem Karteikasten genommen und liegt vor dem Kind auf dem Tisch.
2. Das Kind prägt sich die Abfolge der Buchstaben bildlich genau ein. Jedes Kind braucht hierzu unterschiedlich viel Zeit. Jedes Kind soll sich für das Einprägen so viel Zeit nehmen, wie es braucht!
3. Danach schaut das Kind vom Kärtchen weg und buchstabiert das Wort (hier: „großes M, a, m, a"). Je nach Arbeitssituation kann das Buchstabieren laut oder leise erfolgen.
4. Wenn beim Buchstabieren ein Fehler gemacht wird, geht das Kind noch einmal zu Schritt 2 zurück und prägt sich das Wort neu ein.
5. Sobald das Wort fehlerfrei buchstabiert werden kann, wird nicht mehr zwischendurch auf das Wortkärtchen geschaut. Die Bezugsperson sagt: „Mama" und das Kind buchstabiert. Dies wird so oft wiederholt, bis das Buchstabieren leicht und flüssig geht.
6. Das nächste Wort wird auch wieder entsprechend der Schritte 1–5 gelernt.
7. Jetzt wird zwischen den beiden ersten Wörtern nach Zufall abgewechselt. Beispiel: Die Bezugsperson sagt: „Mama" – das Kind buchstabiert das Wort – die Bezugsperson sagt: „Papa" – das Kind buchstabiert – die Bezugsperson sagt erneut „Papa" – das Kind buchstabiert – usw.
8. In entsprechender Weise wird in der gleichen Arbeitseinheit ein drittes, eventuell auch ein viertes Wort eingeführt. Wie viele neue Wörter in einer Arbeitseinheit gelernt werden, richtet sich nach der Lerngeschwindigkeit des Kindes, d. h. bei manchen Kindern kann es ausreichen, in einer Arbeitseinheit nur ein einziges neues Wort zu üben.
9. Am Ende einer Arbeitseinheit werden die gelernten Wortkärtchen in das zweite Fach des Karteikastens einsortiert.

Nächste Arbeitseinheit

1. Zunächst werden die in der vorangegangenen Arbeitseinheit geübten Wörter abgefragt: Die Bezugsperson sagt: „Mama" – das Kind buchstabiert das Wort, **ohne es vorher noch einmal anzuschauen**.
2. Diejenigen Wörter, die beim Abfragen nicht ganz sicher und flüssig wiedergegeben werden, werden entsprechend der oben beschriebenen Schritte 1–8 noch einmal geübt.
3. Jetzt werden neue Wörter aus dem ersten Fach des Karteikastens entsprechend der Schritte 1–8 geübt.

Zur Überprüfung der Genauigkeit des Lernens ist es sinnvoll, regelmäßig Wörterdiktate durchzuführen. Hierbei werden jeweils 10 Wörter nach Zufall aus den verschiedenen Fächern des Karteikastens diktiert. Die Wörterdiktate können folgendermaßen beurteilt werden:

- **9 oder 10 Wörter richtig geschrieben:** Das Kind lernt prima!
- **8 Wörter richtig geschrieben:** Das Kind lernt und wiederholt gerade ausreichend gründlich.
- **Weniger als 8 Wörtern richtig geschrieben:** Das Kind arbeitet zu schnell bzw. zu ungenau. Es braucht bezüglich seines Arbeitsverhaltens Hilfestellungen.

Wichtig

Für die Großschreibung einzelner Wörter brauchen die Kinder kein Regelverständnis. Wichtig ist lediglich, dass sie sich die Großschreibung gut merken und beim Buchstabieren mit nennen. Also beispielsweise „großes A, u, t, o" (bei Kleinbuchstaben wird nicht zusätzlich „klein" gesagt).

Besonderheiten für die Gruppensituation

Arbeitsformen

Selbstständiges Arbeiten im Unterricht; Hausaufgaben; Partnerarbeit
Die Partnerarbeit hat folgende Vorteile:

- Der Partner bemerkt sofort, ob das Wort richtig gespeichert wurde.
- Unvollständige oder fehlerhafte Speicherungen werden zeitnah korrigiert.
- Die Kinder übernehmen Verantwortung für das Lernen des Partners.
- Die Anzahl der Wörter pro Trainingseinheit wird ganz individuell gestaltet.
- Der Lehrer hat Zeit, sich um einzelne Kinder oder Paare zu kümmern und mit ihnen an den Lernstrategien zu arbeiten.

5.3.3 Diktate schreiben

Wo finde ich das Material?

Unterregister 5.1

Durchführung

Vor dem ersten Diktatschreiben werden die folgenden Regeln besprochen:
- **Am Anfang eines Satzes schreibt man groß.**
- **Am Ende eines Satzes steht ein Satzzeichen.**

Diese Regeln werden zu Beginn jeder Arbeitseinheit zum Diktatschreiben wiederholt – so lange, bis das Kind sie sicher und leicht beherrscht.
1. Die Bezugsperson liest den ersten Satz langsam vor: „Das ist Mama."
2. Die Bezugsperson liest noch einmal das erste Wort vor: „Das".
3. Das Kind erinnert sich an das gespeicherte Wortbild. In unserem Satzbeispiel: „das".
4. Dann wird die gelernte Regel für den Satzanfang angewendet: „Am Anfang eines Satzes schreibt man groß". Hierbei kann die Bezugsperson noch eine Zeit lang helfen. Jetzt darf das Kind das Wort „Das" aufschreiben.
5. Nun wird das nächste Wort diktiert. Bei jedem Wort erinnert sich das Kind immer zuerst an das Wortbild, bevor es mit dem Schreiben beginnt.
6. Wird ein Wort falsch geschrieben, so macht die Bezugsperson das Kind sofort darauf aufmerksam. Das Wort wird durchgestrichen. Das Kind soll sich das Wortbild noch einmal vorstellen und buchstabieren. Falls dies schwer fällt, schaut sich das Kind das entsprechende Wortkärtchen noch einmal an und speichert das Wortbild. Erst jetzt wird das Wort richtig aufgeschrieben.
7. Das Satzzeichen am Ende des Satzes wird mitdiktiert.
8. Wenn in einem Satz ein Fehler aufgetreten war, so wird der Satz gleich anschließend noch einmal diktiert. Hierzu muss der bisher geschriebene Satz zugedeckt werden.
9. In gleicher Weise werden ein oder mehrere weitere Sätze diktiert und geschrieben.

Weiteres Vorgehen

1. Für diejenigen Wörter, die beim Diktat falsch geschrieben wurden, werden die Wortkärtchen herausgesucht und wieder vorne in den Karteikasten einsortiert.
2. Sätze, die dem Kind schwer fielen, werden in der nächsten Arbeitseinheit wiederholt.
3. Im Laufe der Wochen des Lernens geht die Bezugsperson davon ab, jedes Wort einzeln vorzusprechen. Es werden dann nach dem ersten Vorlesen des gesamten Satzes immer 2 (später 3 und mehr) Wörter als Einheit diktiert.
4. Nach einiger Zeit können die Kinder auch das Satzzeichen selbstständig setzen.
5. Diktate werden in der Schrift geschrieben, die die Kinder zum jeweiligen Zeitpunkt am sichersten beherrschen. In der Regel ist dies zunächst die Druckschrift. Wenn alle Buchstaben sicher in Schreibschrift gelernt wurden, wird auf Schreibschrift umgestellt.

Wichtig

- Vor dem Schreiben soll jedes einzelne Wort bildlich vorgestellt werden. Es wird dabei aus dem Langzeitspeicher abgerufen. Viele Kinder versuchen im Diktat wieder, von der Aussprache eines Wortes auf die Schreibweise zu schließen. Dieser Weg soll prinzipiell nicht mehr genutzt werden.
- Beim Aufrufen der Wörter aus dem Langzeitspeicher ist es für manche Kinder sehr hilfreich, wenn sie noch einmal laut buchstabieren und so prüfen, ob das Wort noch sicher vorhanden ist. Das laute Buchstabieren sollte also zumindest in der Anfangsphase unterstützt werden. Später kann das Kind auch leise oder innerlich buchstabieren.

Besonderheiten für die Gruppensituation

In der Regel kann pro Woche eine Lerneinheit bearbeitet werden. Dies ist für die meisten Kinder einer Klasse gut zu bewältigen. Zur Leistungsdifferenzierung bietet sich an:
- Schnell lernende Kinder üben zusätzlich individuelle Wörter. Dies können beispielsweise Wörter sein, die sich beim Formulieren eigener Texte als schwierig erweisen.

- Langsam lernende Kinder können einerseits im Unterricht mehr Wiederholungen bekommen, bei denen ihnen z. B. ein anderes Kind als Lernpartner hilft. Darüber hinaus sind zusätzliche Wiederholungen im Rahmen der Hausaufgaben sinnvoll. Wenn ein Kind sich trotz dieser zusätzlichen Wiederholungen schwer tut, alle Wörter der Lerneinheit zu bewältigen, gilt: Qualität geht vor Quantität, d. h. lieber ein paar Lernwörter weglassen als das, was man lernt, ungenau zu lernen!

So könnte beispielsweise ein Wochenplan aussehen:

1. Rechtschreibung neuer Wörter üben

An den ersten 3-4 Tagen der Woche werden jeweils neue Wörter gespeichert. Dabei kann man beispielsweise so vorgehen:

Schritt 1: Dein Lernpartner fragt dich Wörter ab, die du schon einmal geübt hast.

- Nehmt zuerst die Wörter, die im Karteikasten im 3. Fach liegen. Wenn du ein Wort kannst, kommt es ins 4. Fach. Wenn du ein Wort nicht kannst, kommt es wieder ins 1. Fach des Karteikastens und zwar ganz vorne hin!
- Dann werden die Wörter im 2. Fach abgefragt. Wenn du ein Wort kannst, kommt es ins 3. Fach. Wenn du ein Wort nicht kannst, kommt es wieder ins 1. Fach des Karteikastens und zwar ganz vorne hin!

Schritt 2: Du wiederholst alleine die nicht gekonnten alten Wörter und beginnst dann mit neuen Wörtern.

- Du wiederholst die Wörter im 1. Fach, die du bei Schritt 1 nicht sicher gekonnt hast.
- Du übst neue Wörter aus dem 1. Fach des Karteikastens – achte dabei immer darauf, dass du jedes Wort so lange übst, bis du es sicher kannst.

Schritt 3: Partnerdiktat

- Dein Lernpartner diktiert dir die Wörter aus dem ersten Fach, die du in Schritt 2 geübt hast.
- Ihr prüft bei jedem Wort gemeinsam, ob du es richtig geschrieben hast.
- Jedes Wort, das du richtig geschrieben hast, kommt ins 2. Fach des Karteikastens.
- Jedes Wort, das du falsch geschrieben hast, bleibt im 1. Fach des Karteikastens.

Schritt 4: Die Wörter, die eben beim Partnerdiktat falsch geschrieben wurden, nochmals üben.

Ab Tag 4 (für schnelle Lerner früher) können dann die Diktate in Partnerarbeit geübt werden. Wie viele Sätze dabei geübt werden, wird für jedes Kind individuell festgelegt.

2. Partnerarbeit: Diktate schreiben (Register 5.1)

Schritt 1:

- Ihr wählt gemeinsam ein Diktat aus.
- Du entscheidest, wie viele Sätze du dir zutraust.
- Nimm dir nur so viele Sätze vor, dass du das Gefühl hast, sie möglichst mit wenigen Fehlern schreiben zu können.

Schritt 2:

- Dein Partner diktiert dir die Sätze.

Schritt 3:

- Ihr vergleicht gemeinsam, welche Wörter du richtig geschrieben hast.
- Wenn du ein Wort falsch geschrieben hast, suchst du dir das entsprechende Wortkärtchen aus deinem Karteikasten.

Schritt 4:

- Du übst die Wörter noch einmal, die du im Diktat falsch geschrieben hattest.

3. Überprüfung des Leistungsstands durch die Lehrerin oder den Lehrer

- Am Ende der Woche werden der gesamten Klasse alle Wörter diktiert
- Anschließend kann das zugehörige Diktat bzw. können Teile daraus diktiert werden
- Falsch geschriebene Wörter kommen wieder ins 1. Fach und werden nächste Woche als erstes wiederholt (bzw. übers Wochenende geübt).

II Arbeitsblätter

1

Großbuchstaben

1.1 A M L U

1.2 F S I N

1.3 B O W E

1.4 R G D H

1.5 K T Ä P

1.6 Z Ö V C J Ü X Y

1.7 Lesen in Großbuchstaben

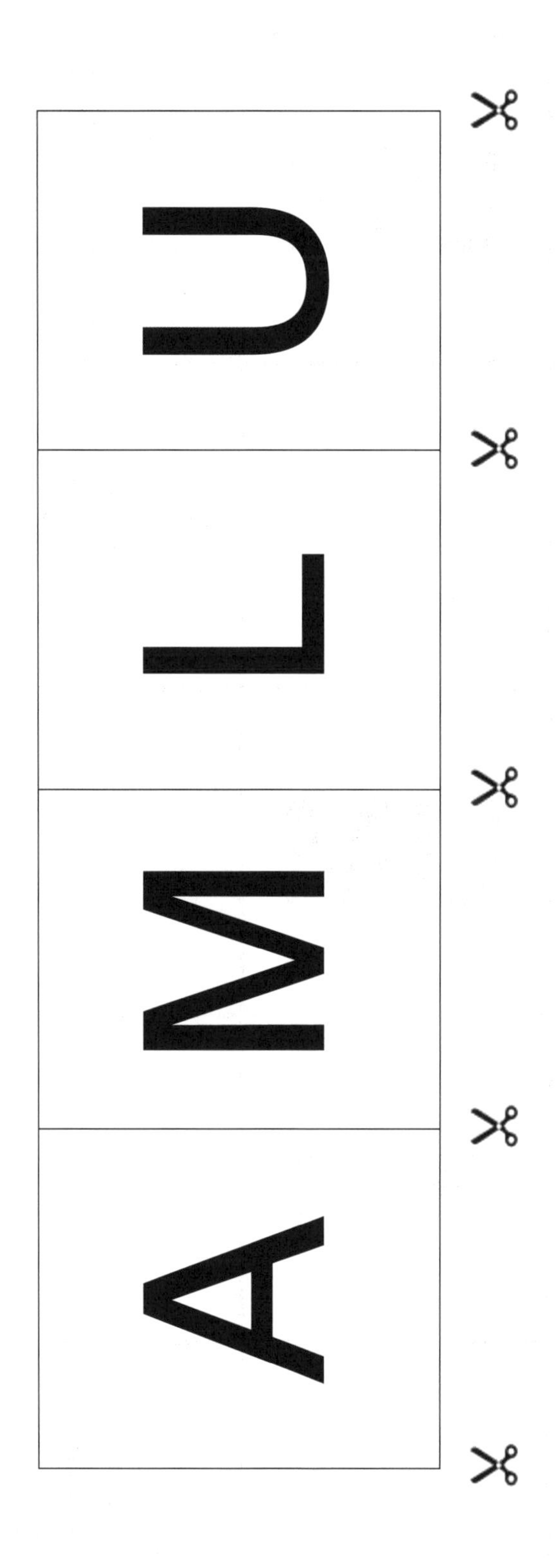

Buchstabenkärtchen zum Ausschneiden

	A	A	
A	A		A
A		A	A
	A	A	
	A		A

M		M	M
	M		M
M		M	M
M		M	
	M		M

A	M	A	
A	A		M
A		M	
	M		A
A	M		A

L		L	
	L		L
L		L	L
L		L	
	L	L	L

<table>
<tr><td>U</td><td>U</td><td>U</td><td></td></tr>
<tr><td>U</td><td>U</td><td></td><td>U</td></tr>
<tr><td>U</td><td></td><td>U</td><td>U</td></tr>
<tr><td></td><td>U</td><td>U</td><td></td></tr>
<tr><td></td><td>U</td><td></td><td>U</td></tr>
</table>

L			L
	U		L
U	L	U	
L	U		U
L		U	

L	A	M	A
L	A	L	M
M	A	A	L
A	L	M	A
M	L	L	M

M	L	U	M
L	M	L	U
U	L	M	L
M	U	L	U
U	M	L	M

MA		MA	MA
	MA		MA
MA		MA	
MA	MA		MA
MA		MA	

AM	AM	AM	
AM	AM		AM
AM	AM	AM	
	AM		AM
	AM		AM

MA	MA	MA	
	AM		MA
AM		AM	AM
MA		MA	
	AM		MA

LA		LA	LA
	LA		LA
LA		LA	
LA	LA		LA
LA		LA	

AL	AL	AL	
AL	AL		AL
AL		AL	AL
	AL	AL	
	AL		AL

LA		LA	
	AL		LA
AL		AL	AL
LA	AL	LA	
	AL		LA

MA		MU	
	MU		MA
MU		MU	MU
MA		MA	
MA	MU		MA

MU		UM	
	MU		UM
MU	UM		UM
MU		UM	MU
	UM		UM

Jansen • Streit • Fuchs **Lesen und Rechtschreiben lernen nach dem IntraActPlus-Konzept**

LU	LA	LU	LA
LU	LA	LA	LU
LA	LU	LA	LA
LU	LA	LU	LU
LA	LA	LU	LU

LU	UL	UL	LU
UL	UL	LU	LU
LU	LU	UL	UL
LU	UL	UL	LU
UL	LU	LU	UL

MA	LU	MU	LA
LU	MA	LA	MU
LA	MA	MU	MU
LA	LU	LU	MA
LU	MA	LA	MU

MA	UM	MU	AM
MU	MA	AM	UM
AM	MA	UM	MU
AM	UM	MU	MA
MU	MA	AM	UM

LA	UL	LU	AL
LU	LA	AL	UL
AL	LA	UL	LU
AL	UL	LU	LA
LU	LA	AL	UL

MA	UL	MU	AL
LU	AM	LA	UM
AL	MA	UL	MU
AM	MU	LU	MA
UL	AM	AL	UM

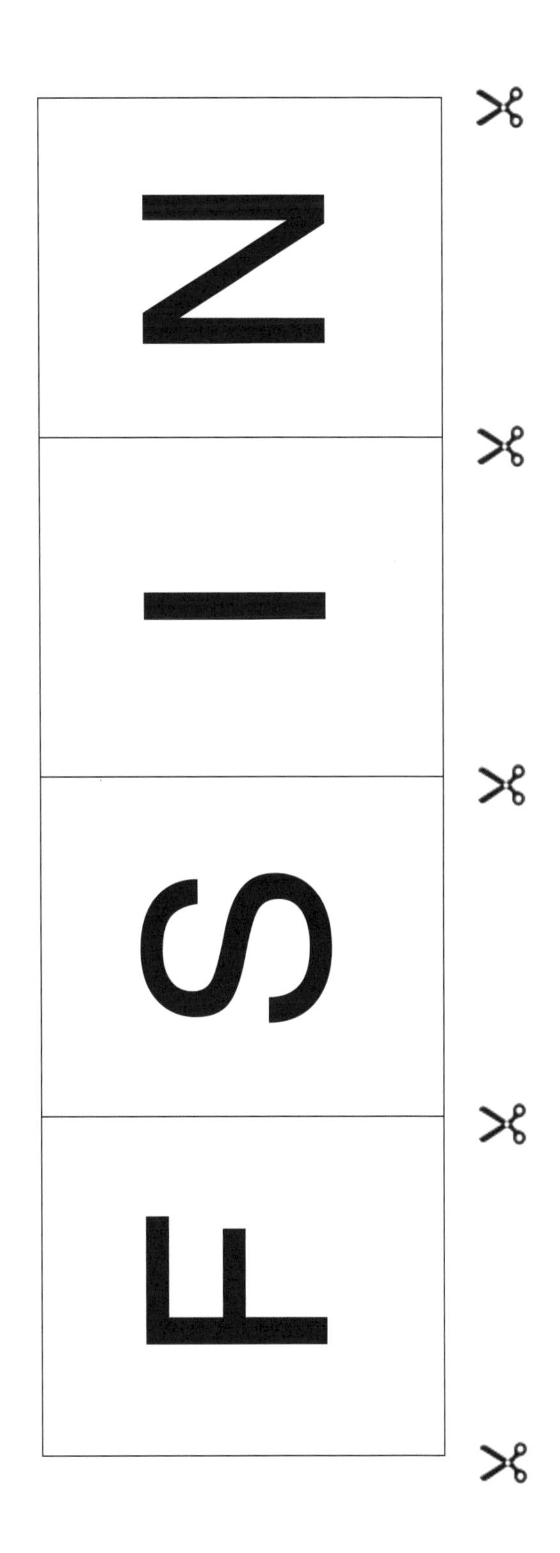

Buchstabenkärtchen zum Ausschneiden

F	F	F	FA
F	F	LA	F
F	LA	F	MA
FA	F	FA	F
	F	FA	F

S	S	S	
	S		S
S		S	S
S		S	
	S		S

F	F	S	S
F	S		S
F		S	
	S		F
F	F		S

I	I	I	
I	I		I
I		I	
	I		I
	I		I

N	N		N
	N		N
N		N	N
N		N	
	N		N

I	N	I	
N	N		I
I		N	I
	I	N	
	N		I

F	N	I	S
N	S	F	I
I	F	N	S
S	I	N	F
S	N	F	I

F	I	A	M
A	M	F	I
M	F	I	A
I	A	M	F
M	I	F	A

S	N	L	U
N	L	U	S
U	S	N	L
N	U	L	S
L	S	U	N

FA	FA	AF	AF
	AF		FA
FA		AF	
AF	FA		FA
AF		AF	

FI	FI	IF	
IF	FI		IF
FI		FI	IF
	FI		IF
	IF		IF

IS	IS		IS
	AS		AS
IS		AS	
AS	IS		IS
AS		AS	

FA	FU	FI	FA
FA	FU	FI	FI
FI	FA	FA	FU
FI	FU	FI	FU
FU	FA	FI	FU

AF	IS	IF	AF
AF	AS	IF	IF
IS	AS	AF	AS
IF	AS	IF	AS
IS	AF	IF	AS

IN		IN	AN
	AN		IN
AN		AN	
IN	AN		IN
AN		AN	

NU	NU		UN
UN	NU		UN
UN		NU	
UN	UN		NU
NU		NU	

FA	MA	LA	FA
LA	FA	LA	FA
LA	LA	FA	MA
FA	MA	FA	LA
LA	MA	FA	MA

AN	AF	AS	AN
AF	AS	AS	AN
AF	AS	AN	AF
AF	AN	AS	AF
AN	AF	AS	AN

FI	LI	MI	FI
MI	LI	MI	FI
FI	MI	FI	LI
MI	FI	LI	FI
LI	FI	LI	MI

IF	IS	IN	IS
IN	IS	IF	IN
IF	IF	IN	IS
IN	IF	IS	IN
IS	IF	IF	IN

FU	SU	NU	FU
NU	SU	FU	SU
NU	NU	SU	FU
FU	SU	NU	FU
SU	NU	FU	NU

UF	UN	US	UF
US	UN	UN	UF
US	US	UN	UF
UF	UN	UN	US
UF	UN	US	UF

FA	AN	FI	MA
AM	AF	AS	IN
MA	UN	FU	IF
US	UF	AN	MI
IM	SU	IS	NU

UM	AL	IN	AM
IL	AF	AS	UL
UF	UM	IL	AL
AS	UL	AM	IS
IN	AF	IS	UN

IM	FI	UN	MI
AL	AM	NU	SU
FU	IM	UM	FA
IS	IN	MA	LA
AN	UF	AN	IF

MAMA	MAMI	MAMA	MAMI
MIMI	MAMA	MIMA	MIMI
MUMU	MAMA	MUMU	MAMI
MUMI	MIMI	MAMA	MUMI
MIMU	MAMA	MAMU	MUMU

LALA	LALI	LILA	LILI
LILU	LILA	LALI	LILA
LULU	LALU	LULA	LILA
LAMA	LILU	MAMA	LILA
LIMA	LAMA	MAMA	LILA

FIFA	FUFI	FIFA	FUFI
NINA	NANI	NUNI	NINA
SUSU	SUSI	SISU	SUSI
FIFA	SUSI	NANI	FIFU
SUSI	LAMA	MAMA	LILA

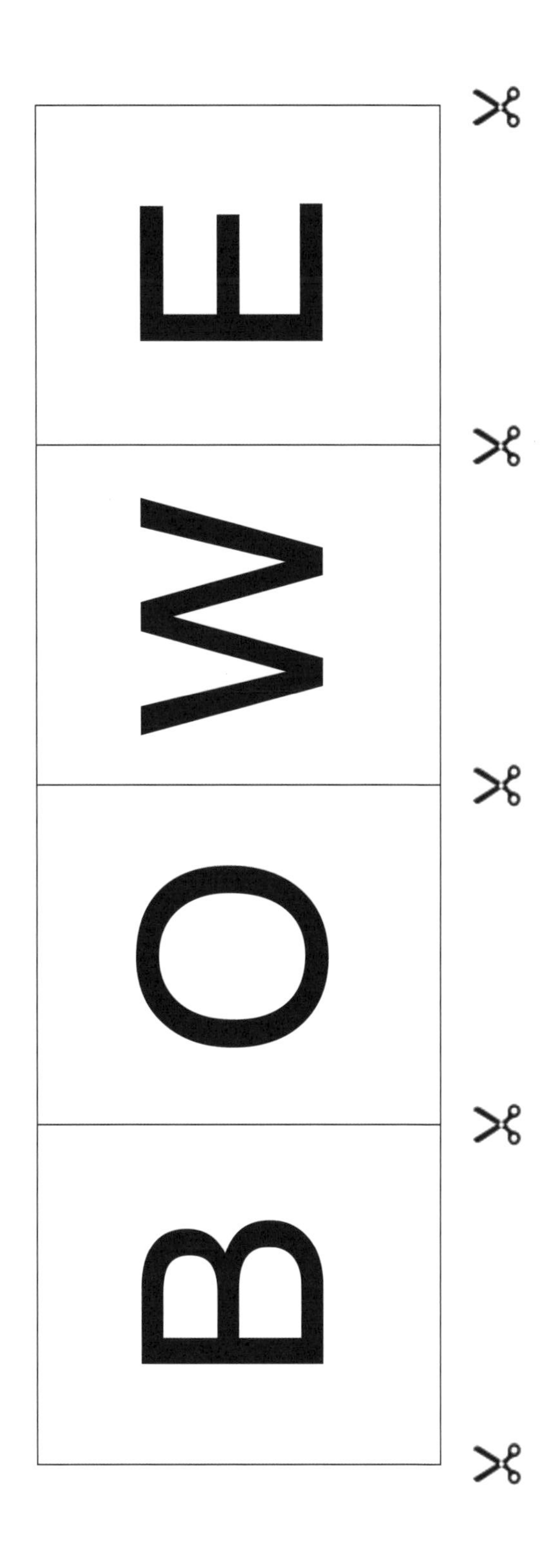

Buchstabenkärtchen zum Ausschneiden

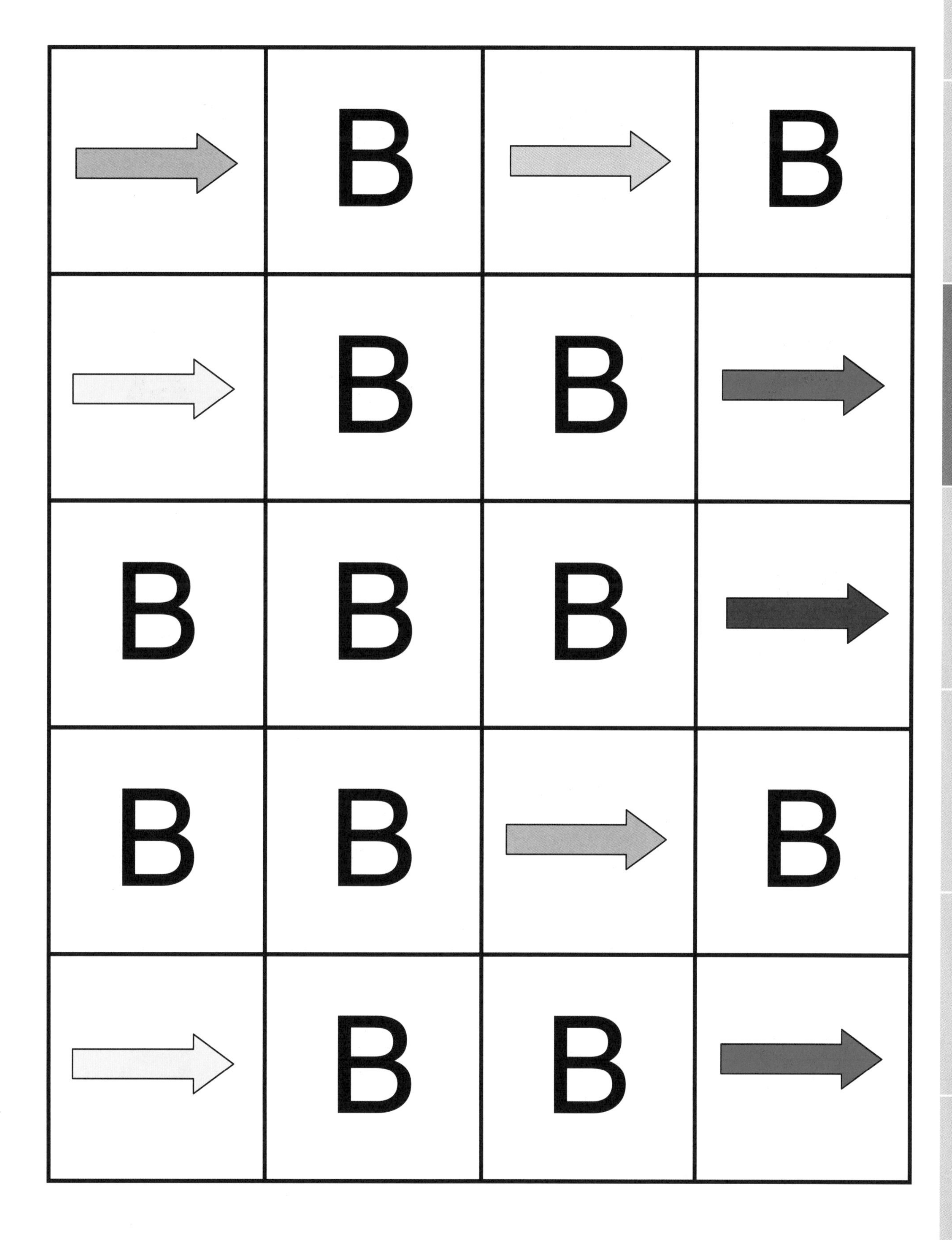
B B
B B
B B B
B B B
B B

M	B	A	B
B	B	M	A
M	A	B	M
B	B	A	M
M	B	A	B

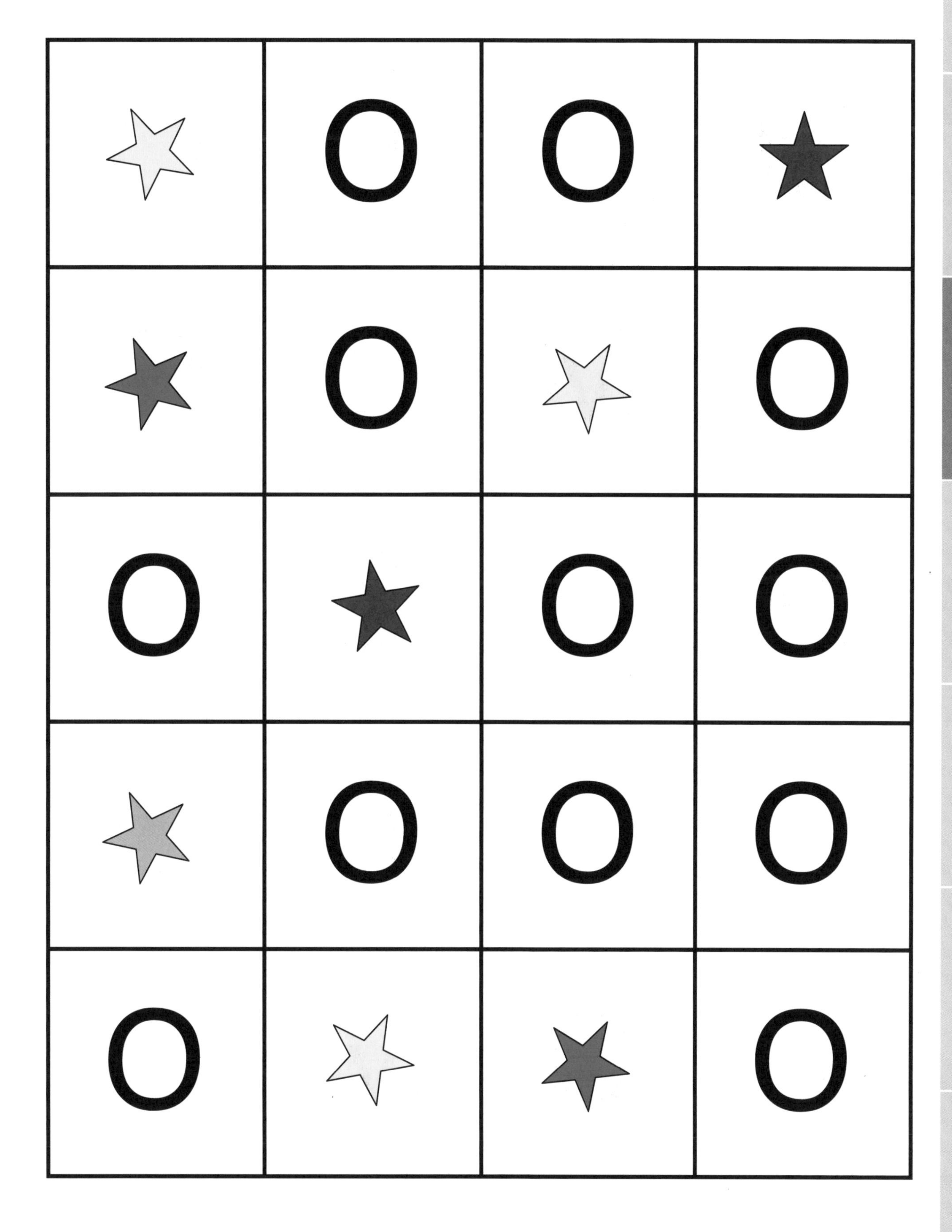
O
O
O
O
O
O
O
O
O
O
O
O

M	O	L	O
O	M	O	O
M	O	O	L
O	O	L	O
L	O	M	O

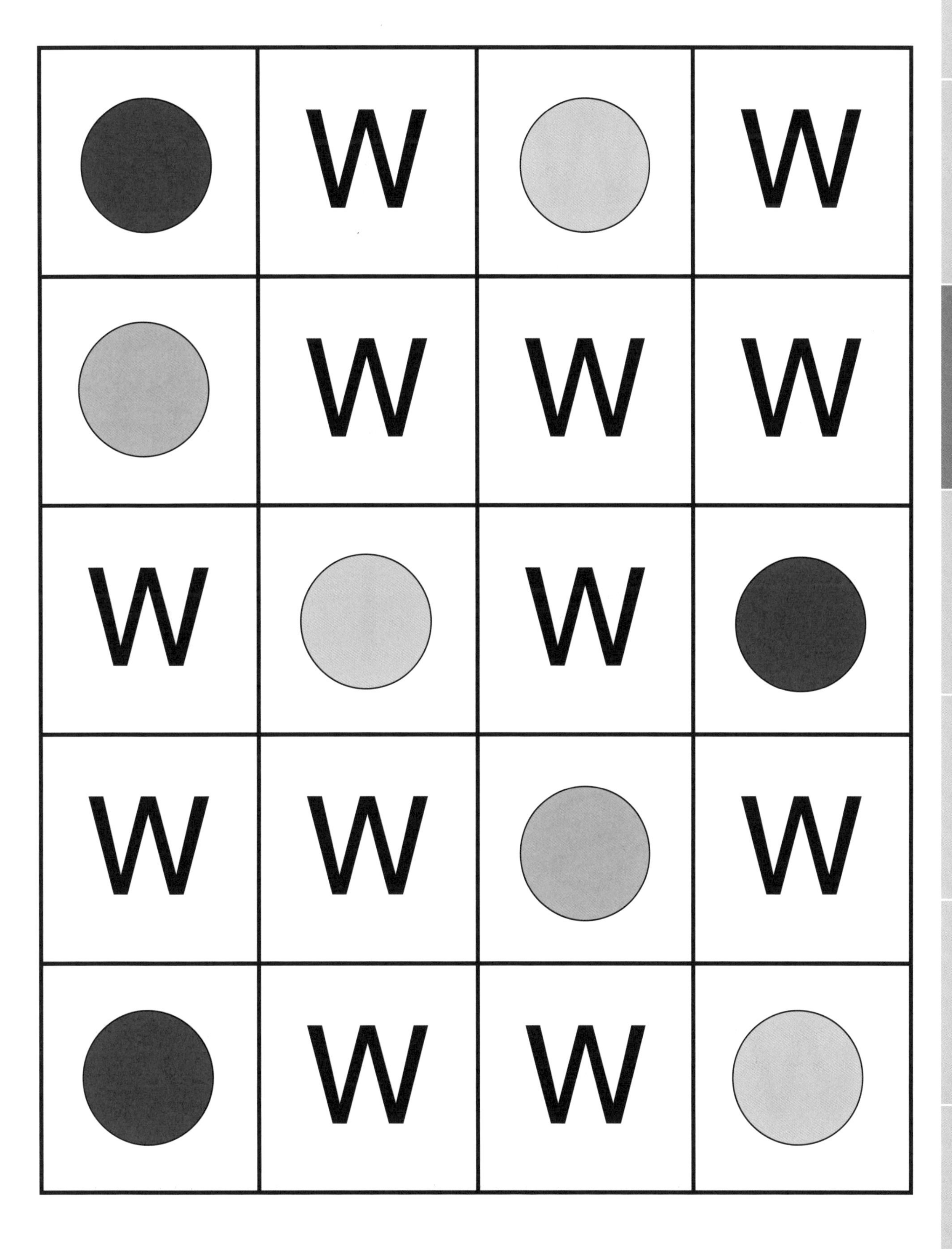
W
W
W
W
W
W
W
W
W
W
W
W

W	W	I	W
I	W	S	S
W	S	I	W
W	S	W	I
W	I	W	W

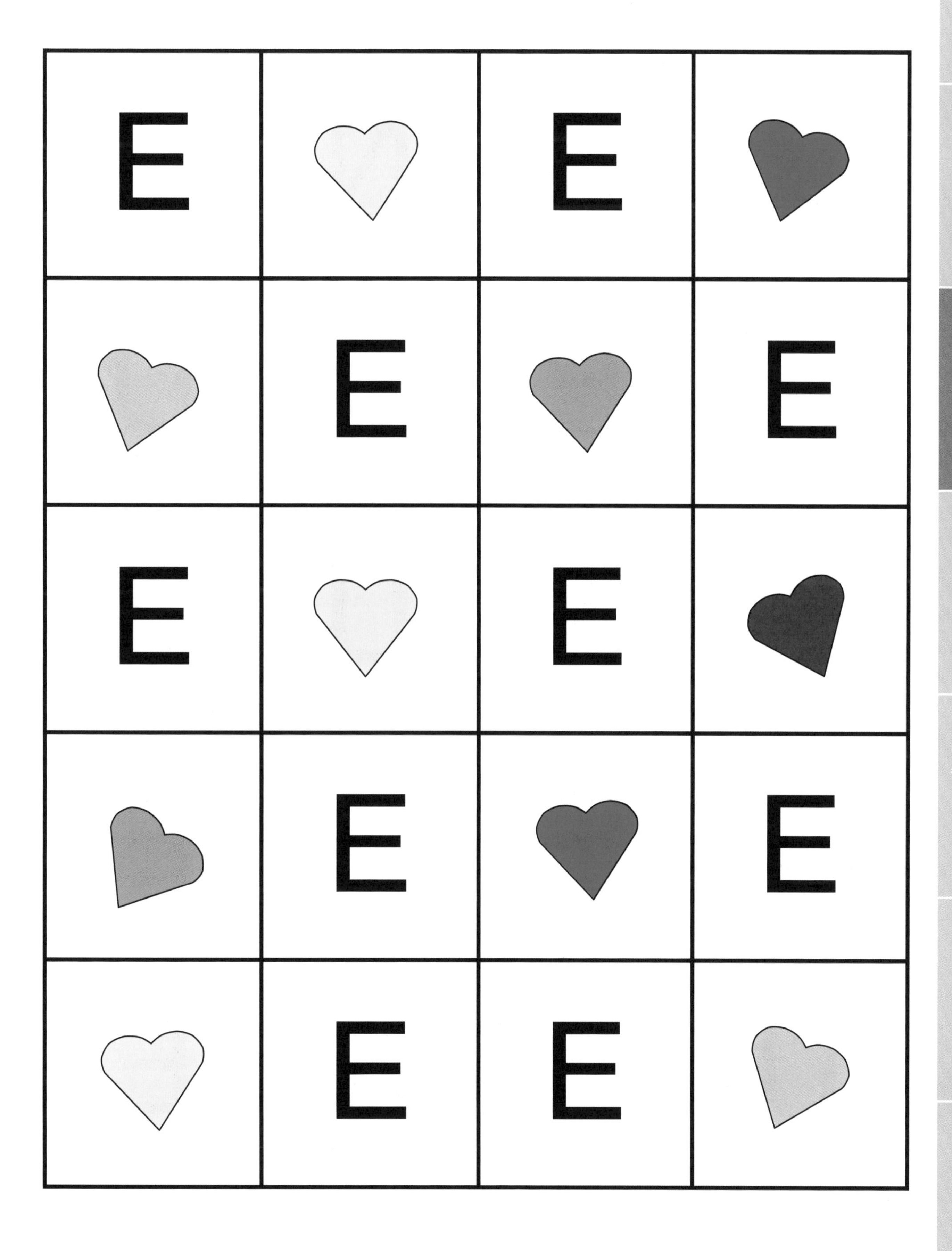
E
E
E
E
E
E
E
E
E
E

E	U	N	E
N	E	E	U
E	N	U	E
N	E	U	E
U	E	N	E

W	E	O	B
B	W	E	O
O	E	B	W
W	O	B	E
E	W	O	B

B	O	F	I
O	I	B	F
I	B	F	O
F	O	I	B
B	I	F	O

W	E	S	N
E	S	N	W
N	W	S	E
S	N	E	W
E	W	N	S

BO	WO		WO
	WO		BO
BO		WO	
WO	BO		BO
WO		BO	

Jansen • Streit • Fuchs **Lesen und Rechtschreiben lernen nach dem IntraActPlus-Konzept**

	WA	BA	
WA	WA		BA
BA		BA	WA
	WA	WA	
	BA		WA

WO	WA	WE	WO
WA	WO	WA	WE
WO	WE	WE	WA
WE	WA	WO	WO
WA	WE	WO	WA

BA	BA	BE	BO
BA	BO	BO	BE
BO	BE	BE	BA
BE	BA	BO	BA
BO	BE	BO	BA

MO	ME	LO	LE
FO	FE	SO	SE
NO	NE	FE	LO
ME	LE	SE	SO
NO	MO	FO	NE

BIBI	BOBO	BIBO	BOBI
BIBO	BOBI	BIBO	BOBO
LOLO	BOBO	LOLO	BOBO
LILI	BOBI	LILO	LILI
BOBI	LILO	LILI	BIBO

SUSI	NINA	LILA	LAMA
LIMO	LISA	FIMO	NAME
NASE	SUSE	NINA	LISA
LAMA	NASE	SUSI	LILA
FIMO	NAME	LIMO	SUSE

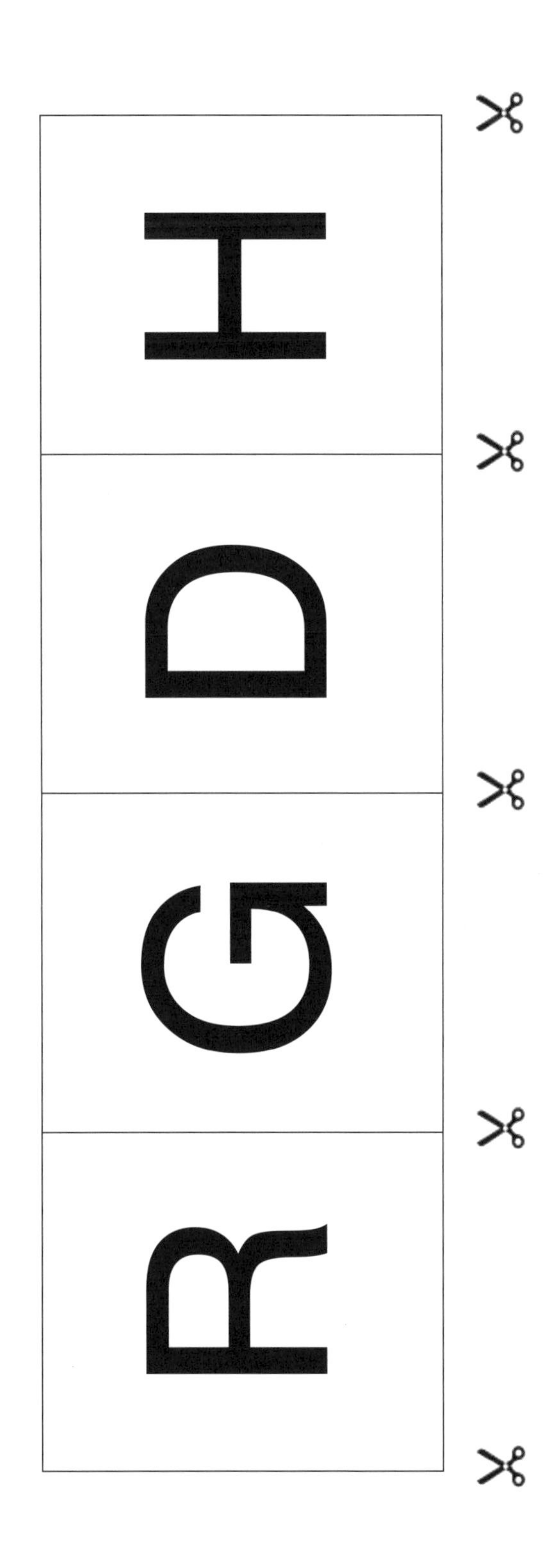

Buchstabenkärtchen zum Ausschneiden

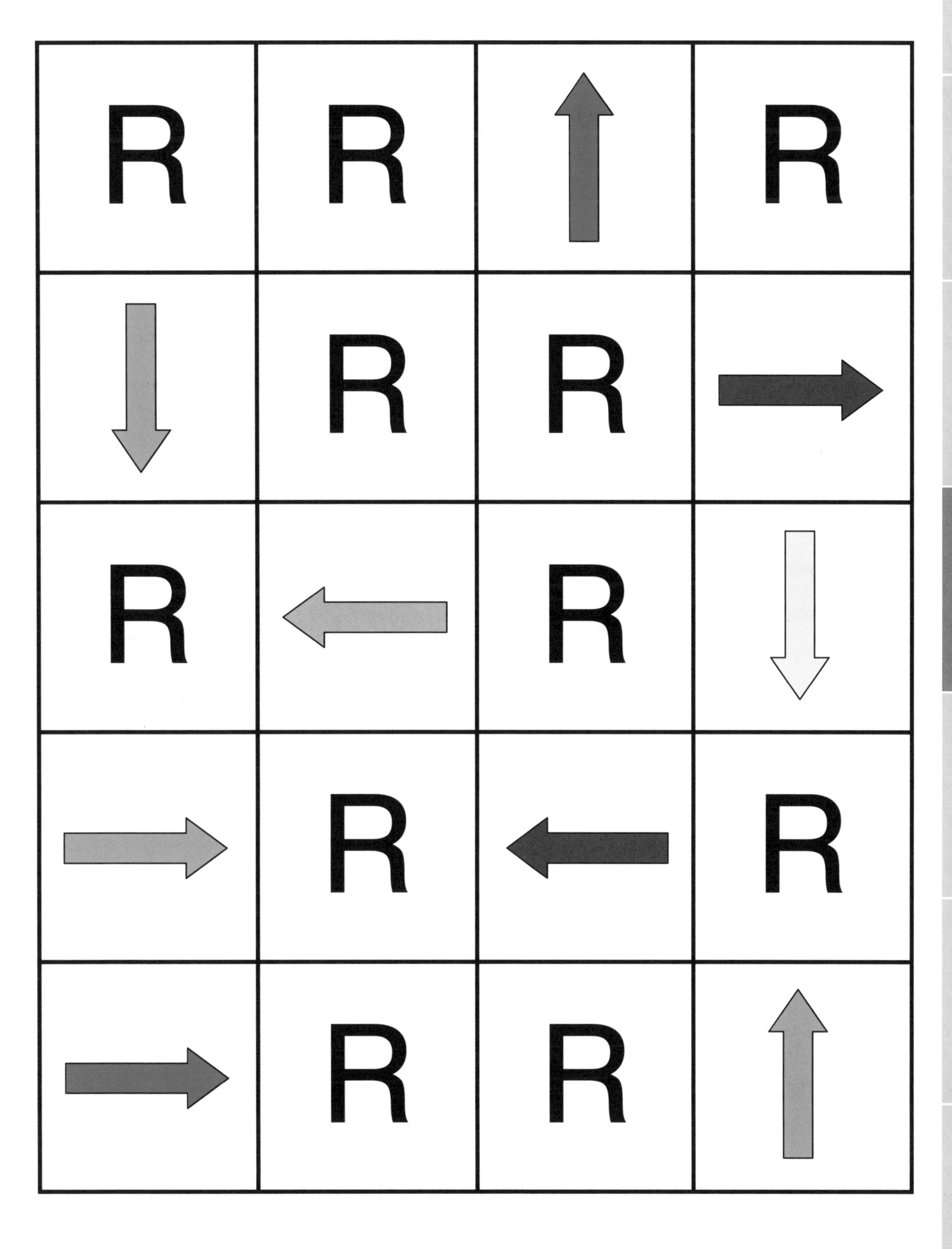
R
R
R
R
R
R
R
R
R
R
R
R

R	I	R	R
I	R	A	R
R	A	R	A
R	I	R	I
A	R	I	R

G	G	G	
	G		G
G		G	
	G	G	G
G			G

G	U	G	G
U	G	L	G
G	L	G	U
U	G	L	G
G	U	G	L

Jansen • Streit • Fuchs **Lesen und Rechtschreiben lernen nach dem IntraActPlus-Konzept**

D
D
D
D
D
D
D
D
D
D
D

D	E	D	S
E	D	E	D
D	S	D	D
S	D	D	S
D	D	E	D

H	H		H
	H	H	
H		H	
	H		H
	H	H	

H	E	H	O
O	H	H	H
E	H	E	O
H	E	H	H
H	H	O	H

D	R	H	G
G	H	R	D
D	R	H	G
H	G	D	R
R	D	G	H

R	G	B	O
G	O	R	B
O	B	G	R
B	R	G	O
R	O	B	G

D	H	W	E
H	W	E	D
D	E	H	W
H	D	W	E
W	H	E	D

RA	RU	RI	RO
RI	RU	RA	RU
RO	RU	RA	RU
RI	RO	RA	RI
RO	RI	RU	RO

GA	GU	GI	GO
GI	GU	GA	GO
GO	GU	GA	GI
GU	GI	GA	GI
GO	GI	GU	GO

DA	DE	DU	DO
DO	DE	DA	DU
DO	DU	DA	DE
DU	DE	DA	DA
DO	DE	DU	DO

HA	HE	HI	HA
HI	HO	HA	HO
HU	HI	HU	HA
HO	HE	HI	HE
HA	HI	HA	HO

RA	DU	GI	HO
HI	RU	HA	GU
GO	RU	RI	DO
DU	RO	DA	RI
RO	DU	GI	DU

AR	RA		AR
	AR	RA	
RA		AR	
	AR		RA
	RA	AR	RA

AR	AS	AM	AN
AF	AS	AL	AN
AM	AR	AN	AL
AM	AN	AF	AL
AS	AN	AR	AM

ROSE	ROSA	ROSI	RABE
RUDI	DORA	DANA	DANI
RABE	GABE	GEBE	ROSA
ROSI	DANI	RUDI	DANA
GEBE	DORA	ROSE	GABE

HAHA	HOHO	HIHI	HUHU
HIHI	HOHO	HAHA	HUHU
HASE	HABE	DOSE	HOLE
HOSE	HASE	NASE	HOSE
DOSE	NASE	HABE	HOLE

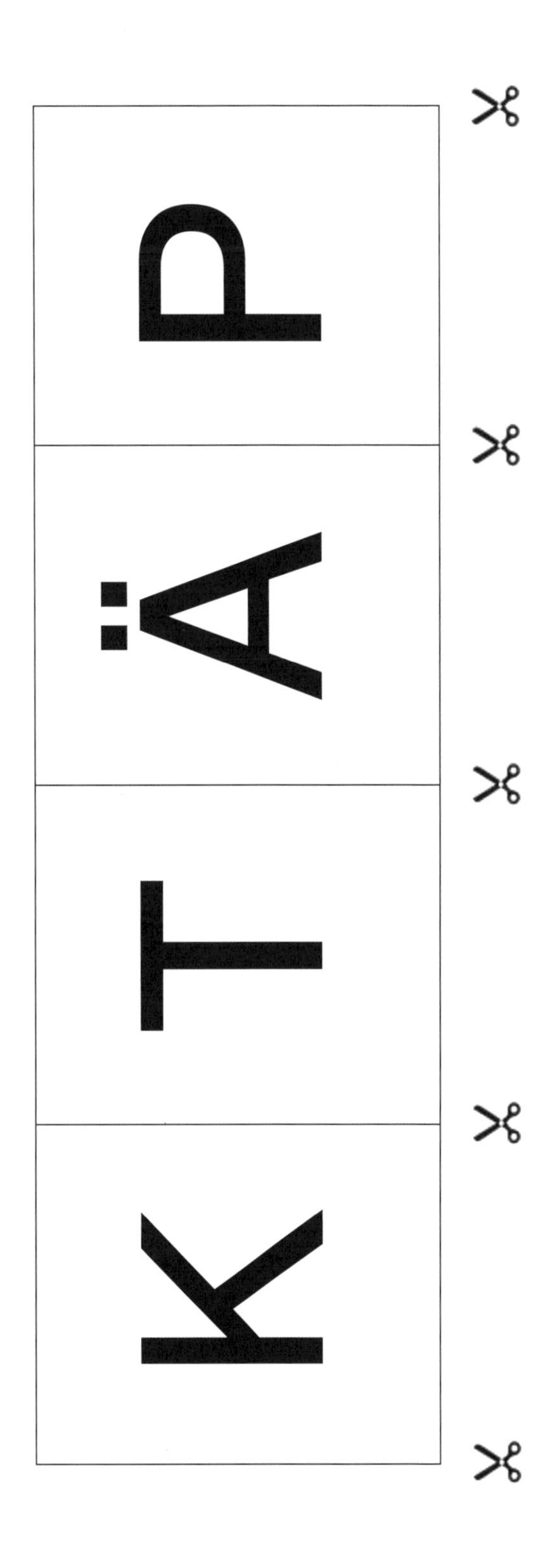

Buchstabenkärtchen zum Ausschneiden

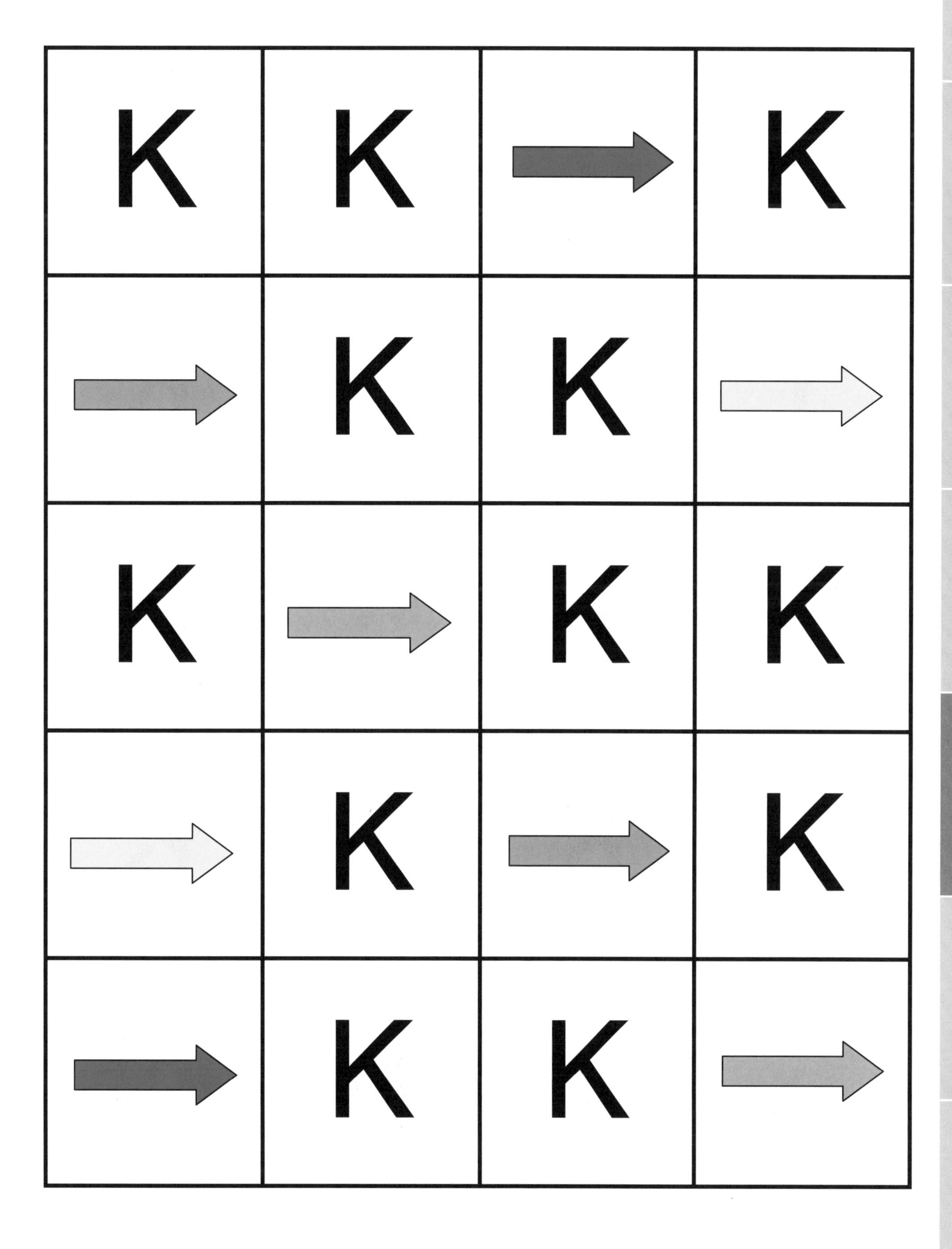

1.1 A M L U
1.2 F S I N
1.3 B O W E
1.4 R G D H
1.5 K T Ä P
1.6 z ö v c j ü x y
1.7 Lesen in Großbuchstaben

K	I	K	K
I	K	I	K
N	K	K	N
N	K	I	K
K	I	K	N

T	T	T	☆
☆	T	T	T
T	☆	T	☆
☆	T	T	T
T	☆	☆	T

T	T	S	O
S	O	T	T
S	T	O	T
T	T	O	O
S	T	S	T

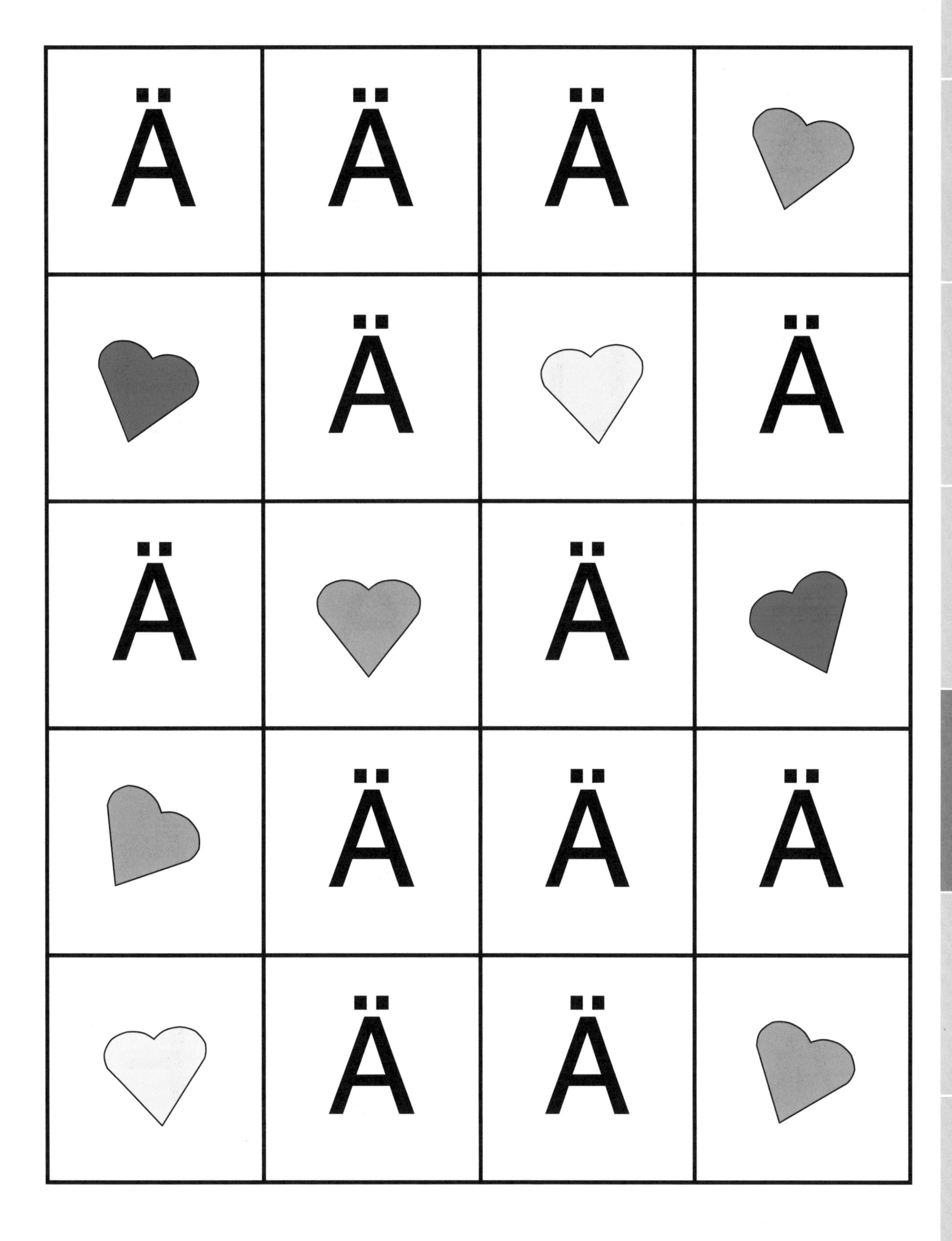
Ä
Ä
Ä
Ä
Ä
Ä
Ä
Ä
Ä
Ä
Ä
Ä

Ä	Ä	F	Ä
F	U	Ä	U
F	Ä	Ä	U
Ä	U	U	Ä
Ä	Ä	U	F

P	P	P	
P		P	P
	P		P
P		P	P
P	P		P

P	E	P	E
A	P	A	P
P	A	E	P
P	A	P	E
P	E	P	A

K	T	Ä	P
T	Ä	P	K
Ä	P	T	K
P	T	K	Ä
K	T	Ä	P

K	G		K
K		G	
G		K	G
K	G		K
	K		G

T		D	
D		T	
T	D		D
	T	T	
D	D		T

KA	KE	KI	KU
KO	KA	KE	KI
KO	KU	KA	KI
KE	KO	KI	KU
KA	KE	KO	KI

KA	KA	AK	KA
AK	AK	KA	AK
KA	KA	AK	AK
KA	AK	KA	AK
AK	AK	KA	KA

TA	TE	TI	TU
TO	TA	TE	TI
TO	TU	TA	TI
TE	TO	TI	TU
TA	TE	TO	TI

AT	ET	IT	UT
OT	AT	ET	IT
OT	UT	AT	IT
ET	OT	IT	UT
AT	ET	OT	IT

KÄ	KÄ	TÄ	KÄ
TÄ	TÄ	KÄ	TÄ
KÄ	KÄ	TÄ	TÄ
KÄ	TÄ	KÄ	TÄ
TÄ	TÄ	KÄ	KÄ

PA	PE	PI	PU
PO	PA	PE	PI
PO	PU	PA	PI
PE	PO	PI	PU
PA	PE	PO	PI

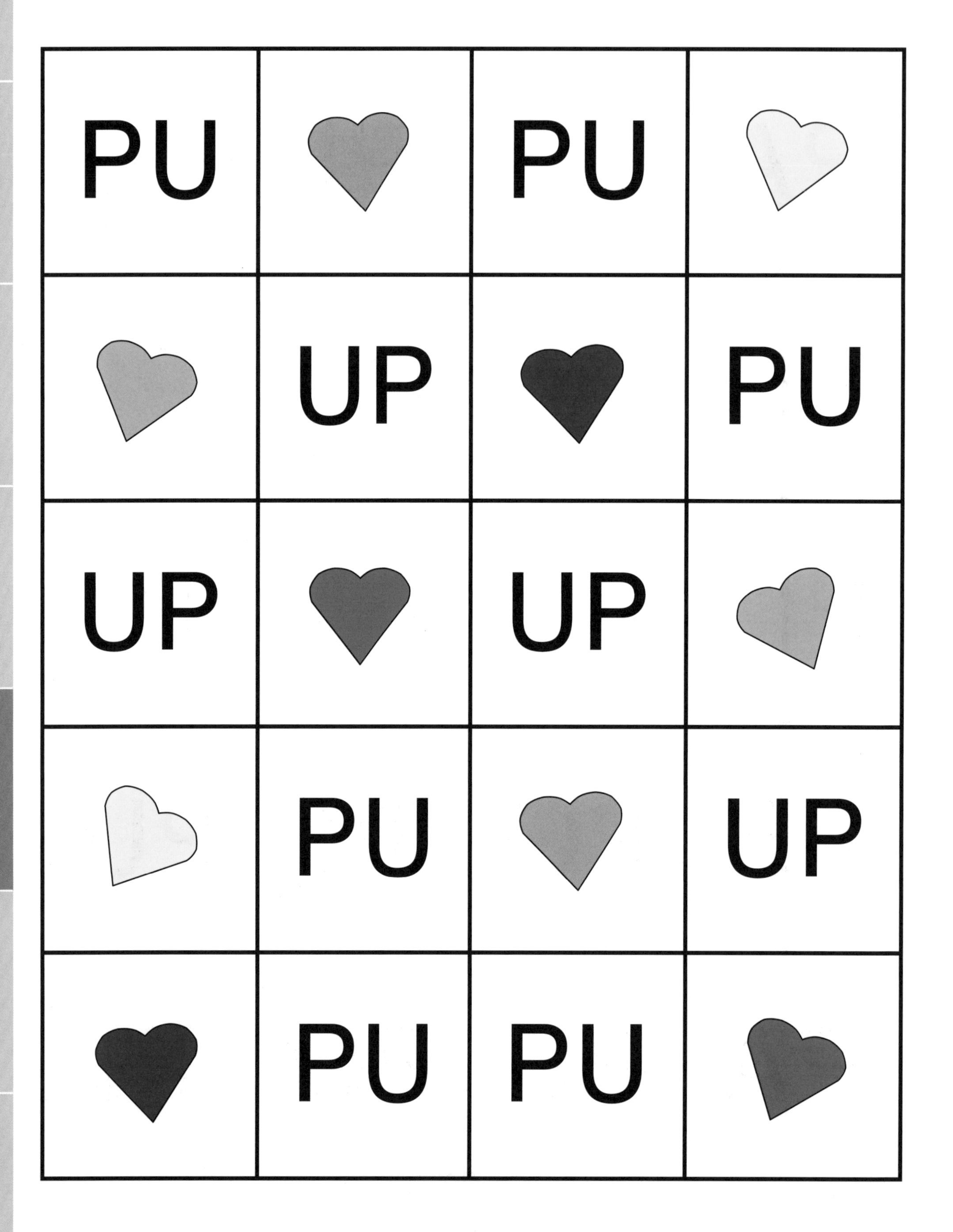
PU
PU
UP
PU
UP
UP
PU
UP
PU
PU

TOBI	TILO	TOBI	TUBE
TILO	KILO	KILO	TILO
TOBI	LUPE	KILO	LUPE
TILO	TUBE	KILO	TUBE
LUPE	TILO	TUBE	LUPE

SÄGE	KÄSE	NASE	HASE
KÄSE	DOSE	HASE	SÄGE
HOSE	NASE	KÄSE	MUT
SÄGE	NASE	HOSE	HUT
MUT	GUT	HUT	GUT

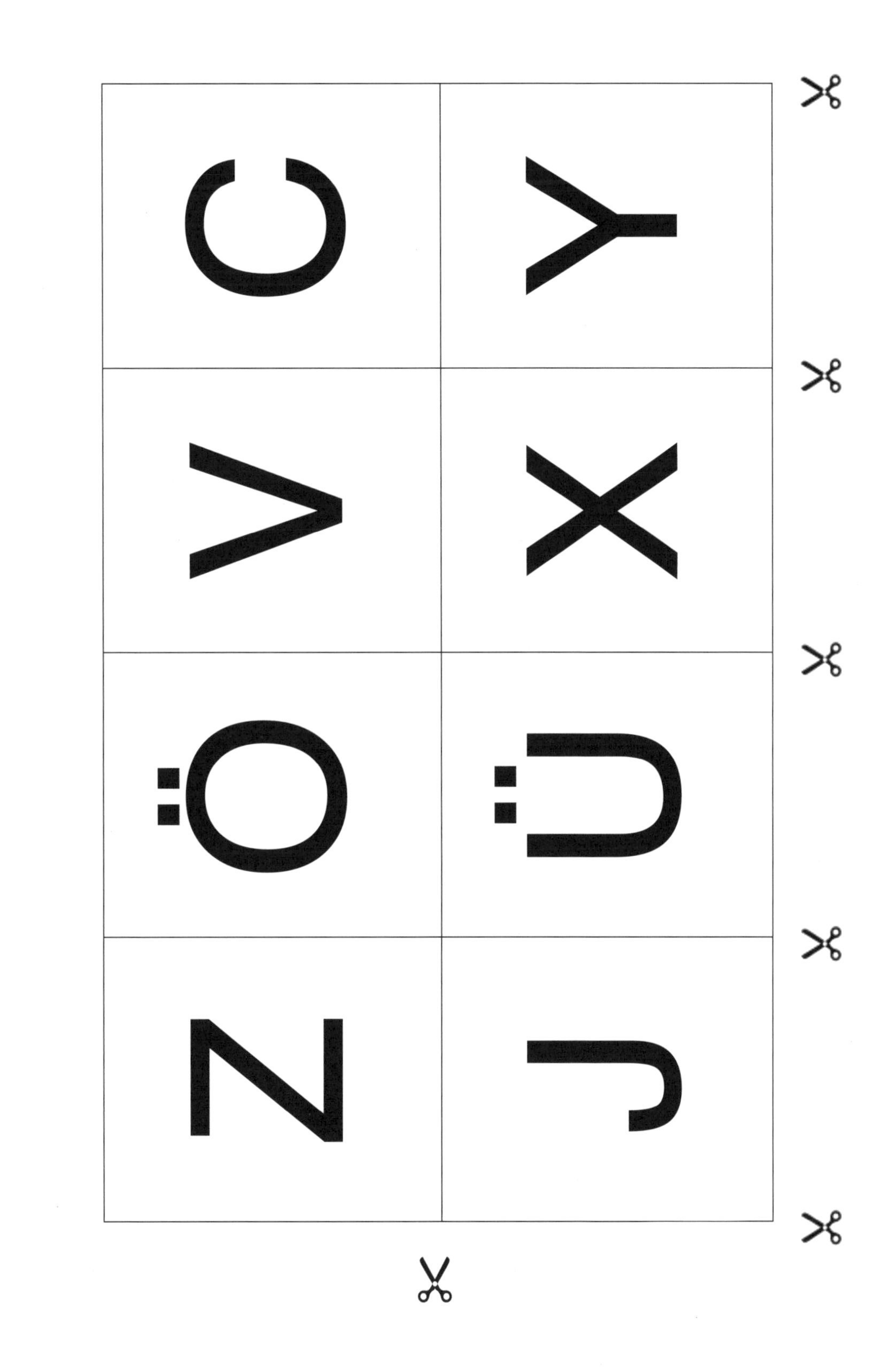

Buchstabenkärtchen zum Ausschneiden

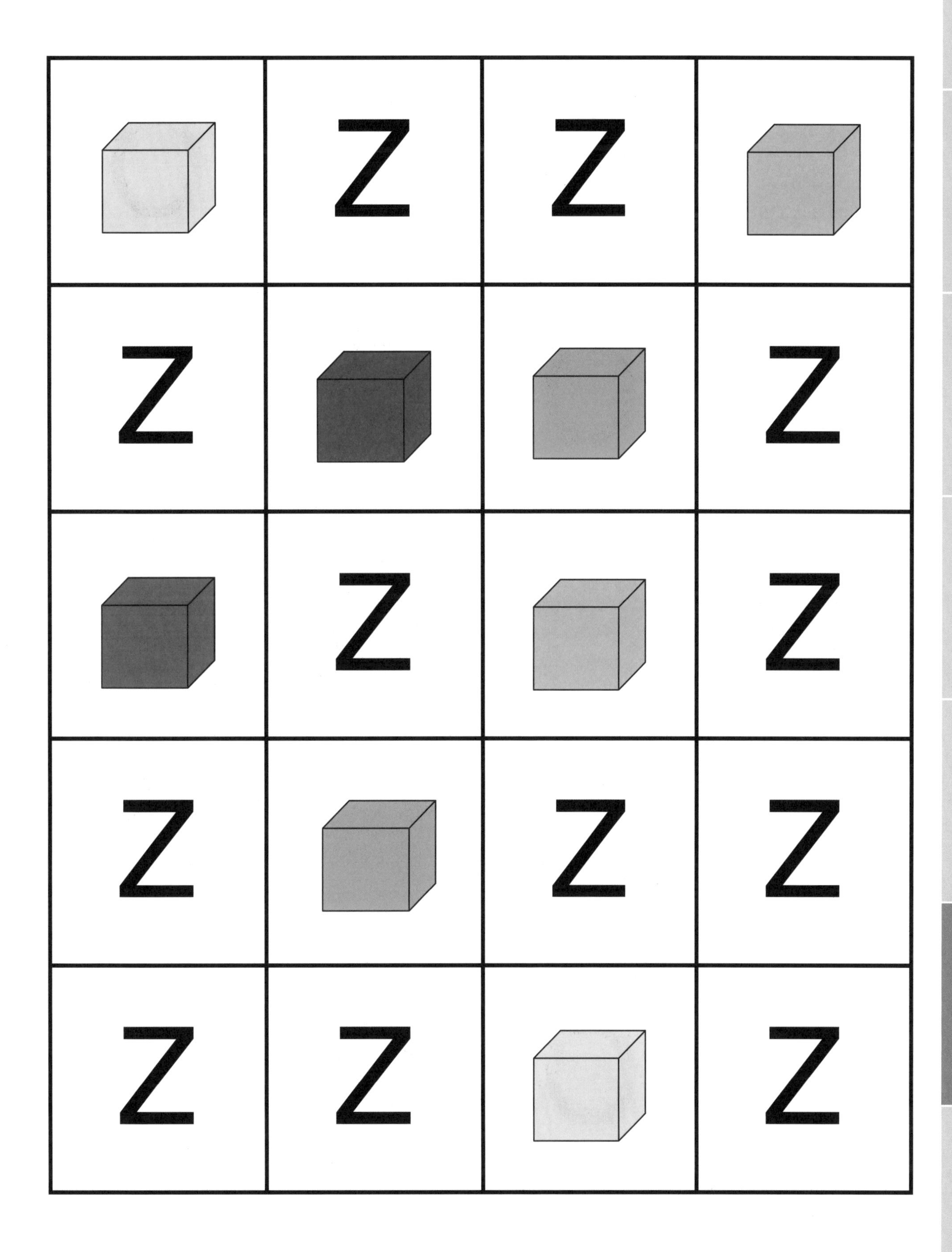
Z
Z
Z
Z
Z
Z
Z
Z
Z
Z
Z
Z

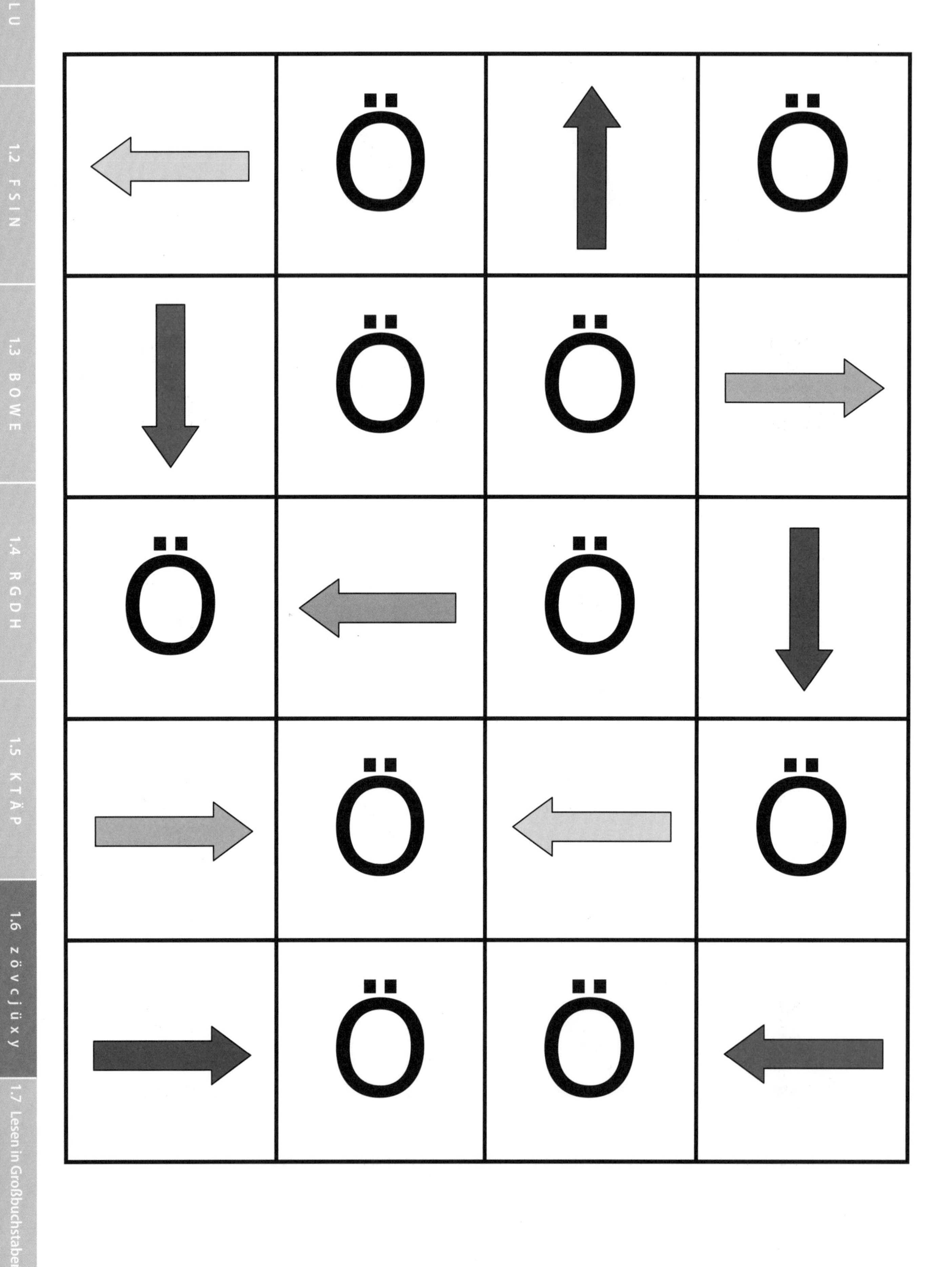
Ö
Ö
Ö
Ö
Ö
Ö
Ö
Ö
Ö
Ö

Z	Ö	Ö	Z
Ö	Z	Ö	Z
Z	Z	Ö	Ö
Z	Ö	Z	Ö
Ö	Ö	Z	Z

ZA	ZE	ZI	ZO
ZO	ZI	ZE	ZU
ZU	ZE	ZA	ZA
ZI	ZI	ZU	ZE
ZU	ZA	ZO	ZI

FÖ	GÖ	LÖ	RÖ
LÖ	BÖ	BÖ	FÖ
RÖ	RÖ	GÖ	GÖ
BÖ	LÖ	GÖ	LÖ
GÖ	FÖ	RÖ	LÖ

★	V	V	★
★	V	★	V
V	★	V	★
★	V	V	V
V	★	★	V

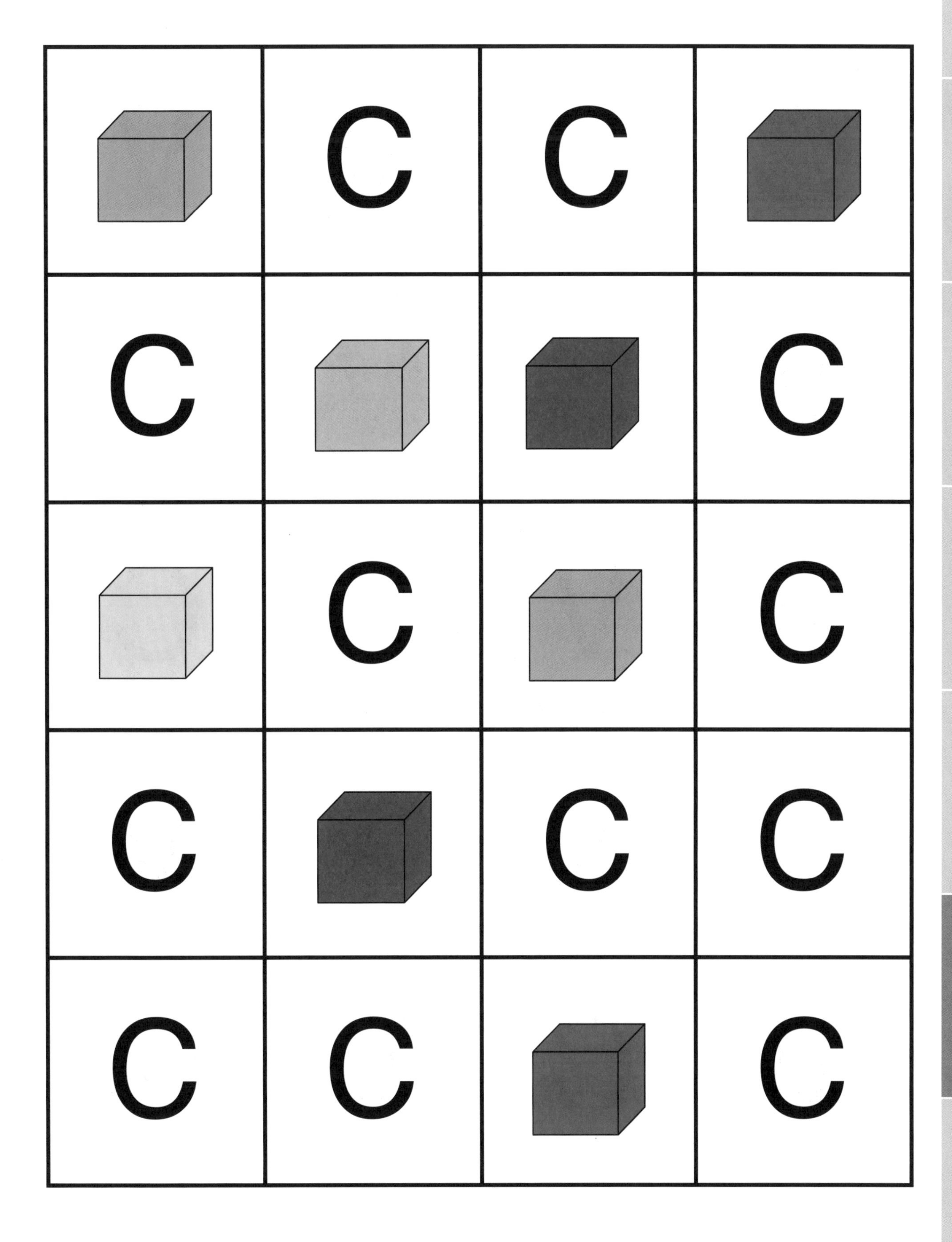
C
C
C
C
C
C
C
C
C
C
C
C
C

C	C	V	V
V	C	V	C
V	V	C	C
C	V	C	V
V	C	V	C

J		J	J
J	J	J	
	J	J	J
J	J		J
J		J	J

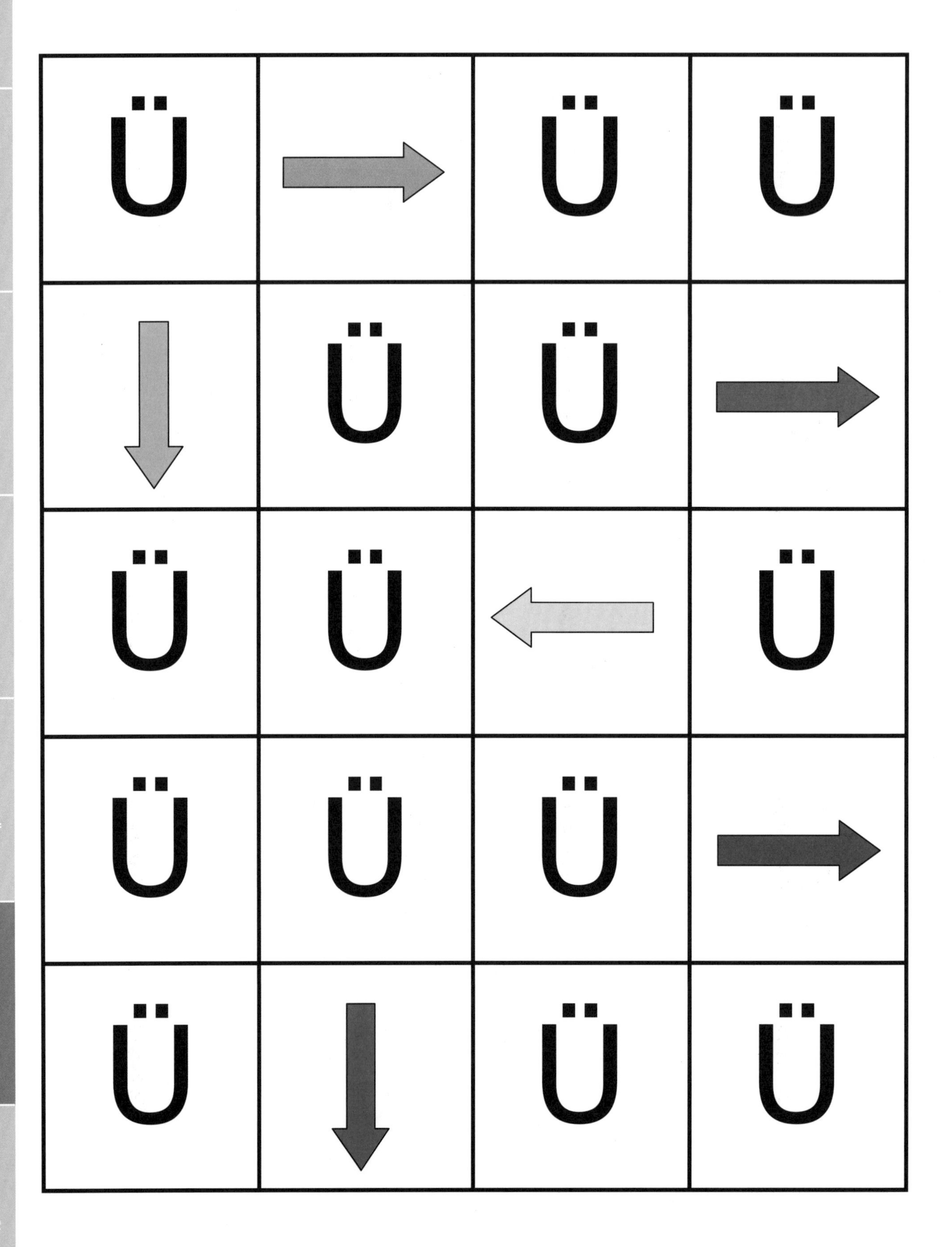
Ü
Ü
Ü
Ü
Ü
Ü
Ü
Ü
Ü
Ü
Ü
Ü
Ü
Ü
Ü

J	J	Ü	J
Ü	Ü	J	Ü
J	Ü	J	Ü
J	J	Ü	J
Ü	Ü	J	Ü

Ü	Ä	Ü	Ö
Ä	Ü	Ö	Ü
Ü	Ä	Ü	Ö
Ö	Ü	Ä	Ü
Ü	Ü	Ö	Ä

JA	JE	JO	JI
JE	JI	JA	JU
JU	JO	JI	JA
JO	JU	JI	JA
JU	JA	JE	JO

KÜ	WÜ	SÜ	NÜ
SÜ	NÜ	DÜ	WÜ
DÜ	DÜ	NÜ	WÜ
WÜ	NÜ	WÜ	SÜ
WÜ	KÜ	SÜ	DÜ

X		X	X
X	X	X	
X	X		X
X		X	X
	X	X	X

Y	→	Y	Y
Y	Y	↑	Y
Y	←	Y	Y
↑	Y	Y	Y
Y	→	Y	Y

Y	X	X	Y
X	Y	X	Y
Y	X	Y	X
X	Y	Y	X
Y	X	X	Y

Z	Ö	V	C
J	Ü	X	Y
C	X	Ü	Ö
X	Z	J	C
V	Ü	V	Y

OMA

OPA

PAPA

MAMA

LAMA

HASE

NASE

NAME

HOSE

ROSE

DOSE

RABE

ROSA

LILA

HUPE

LUPE

TEE

SEE

FEE

IGEL

ESEL

INSEL

PINSEL

KAMEL

TAFEL

NADEL

NUDEL

NEBEL

AMPEL	REGEN
NAGEL	WOLKEN
BESEN	OFEN
RASEN	SALAT
WAGEN	PIRAT
RUFEN	LAMPE
MALEN	PALME

WUT	ZOO
GUT	LOS
MUT	BUS
HUT	TOLL
ROT	HALLO
MALT	BROT
BOOT	BANK

WAL

LÖWE

AFFE

TANTE

ONKEL

DELFIN

MUSIK

ZIRKUS

GURKE

PRIMA

APFEL

TOMATE

BANANE

ZITRONE

LIMONE	GEMÜSE
ANANAS	ELEFANT
GARTEN	LIMONADE
WARTEN	MARMELADE
RANZEN	MANDARINE
TANZEN	APFELSINE
ROSINE	LOKOMOTIVE

PAPA MALT OMA.

PAPA MALT OPA.

PAPA MALT MAMA.

OMA MALT OPA.

OMA MALT MAMA.

OMA MALT PAPA.

LISA MALT TONI.

DAS IST TONI.

LARA MALT RUDI.

DAS IST RUDI.

OPA MALT ESEL.

OMA MALT IGEL.

OPA UND OMA MALEN.

LARA MALT HASEN UND

IGEL UND BÄREN.

LISA MALT ZITRONEN

UND TOMATEN UND

BANANEN.

DA SIND LISA UND LARA.

DA SIND TIMO UND TOBI.

2 Kleinbuchstaben

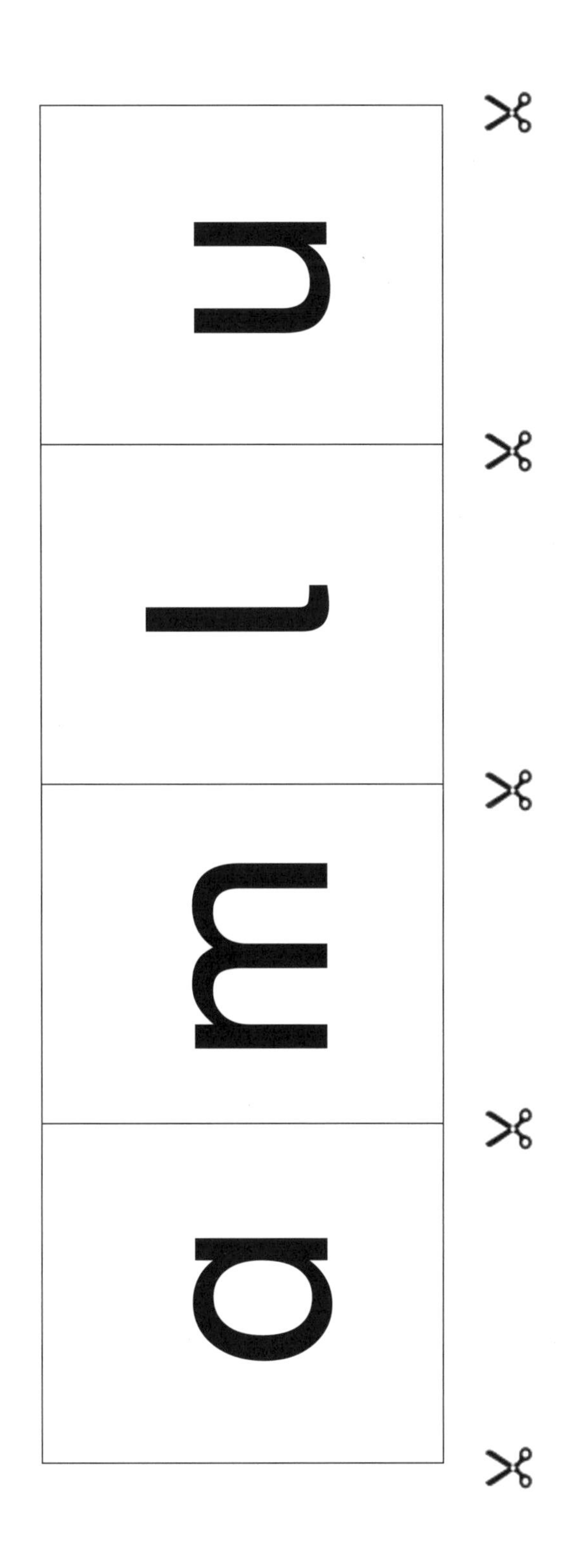

Buchstabenkärtchen zum Ausschneiden

	a	a	
a	a		a
a		a	a
	a	a	
	a		a

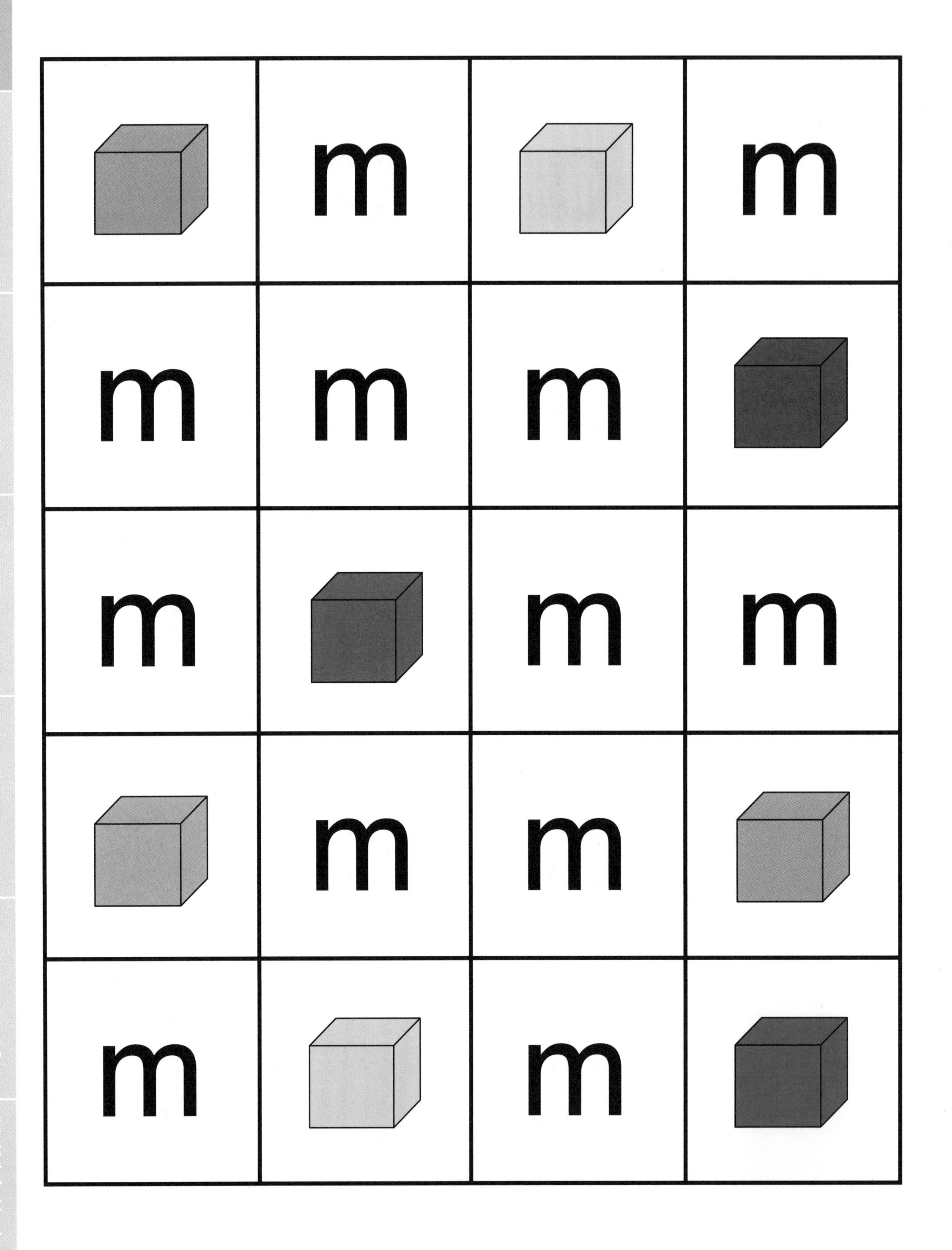
m
m
m
m
m
m
m
m
m
m
m
m

a	m	a	a
a	a	m	m
a	m	m	a
m	a	m	a
a	m	a	a

l	l	l	
	l	l	l
l		l	l
l	l	l	
	l		l

u
u
u
u
u
u
u
u
u
u

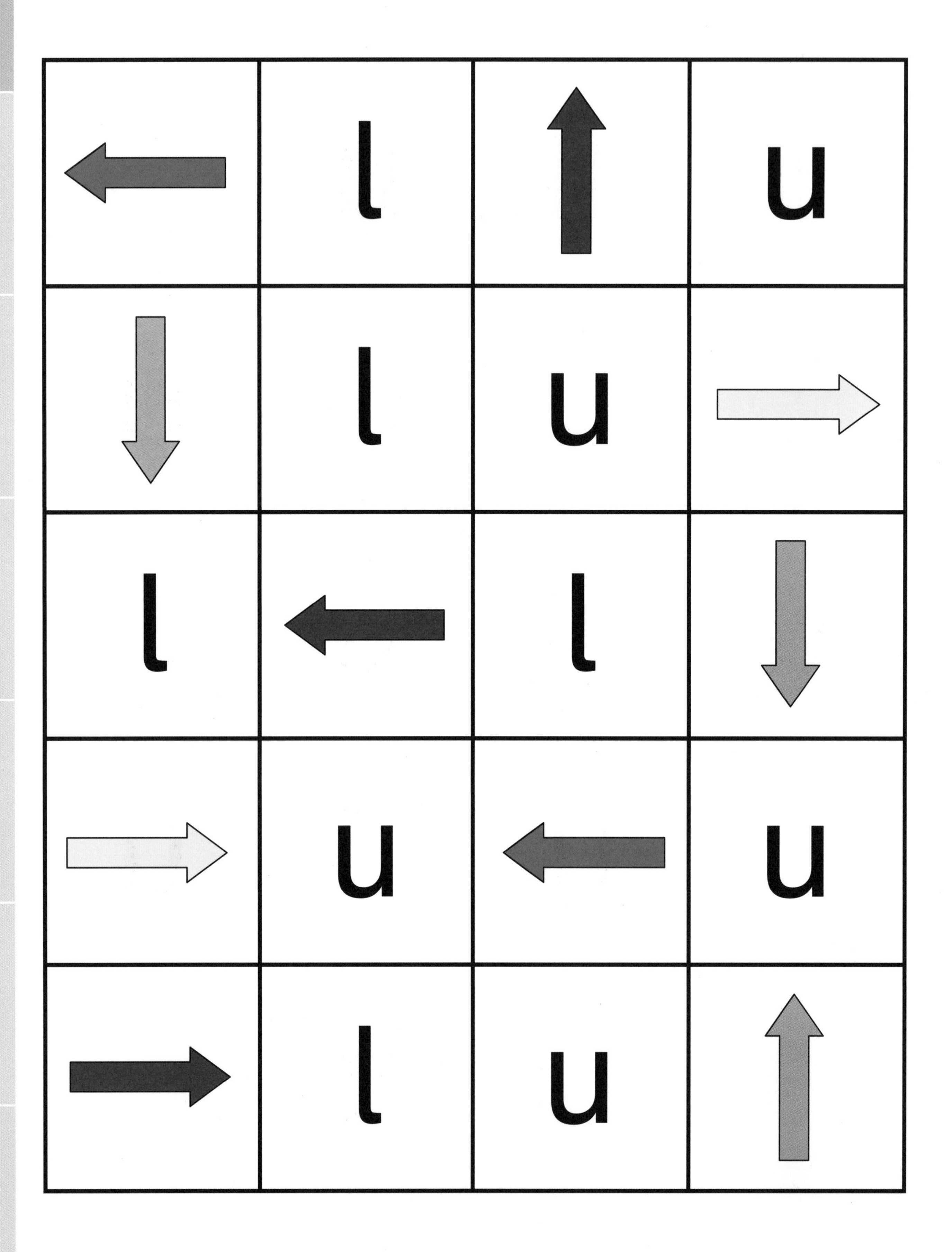
l
u
l
u
l
l
u
u
l
u

a	m	l	u
l	a	u	m
u	m	l	a
m	l	a	u
m	u	l	a

ma		ma	am
ma	am		am
	ma	am	am
ma	am	ma	
	am	ma	am

Jansen • Streit • Fuchs **Lesen und Rechtschreiben lernen nach dem IntraActPlus-Konzept**

la		la	al
al	la		al
al	la	al	
	la	la	al
al	la		al

lu	ul	ul	lu
ul	ul	lu	ul
ul	lu	ul	ul
lu	ul	ul	lu
lu	ul	lu	ul

ma	um	mu	am
mu	ma	am	um
am	ma	um	mu
am	um	mu	ma
mu	ma	am	um

la	lu	ma	mu
lu	mu	la	mu
la	ma	lu	ma
lu	mu	lu	la
ma	la	mu	ma

ma	ul	mu	al
lu	am	la	um
al	ma	ul	mu
am	mu	lu	ma
ul	am	al	um

A	M	a	m
a	m	A	M
M	m	A	a
a	A	M	a
A	M	a	m

U	L	u	l
l	U	u	L
u	L	l	U
l	u	l	U
U	L	L	u

Lama	am	um	Lulu
am	Mama	Lama	um
um	Mama	am	Lulu
Lulu	Lama	um	Mama
Lama	am	Lulu	Mama

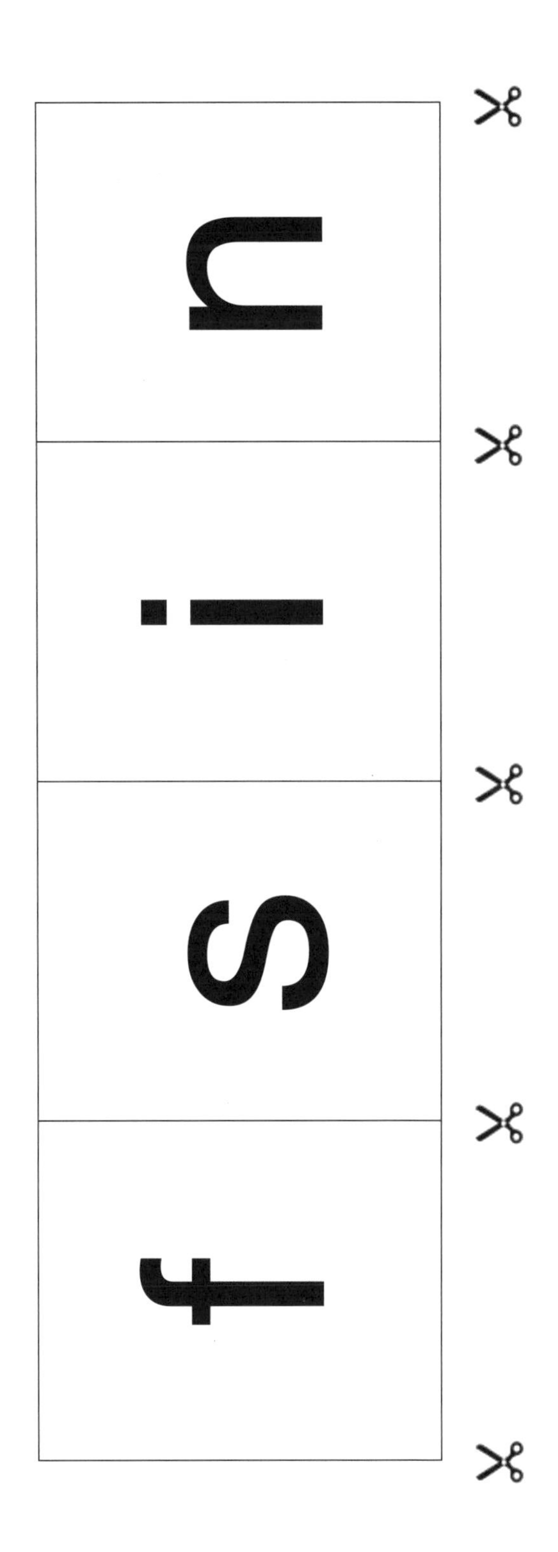

Buchstabenkärtchen zum Ausschneiden

	f	f	f
f	f		f
f	f	f	
	f	f	f
f	f		f

S		S	S
S	S		S
S		S	S
S	S	S	
	S	S	S

f		s	s
	s	f	f
f	s	f	
	s	s	f
f	f	s	

i	i	i	
i	i		i
i		i	i
	i	i	i
i	i		i

n	n		n
n	n	n	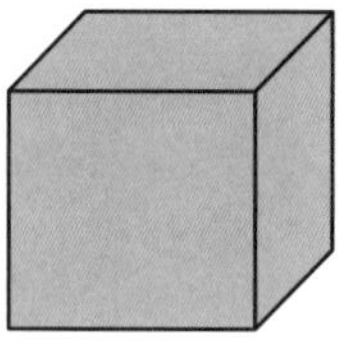
n		n	n
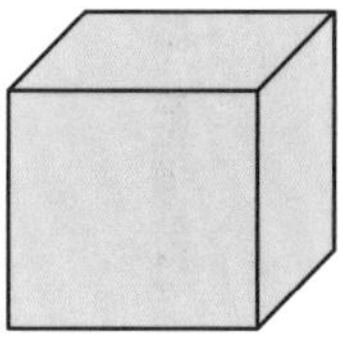	n	n	n
n	n	n	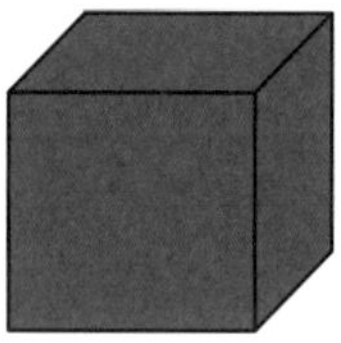

n	i	i	n
n	n	i	n
i	i	n	i
n	i	n	i
n	n	i	i

f	i	a	m
i	m	f	a
f	a	i	m
a	i	m	f
f	m	a	i

s	n	l	u
n	u	s	l
s	l	n	u
l	n	u	s
u	s	l	n

fa	fa	af	af
af	fa	fa	af
fa	af	af	fa
af	fa	af	fa
af	fa	fa	af

fi	fa	fu	fi
fu	fi	fa	fu
fa	fu	fa	fi
fi	fu	fi	fa
fi	fa	fu	fi

fi		if	if
fi	if		if
fi	if	fi	
if	if		fi
fi		if	if

if	af	uf	if
af	uf	if	af
uf	if	af	uf
if	af	uf	uf
af	af	if	if

fa	su	ma	lu
la	nu	su	fa
na	fi	fa	su
na	li	lu	la
fa	fi	na	la

af	as	an	af
as	an	af	as
an	an	af	as
af	af	as	as
an	af	as	an

Jansen • Streit • Fuchs **Lesen und Rechtschreiben lernen nach dem IntraActPlus-Konzept**

us	un	un	us
us	un	us	un
un	us	un	us
us	un	un	un
un	us	us	un

F		f	s
	s	F	S
S		F	f
f		S	f
F	S		s

Jansen • Streit • Fuchs **Lesen und Rechtschreiben lernen nach dem IntraActPlus-Konzept**

I	N	i	
n		i	N
	N	n	I
n	i	n	
I	N		i

Nina	in	am	Lina
an	Sina	Lina	Ali
im	Uli	Nina	an
am	im	Ali	Sina
Lina	Uli	in	Sina

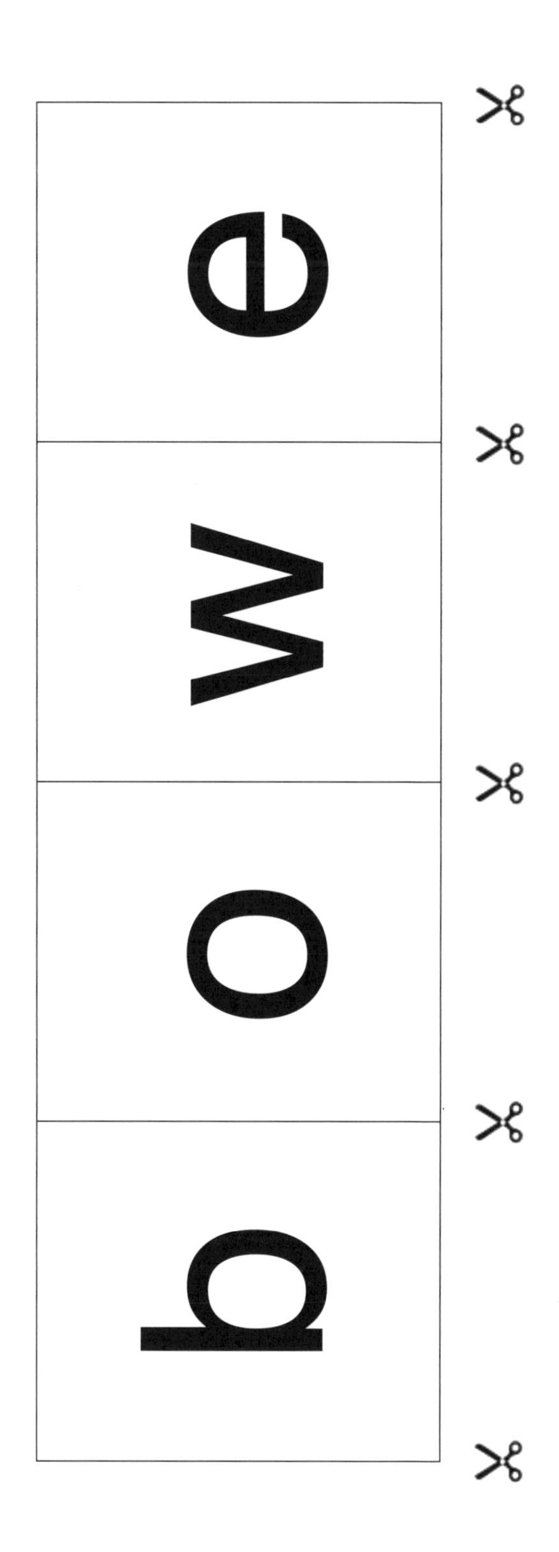

Buchstabenkärtchen zum Ausschneiden

b	b		b
b	b	b	
	b	b	
b	b		b
	b		b

b	b	i	m
b	b	m	i
m	b	b	m
i	b	i	b
m	b	m	b

o		o	o
o	o		o
o		o	o
	o		o
	o	o	o

o	o	l	o
o	m	l	o
m	m	o	m
l	o	l	o
m	o	m	o

w	w		w
	w	w	
w		w	w
w	w		w
w		w	w

w	w	i	w
i	w	s	s
w	s	i	w
w	s	w	s
w	i	w	w

e	e		e
e		e	e
e	e		e
e		e	e
	e		e

e	e	f	e
u	f	f	e
e	e	u	f
e	u	f	e
u	e	u	e

b	o	w	e
e	w	o	b
o	w	e	b
b	e	w	o
w	o	b	e

b	o	f	i
o	f	i	b
i	b	o	f
f	o	b	i
b	f	i	o

w	e	s	n
n	s	w	e
s	w	e	n
n	e	s	w
w	s	n	e

ba	be	bi	bo
bu	bu	bo	bi
be	ba	be	bi
bo	bu	ba	be
ba	be	bi	bo

wo	wu	wa	we
we	wo	wu	wo
wa	wu	wo	wa
we	wo	wu	wo
wu	we	wa	wu

be	bo	we	be
be	wo	we	we
bo	wo	be	bo
we	wo	we	wo
bo	be	we	wo

em	om	em	om
om	em	em	om
om	em	om	em
em	em	om	om
em	om	em	om

ol	el	ol	ol
ol	ol	el	ol
el	ol	ol	el
ol	el	el	ol
ol	el	ol	el

en	on	en	on
on	en	on	on
en	on	en	en
on	on	en	on
en	on	en	en

ol	el	om	em
on	en	om	el
en	ol	em	ol
ol	el	on	en
en	om	em	on

b	o	B	O
B	o	O	b
O	b	o	B
B	b	o	O
o	O	B	b

W	e	E	w
w	E	W	e
E	W	e	w
W	E	w	e
w	E	e	W

men	sen	ben	len
nen	len	sen	ben
ben	men	len	sen
sen	ben	nen	len
nen	len	men	nen

fel	sel	bel	los
nis	bel	fel	sel
los	nis	sel	bel
fel	los	nis	fel
nis	sel	bel	los

Nase	Wolf	Affe	Besen
Limo	lesen	Limo	Esel
Wolf	Esel	Nase	lesen
Besen	Esel	Affe	Wolf
Affe	lesen	Besen	Nase

malen	Wal	so	es
es	neben	wo	See
so	malen	neben	wo
wo	See	Wal	es
Wal	neben	so	malen

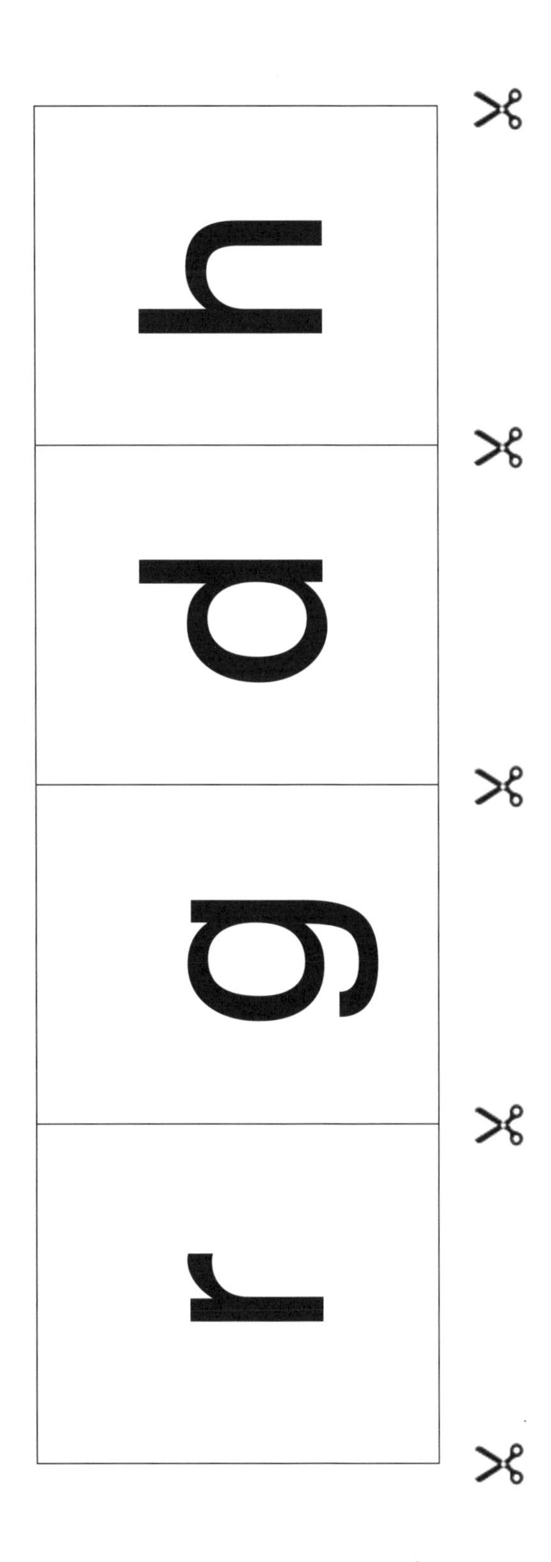

Buchstabenkärtchen zum Ausschneiden

r	o	r	r
o	r	o	r
r	r	o	r
r	o	r	o
o	r	o	r

g	g	i	g
g	i	g	g
i	g	i	g
i	g	g	i
g	i	g	g

r	r	g	r
g	g	r	g
g	r	g	r
r	g	r	g
g	g	r	r

d	d	u	d
u	d	d	u
d	u	u	d
u	d	d	d
u	d	d	u

Jansen • Streit • Fuchs **Lesen und Rechtschreiben lernen nach dem IntraActPlus-Konzept**

h	h	e	h
e	h	h	e
h	e	e	h
e	h	h	h
e	h	e	e

h	d	h	d
h	d	d	h
h	d	h	d
h	d	d	h
d	h	h	d

h	g	d	g
r	h	g	r
d	g	h	d
d	r	d	r
h	d	r	g

r	g	d	o
g	o	r	d
o	r	d	g
g	o	d	r
r	d	o	g

d	h	w	e
w	d	e	h
e	w	h	d
h	e	d	w
d	h	w	e

ra	ro	ri	ri
ro	ro	ra	ri
ra	ra	ri	ro
ri	ro	ra	ri
ra	ri	ro	ra

ra	ar	ra	er
ar	ra	er	ra
ra	er	ar	er
er	ar	ra	ar
er	ar	ar	er

ga	gu	gi	go
gu	gu	go	ga
gu	gi	ga	go
ga	ga	go	gu
gi	go	gi	ga

da	de	du	do
du	du	do	da
de	du	de	do
da	da	do	du
du	do	du	da

ha	he	hi	ho
hu	hu	ho	ha
he	hi	he	ho
ha	ha	ho	hu
hi	ho	hi	ha

da	go	hi	do
hu	gu	go	da
he	ho	gi	du
ga	da	do	du
hi	ho	du	de

ra	no	mu	hu
ri	he	no	ra
li	me	ro	le
ha	ro	ra	he
me	lu	ra	ho

d		b	b
	d	d	b
b		b	d
b	d		d
b	b		d

do	★	bo	do
du	★	bu	bu
ba	da	★	da
★	do	bu	du
da	bo	★	do

R		r	G
R	g		r
G	g	r	
R	g		G
r		R	g

D		d	D
d	H		h
	H	h	d
d		H	h
D	D		H

da	du	der	das
dem	den	das	da
der	dem	du	den
das	den	da	der
du	dem	du	das

wer	wen	wem	wo
er	wir	wen	wer
wen	wo	wem	er
wir	wer	wo	wir
wem	er	wir	wen

ler	ser	gel	del
gen	ren	ben	fen
len	sen	ser	ren
ben	ler	gel	len
fen	del	sen	gen

Rosen	rufen	holen	Hafen
heben	Rasen	baden	gegen
Nadel	Nudel	wegen	Laden
sagen	Wagen	haben	Hagel
Dosen	Nagel	Regen	lesen

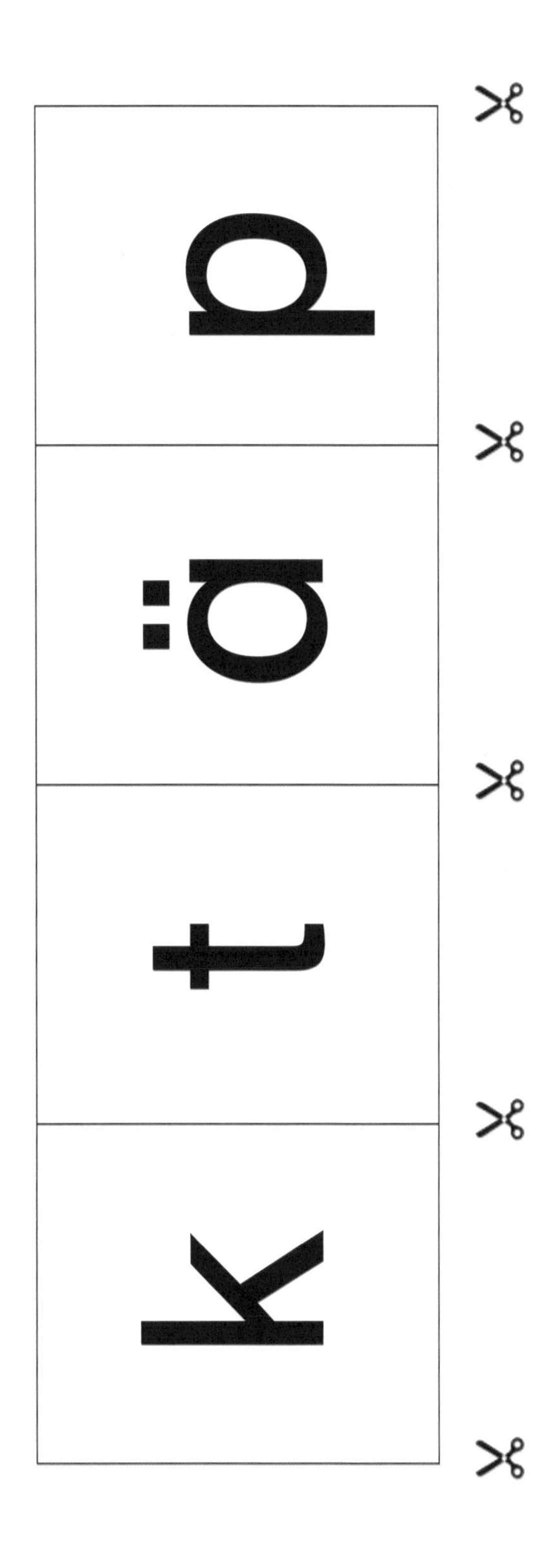

Buchstabenkärtchen zum Ausschneiden

k	k	o	k
k	i	k	k
i	k	k	o
k	k	i	k
o	k	k	i

t	t	a	t
u	t	t	a
t	u	t	a
t	t	a	t
u	t	u	t

k	t	k	t
t	k	k	t
k	t	t	k
t	k	t	k
k	t	k	t

ä	ä	m	ä
ä	m	ä	ä
m	ä	ä	m
ä	m	ä	ä
m	ä	ä	m

p	p	a	p
o	p	p	o
p	a	p	p
p	u	o	p
a	p	p	a

ä	p	p	ä
p	ä	p	ä
ä	p	ä	ä
p	ä	p	ä
ä	p	ä	p

ä	k	p	k
k	ä	k	t
t	p	t	p
p	t	ä	t
ä	p	k	ä

ka	ta	pa	pa
ka	ta	ta	ka
pa	ta	ta	ka
ka	ta	pa	ta
ka	pa	ka	ka

ko	tu	pi	pa
ka	tu	te	ke
pe	tu	ta	ki
ko	ta	pe	te
ki	pe	ko	ki

k		g	
g	k		g
k		g	g
	g		k
k		g	k

Jansen • Streit • Fuchs **Lesen und Rechtschreiben lernen nach dem IntraActPlus-Konzept**

t		t	d
	d		d
	t	d	
d		t	
t	d		t

ä	p	r	h
p	h	ä	r
r	ä	p	h
p	h	r	ä
h	p	ä	r

mä	lä	fä	sä
nä	wä	rä	gä
dä	hä	kä	tä
sä	mä	fä	lä
hä	nä	lä	rä

p	b	b	p
b	p	b	p
p	b	b	p
b	p	p	b
p	b	p	b

pa	bo	bi	pu
bu	pe	be	pa
pu	bo	bi	pe
ba	pu	pi	be
pa	be	pi	bu

p	b	d	d
p	b	b	p
d	b	d	d
p	d	p	b
b	p	p	d

pa	ba	da	du
pu	bo	ba	pe
du	bu	de	da
pa	de	pi	bo
bu	pa	pe	de

K	t	T	k
k	T	K	t
t	K	k	T
T	t	k	K
K	t	T	k

ä	p	p	ä
p	Ä	P	ä
p	P	ä	Ä
Ä	ä	P	p
ä	P	p	Ä

das	ger	tun	tet
rot	ent	ger	ent
tet	das	tun	rot
tun	ger	tet	ent
das	rot	ent	tun

alt	kalt	kann	alt
rot	kann	kalt	oft
rot	oft	gut	kann
raten	sagen	sägen	raten
sagen	sägen	prima	super

Käfer	Käse	Käfer	Ast
Äste	Säge	Peter	Lupe
Säge	Käse	Rad	Räder
Hupe	Räder	Äste	Pappe
Lupe	Tante	Kappe	Torte

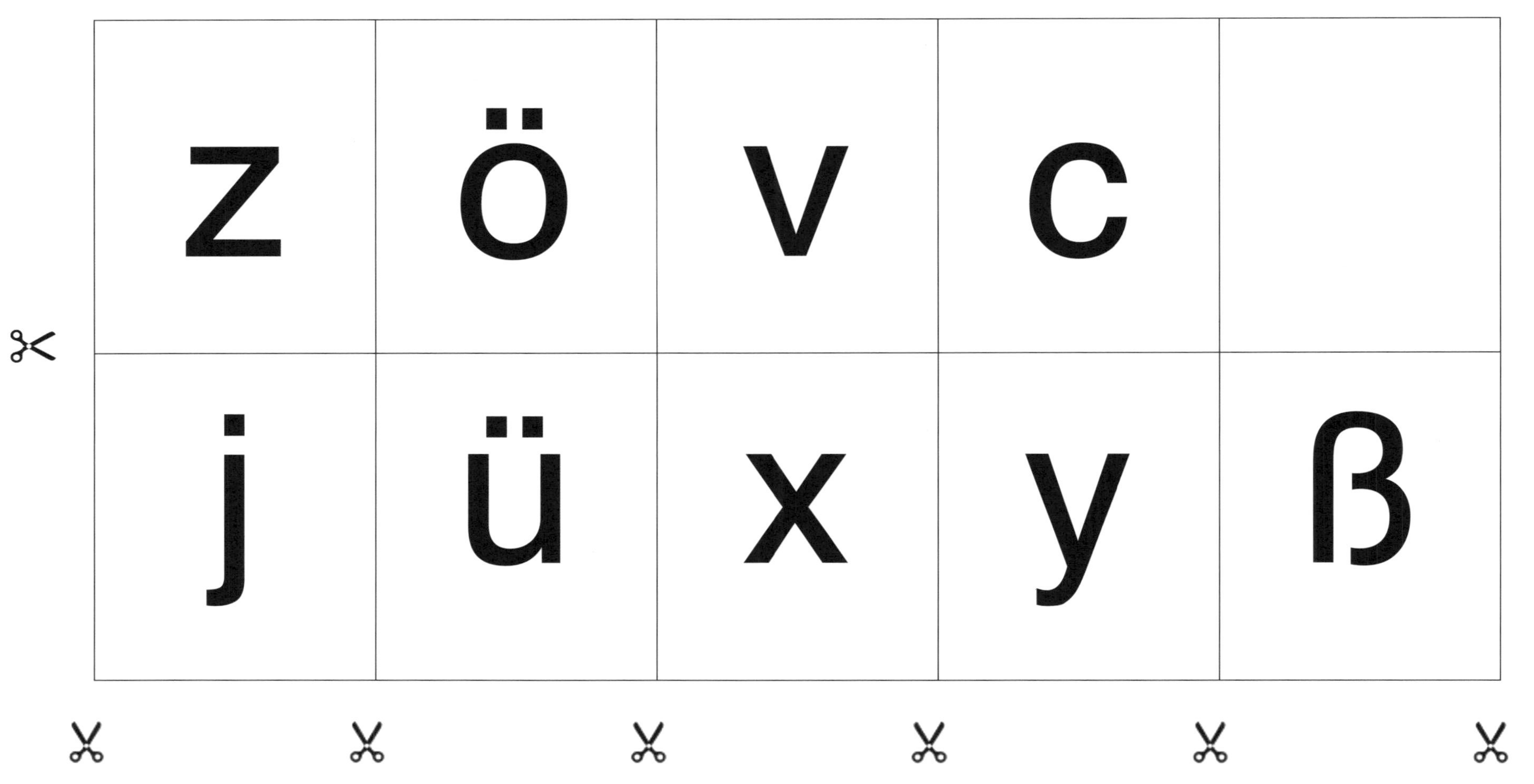

Buchstabenkärtchen zum Ausschneiden

Z	z	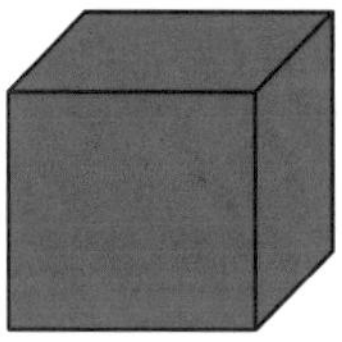	Z
Z	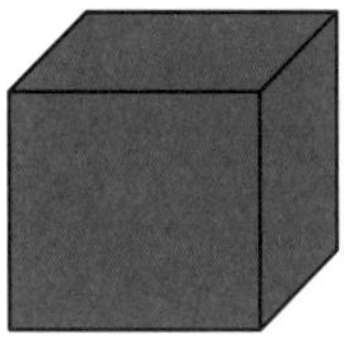	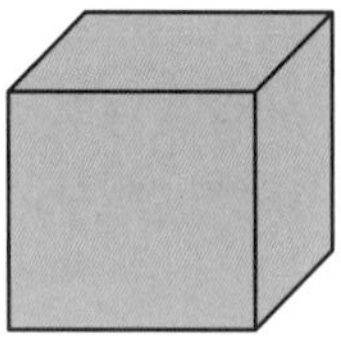	z
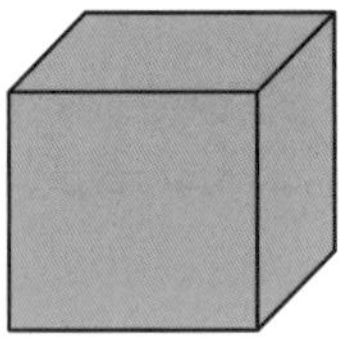	z	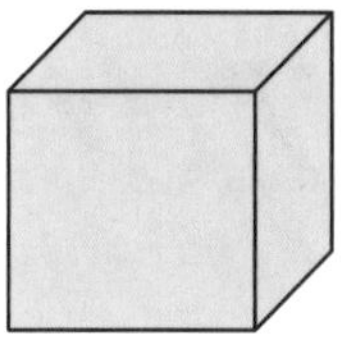	Z
z	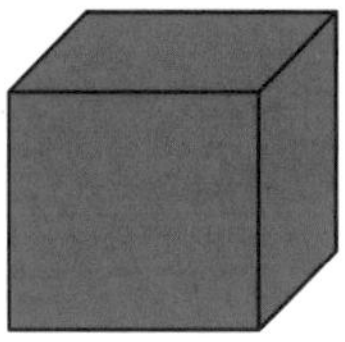	Z	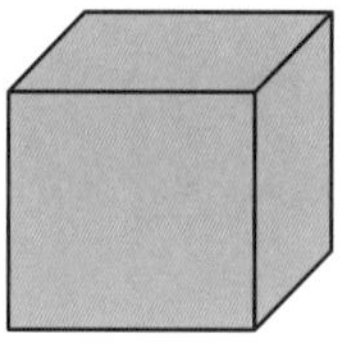
z	Z		z

zu	zum	zur	zum
zur	zu	Zoo	Zug
Zorn	Zar	Zug	Zopf
Zoo	Zar	zuerst	Zimmer
Zufall	Herz	Pelz	Holz

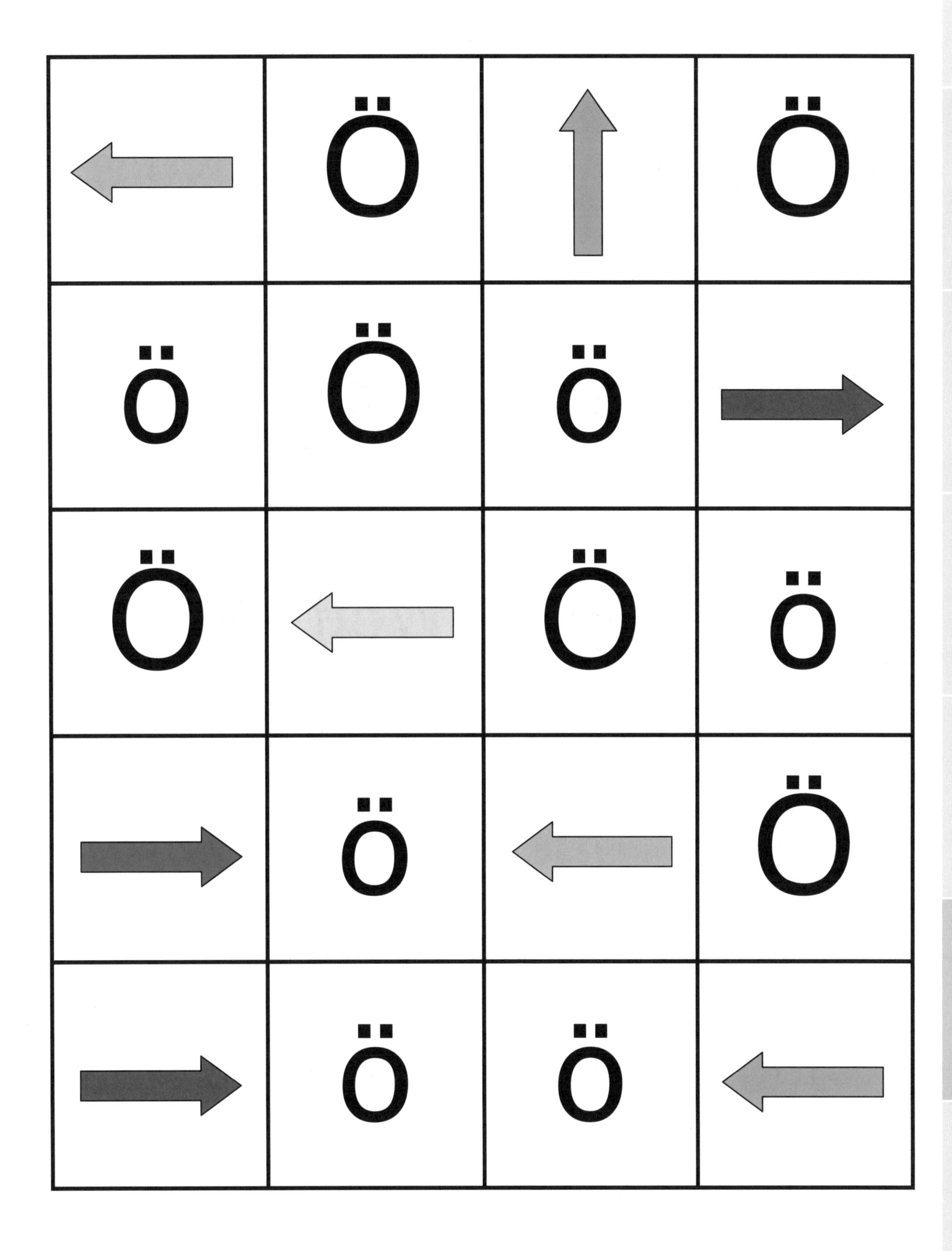
Ö
Ö
ö
Ö
ö
Ö
Ö
ö
ö
Ö
ö
ö

Flöte	Löwe	Not	Nöte
Möhre	lösen	böse	flöten
löten	hören	Wolf	Wölfe
Ton	Töne	Wort	Wörter
oft	öfter	zwölf	Folge

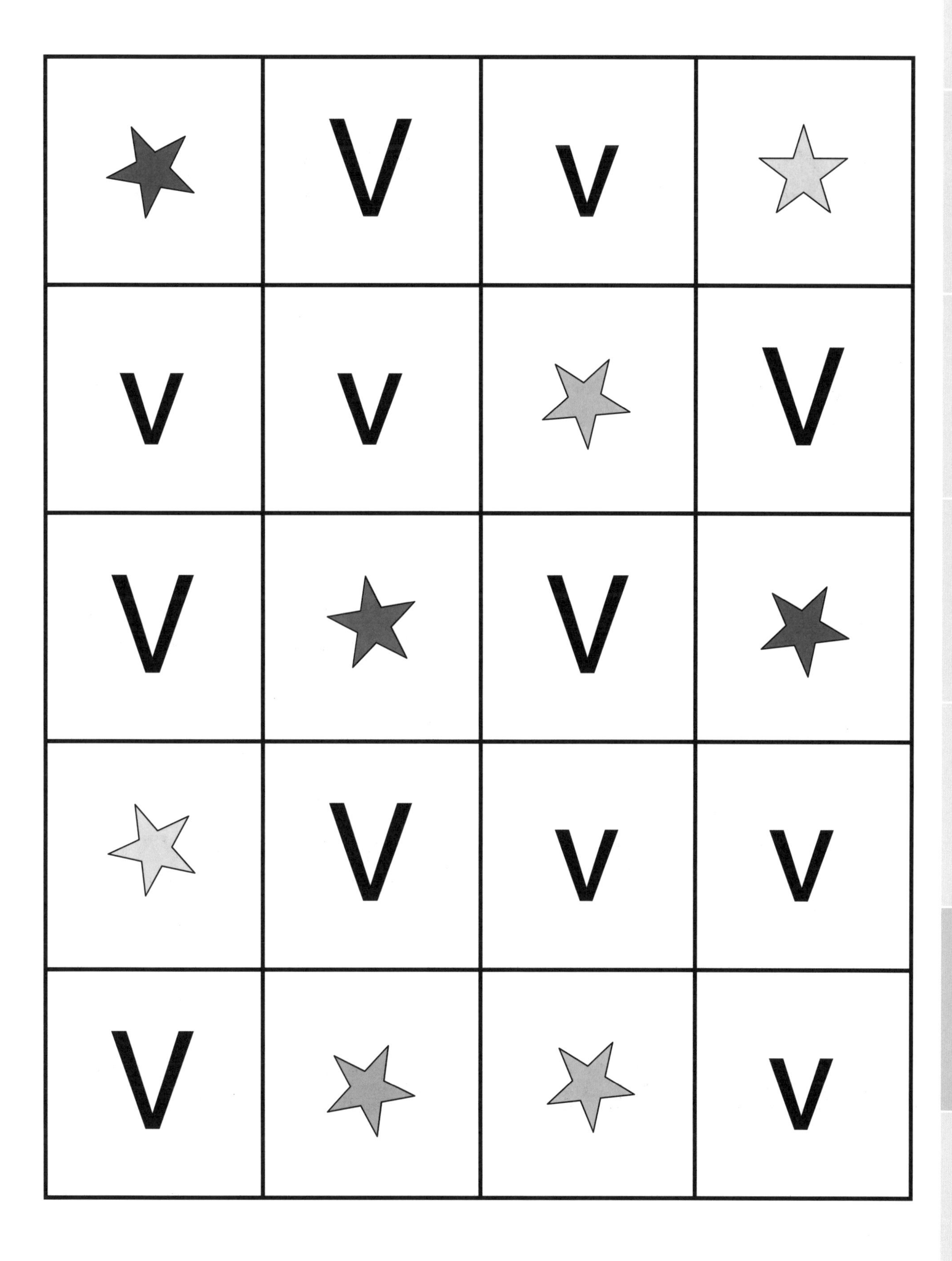
V
v
v
v
V
V
V
V
V
v
V
v

vor	vom	von	ver
vom	von	vor	ver
ver	vor	vom	von
vor	ver	vom	von
von	vom	ver	vor

davon	vom	Vater	bevor
davor	Vogel	davon	Vater
bevor	davon	Vater	davor
bevor	Vogel	von	bevor
Vogel	Vater	davon	vor

Vertrag	Verband	Verbot	verloren
Verbot	verloren	Vertrag	Verband
verloren	Vertrag	Verband	Verbot
Verband	Verbot	verloren	Vertrag
Vertrag	verloren	Verband	Verbot

C	c	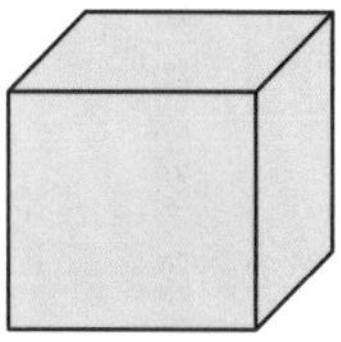	C
C	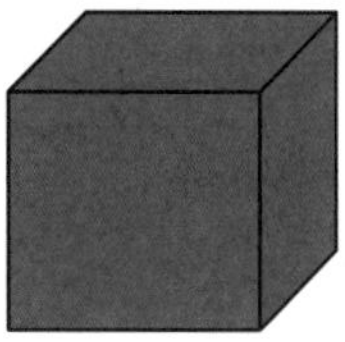	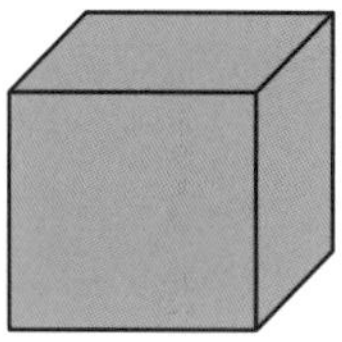	c
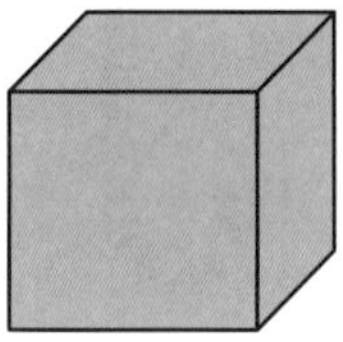	c		C
c	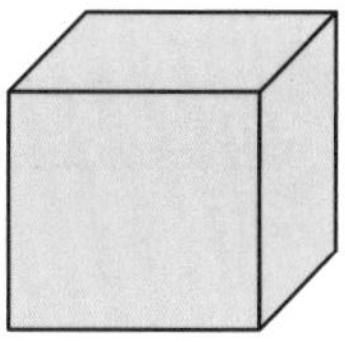	C	
c	C	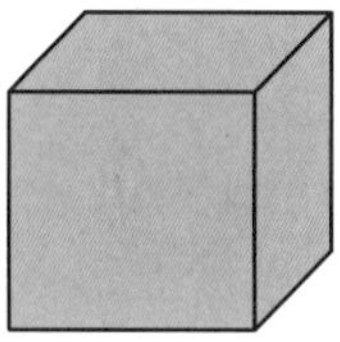	c

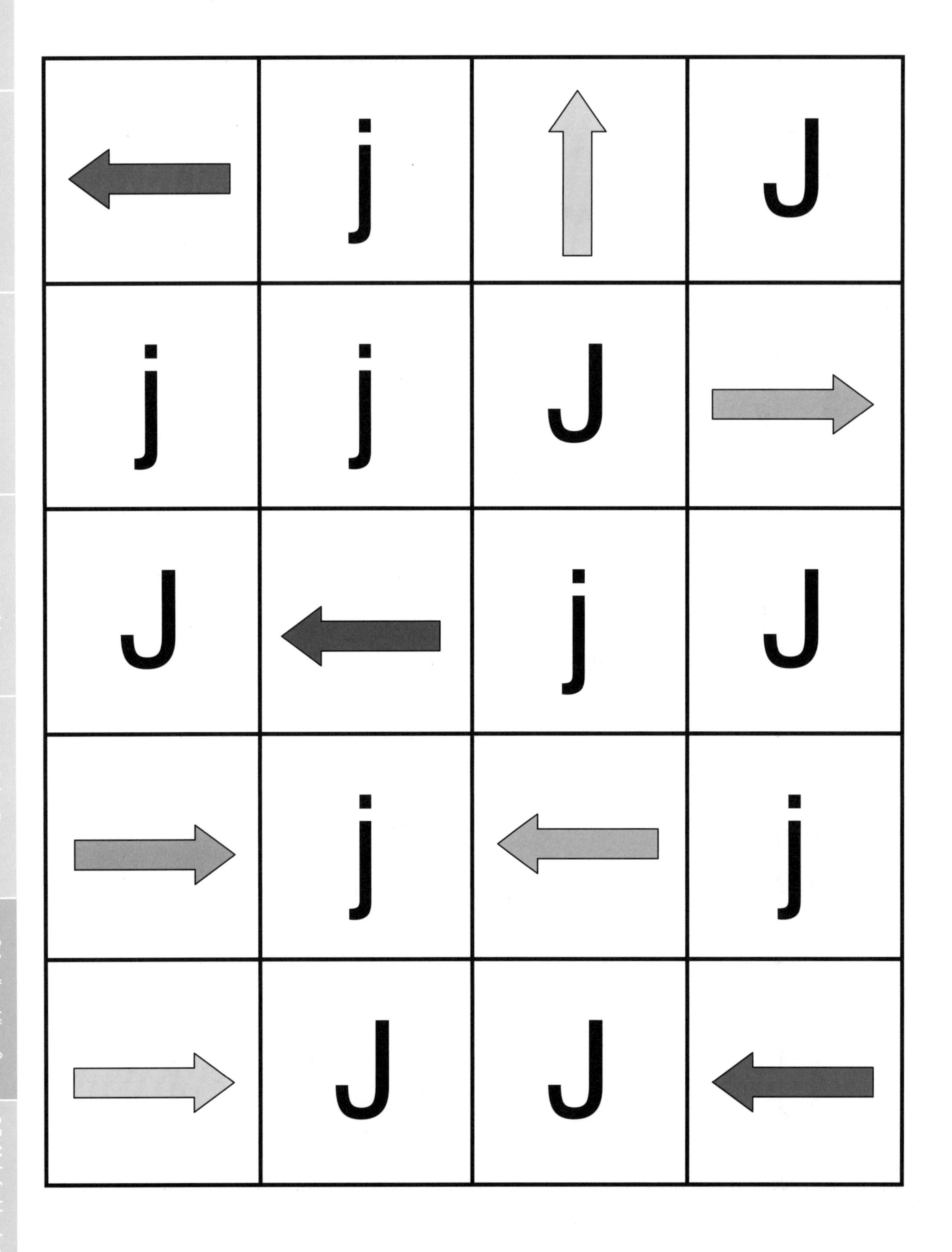
j
J
j
j
J
J
j
J
j
j
J
J

Jens	Juni	jeder	Judo
jagen	Jogurt	Juli	jubeln
jede	Januar	Jutta	Jaguar
Juni	jeder	Judo	Juli
Jogurt	Jens	jagen	jubeln

★	Ü	ü	★
ü	ü	★	Ü
Ü	★	Ü	★
★	Ü	ü	ü
Ü	★	★	ü

Süden	üben	fünf	Hülle
Hüte	Müll	wütend	Füller
fünf	müde	über	Rübe
Füller	Wüste	Hüte	üben
Müll	Hülle	wütend	Süden

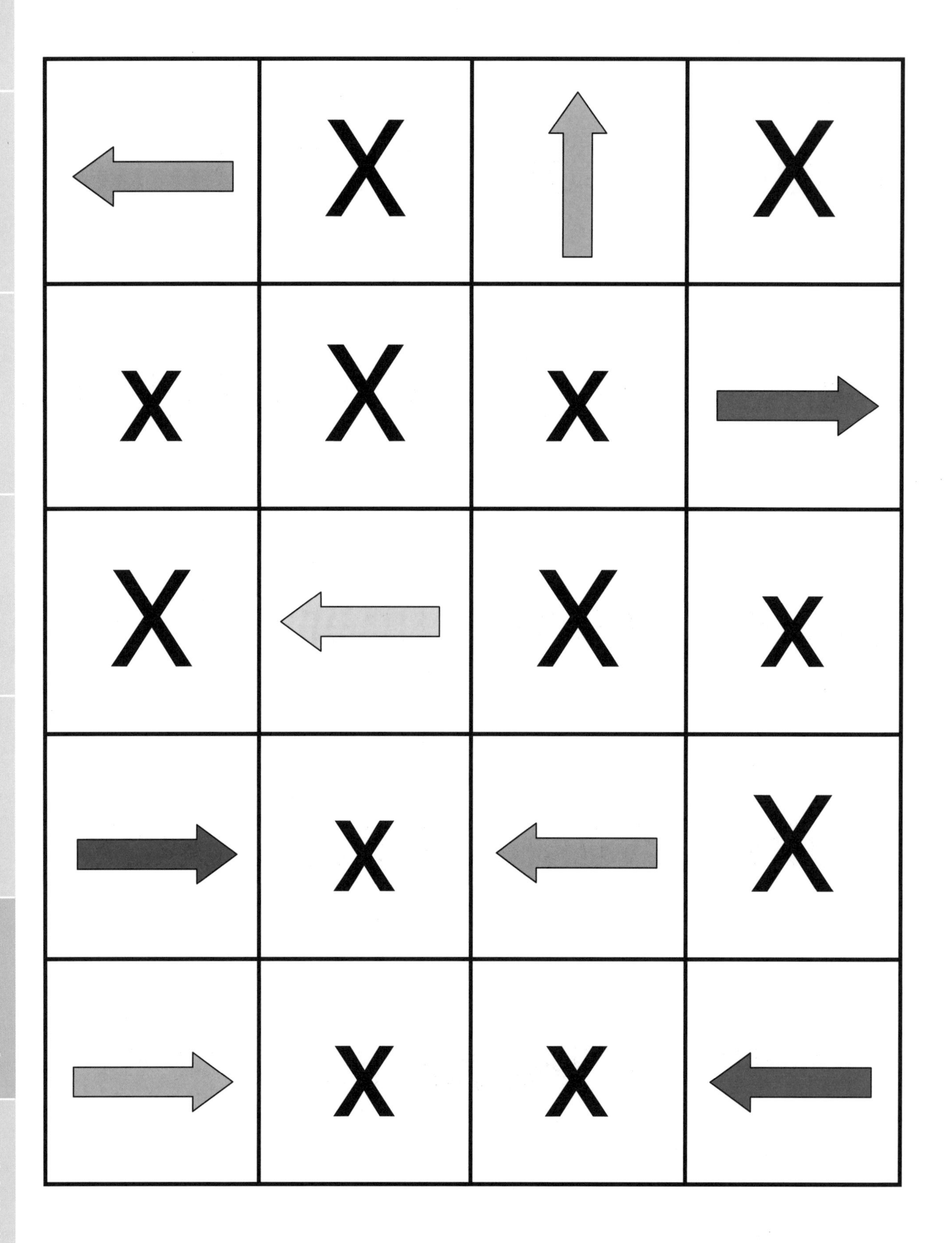
X
X
x
X
x
X
X
x
x
X
x
x

Axt	Hexe	Nixe	Xaver
Taxi	Text	Max	verflixt
Felix	boxen	verflixt	Axt
Haxe	Axel	Text	Hexe
Xaver	Taxi	Nixe	boxen

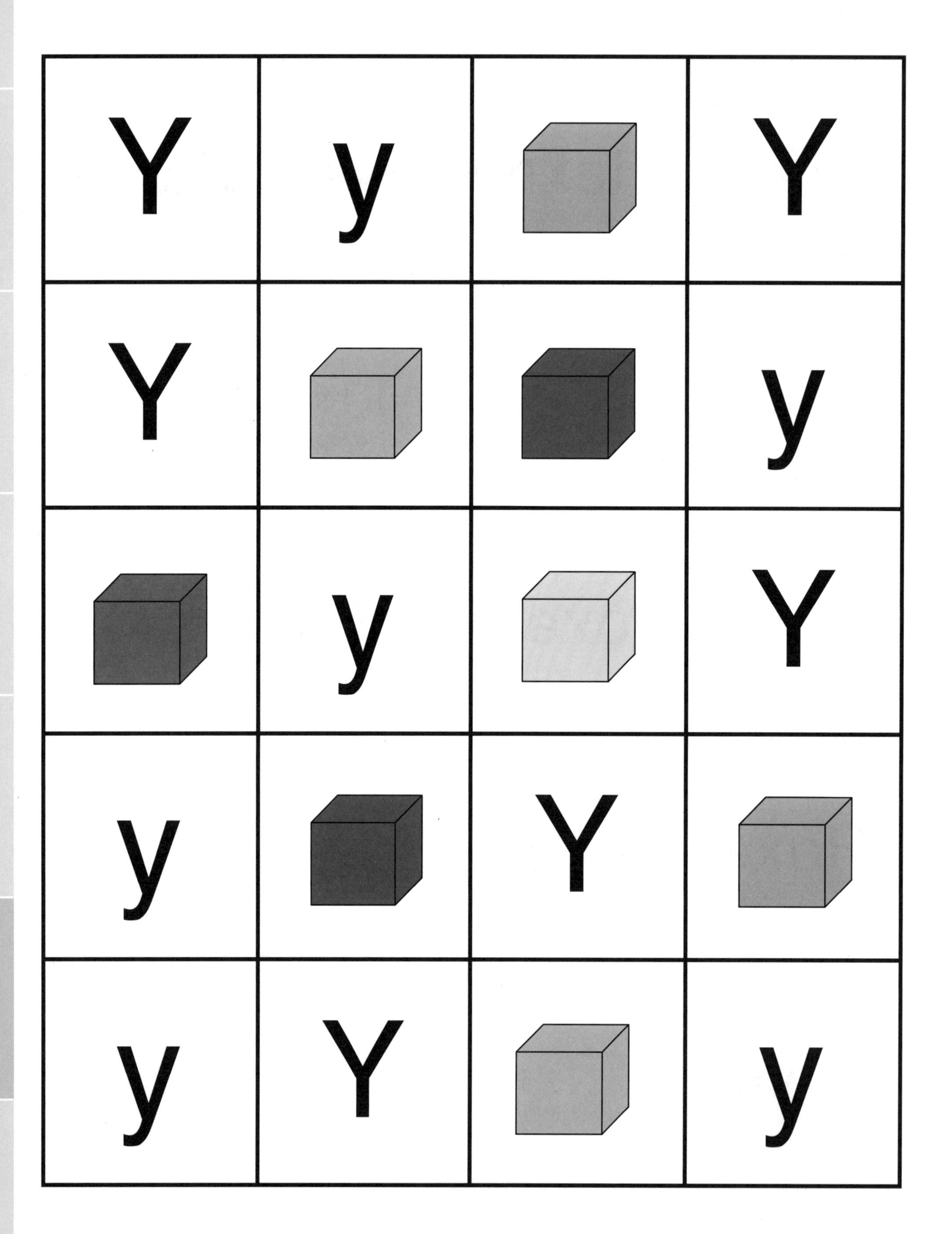
Y
y
Y
Y
y
y
Y
y
Y
y
Y
y

Hobby	Party	Pony	Memory
Baby	Hobby	Memory	Party
Party	Baby	Pony	Hobby
Memory	Pony	Hobby	Baby
Baby	Hobby	Memory	Party

	ß	ß	
ß	ß		ß
ß		ß	
	ß	ß	ß
ß			ß

Fuß	grüßen	Soße	groß
süß	groß	Füße	grüßen
Füße	Fuß	süß	Soße
süß	grüßen	Soße	groß
Soße	süß	Fuß	Füße

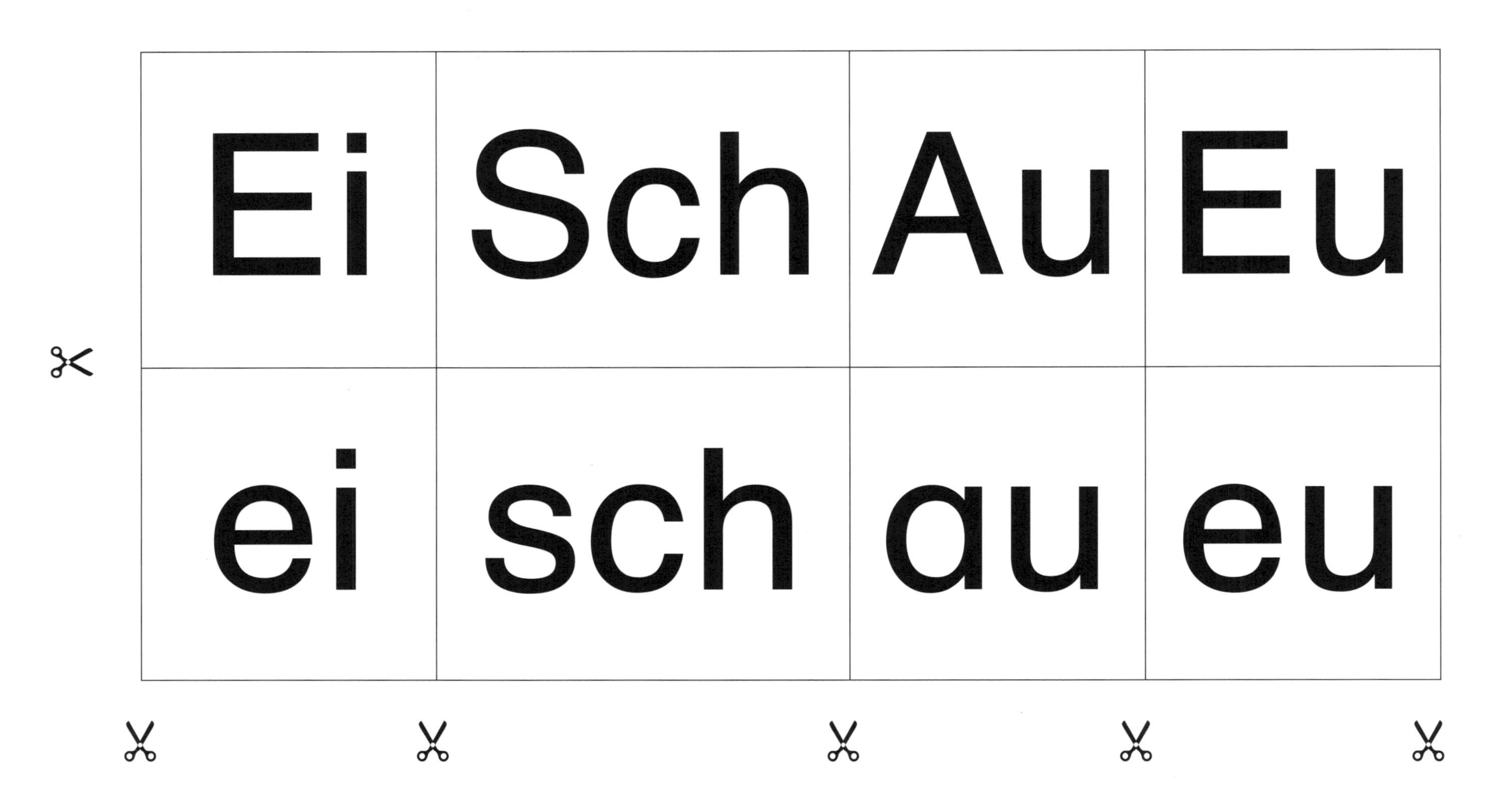

Buchstabenkärtchen zum Ausschneiden

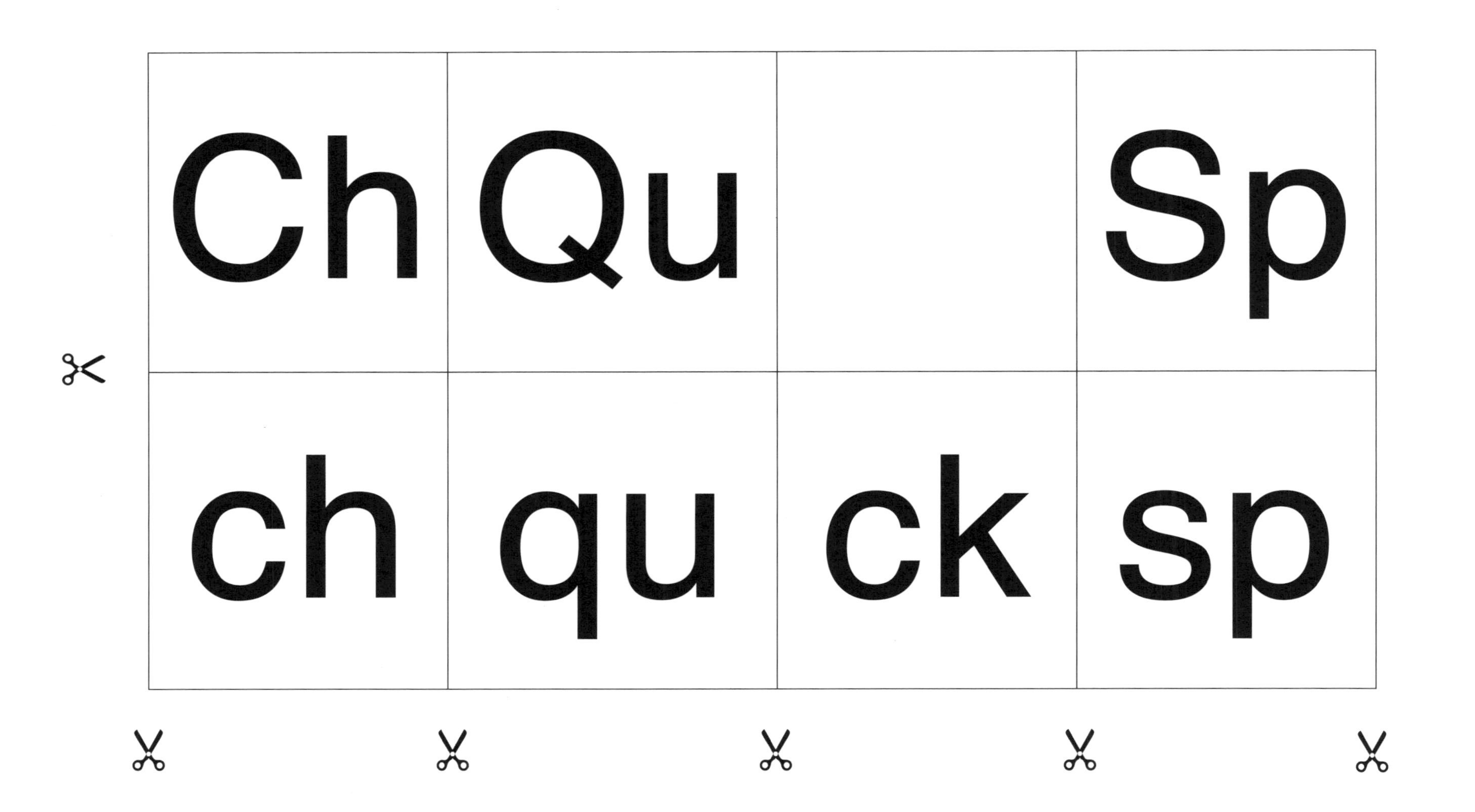

Buchstabenkärtchen zum Ausschneiden

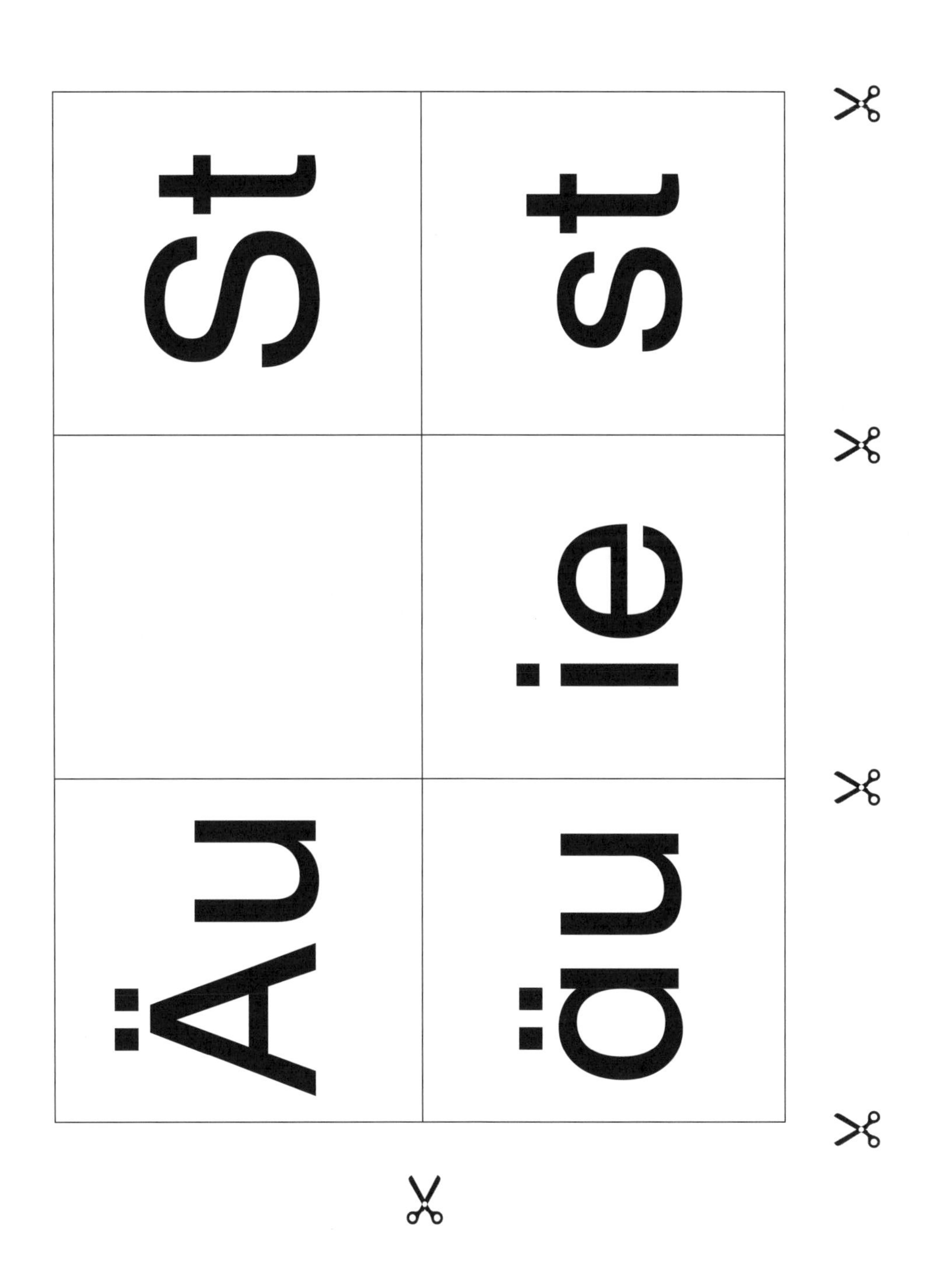

Buchstabenkärtchen zum Ausschneiden

Ei	ei		ei
	ei	ei	Ei
Ei		Ei	ei
	ei	ei	Ei
ei	Ei	ei	

Ei	Eis	Reise	leise
ein	mein	dein	sein
Bein	Wein	kein	klein
fein	Kleid	Seife	Kreis
weiß	heiß	nein	Meise

sch	☆	sch	Sch
sch	Sch	☆	Sch
Sch	sch	☆	sch
Sch	☆	sch	Sch
☆	Sch	sch	sch

Schule	Schaf	Schale	schon
schwer	scharf	Schal	Schere
schade	Schnur	schmal	schlank
Schwan	Schlaf	Asche	Schnee
schnell	schön	schräg	Schuld

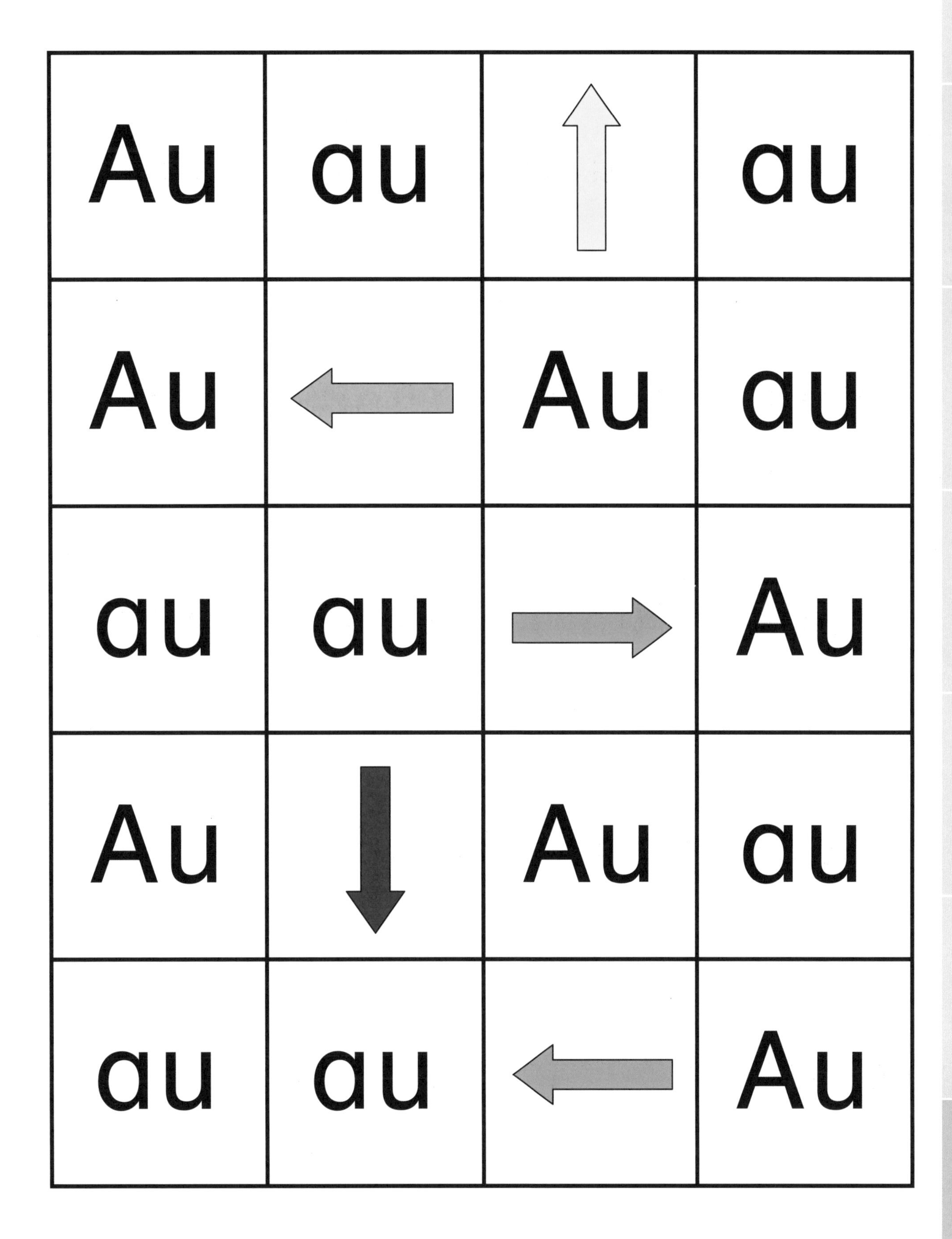
Au
au
au
Au
Au
au
au
au
Au
Au
Au
au
au
au
Au

Auto	Auge	auf	aus
Maus	Baum	Haus	raus
kaum	Raum	Laus	Haut
laut	laufen	kaufen	bauen
schlau	Frau	genau	blau

Eu	eu	↑	eu
↓	eu	eu	Eu
eu	←	Eu	Eu
Eu	eu	→	eu
↑	eu	eu	Eu

Eule	Beule	Leute	heute
neu	freuen	heulen	neun
Eule	Heu	treu	Euro
Beutel	Keule	Feuer	Zeuge
Euro	teuer	Beute	Teufel

ch		ch	Ch
Ch	ch		ch
ch		Ch	Ch
ch	Ch	ch	
	ch	Ch	Ch

ich	mich	dich	sich
acht	China	lachen	Buch
machen	Mittwoch	Licht	Woche
Sachen	leuchten	Gesicht	Loch
krachen	richtig	wichtig	rechnen

qu	Qu	↑	qu
↓	Qu	Qu	qu
qu	←	qu	Qu
Qu	Qu	→	qu
↑	qu	qu	Qu

Quadrat	quer	Qualle	Quatsch
quaken	Quartett	Quadrat	quer
Quatsch	Qualle	quaken	Quadrat
Quartett	quer	Qualle	Quadrat
Quatsch	quaken	quer	Qualle

ck	ck	ck	
ck	ck		ck
ck		ck	ck
	ck	ck	ck
ck		ck	ck

lecker	Wecker	Zecke	Bäcker
eckig	schick	Zacken	locker
Bock	dick	Socken	Hecke
Schock	Sack	Decke	Schreck
backen	Locken	Brocken	Jacke

sp	Sp	sp	
Sp	Sp		sp
sp		sp	Sp
	sp	Sp	Sp
Sp	sp		sp

spät	Spatz	Speer	Spiel
Spaß	Speck	Spezi	Spinat
spitz	Sport	spülen	Spalte
Spagat	sparen	Spange	sperren
Spinne	sprechen	springen	Spray

	äu	Äu	Äu
äu	äu		Äu
Äu	Äu	äu	
	äu	Äu	äu
äu	Äu		äu

Haus	Häuser	Laus	Läuse
Kraut	Kräuter	Baum	Bäume
Raum	Räume	Säule	läuten
Traum	Träume	Auge	Äuglein
Räuber	läuten	Maus	Mäuse

ie	ie	ie	
ie	ie		ie
ie		ie	ie
	ie	ie	ie
ie		ie	ie

die	Biene	Wiese	liegen
Riese	die	diese	Lied
spielen	dieses	lieb	die
Spiegel	Wiege	dieser	Fliege
die	gießen	diesem	wieder

ie	ei	Biene	Beine
Wiese	Weise	Riese	Reise
Fliege	Fleisch	lieb	leid
Lied	Wien	Wein	Beine
Biene	leid	Lied	lieb

St	st	St	☆
st	St	☆	st
st	☆	st	St
☆	St	St	st
st	St	☆	st

Stern	Stein	stark	stur
Stuhl	Stahl	sterben	stehlen
Stiefel	Stange	Stoff	stricken
Gestell	Stapel	Stufe	stoßen
Stimme	still	staunen	strahlen

St	Sp	↑	sp
↓	st	Sp	sp
St	←	Sp	st
sp	st	→	Sp
↑	St	sp	St

3

Lesen

Mama und Papa malen.

Oma und Opa laufen.

Lisa und Mona laufen.

Toni und Timo malen.

Olaf und Anna malen.

Lena und Nina laufen.

Lora und Tina raten.

Rita und Rosa lesen.

Cora und Lara lesen.

Lina und Tobi lesen.

Doro und Sina raten.

Fine und Gesa raten.

Liri und Papa bauen ein Haus.

Oma und Opa kaufen Salat.

Lisa und Mama kaufen Salat.

Ali und Timo bauen ein Haus.

Oma und Opa kaufen Salat.

Liri und Papa bauen ein Haus.

Anna und Toni malen eine Blume.

Tina und Sabine malen eine Blume.

Mama und Papa lesen das Buch.

Gesa und Olaf lesen das Buch.

Nino und Rita malen eine Blume.

Alex und Max lesen das Buch.

Lara und Peter lesen das Buch.

Toni und Lola malen eine Blume.

Fragen

Wo ist Papa?	Papa ist im Garten.
Wo ist Mama?	Mama ist im Auto.
Wo ist Oma?	Oma ist im Zoo.
Wo ist Lux?	Lux ist im Haus.
Wo ist Timo?	Timo ist im Kino.
Wo ist Max?	Max ist im Kino.

Was ist das?	Das ist der Ofen.
Was ist das?	Das ist der Hase.
Was ist das?	Das ist der Löwe.
Was ist das?	Das ist die Rose.
Was ist das?	Das ist die Katze.
Was ist das?	Das ist die Wolke.
Was ist das?	Das ist die Maus.

Wer ist das? Das ist der Onkel.

Wer ist das? Das ist der Bruder.

Wer ist das? Das ist der Vater.

Wer ist das? Das ist die Mutter.

Wer ist das? Das ist die Tante.

Was macht Rita? Rita malt.

Was macht Lola? Lola baut.

Was macht Leon? Leon klebt.

Was macht Nina? Nina lacht.

Was macht Nora? Nora malt.

Was macht Kevin? Kevin baut.

Was macht Alex? Alex klebt.

Was macht Timo? Timo lacht.

Was sollen wir tun?

Wir wollen malen.

Was sollen wir tun?

Wir wollen spielen.

Was sollen wir tun?

Wir wollen mit dem Ball spielen.

Was sollen wir tun?

Wir wollen im Bett schlafen.

Was sollen wir tun?

Wir wollen mit dem Auto spielen.

Was sollen wir tun?

Wir wollen lesen und schreiben.

Im Auto ist ein Kind.

Im Haus ist ein Hund.

Im Garten ist ein Hase.

Im Zoo ist ein Löwe.

Im Keller ist eine Maus.

Im Keller ist eine kleine Maus.

Im Keller ist eine ganz kleine Maus.

Im Haus ist es warm.

Im Haus ist es kalt.

Im Haus ist es sehr kalt.

Im Auto ist es schön.

Im Auto ist es sehr schön.

Im Auto ist es super.

Das Haus

Das ist mein Haus.

Das Haus ist groß.

Das Haus ist schön.

Mein Haus hat eine Tür.

Mein Haus hat eine Küche.

Mein Haus hat eine Dusche.

Mein Haus hat eine Badewanne.

Mein Haus hat ein Klo.

Mein Haus hat ein Dach.

Mein Haus hat einen Garten.

Mein Haus hat einen Keller.

In der Küche ist ein Herd.

In der Küche ist ein Tisch.

Mama kocht in der Küche.

Mama kocht Nudeln.

Mama kocht Nudeln mit Soße.

Lena spielt im Garten.

Timo spielt im Garten.

Lux spielt im Garten.

Papa baut im Keller.

Papa baut ein Regal.

Das Regal ist für mich.

Das Regal ist für meine Autos.

Das Regal ist für meine Puppen.

Rätsel

Das Tier ist klein.

Das Tier ist lieb.

Das Tier ist weich.

Das Tier ist braun.

Das Tier hat einen Schwanz.

Das Tier hat braune Augen.

Das Tier hat ein Fell.

Das Tier hat kurze Beine.

Das Tier hat lange Ohren.

Das Tier hat eine Hütte.

Das Tier hat einen Napf.

Das Tier hat einen Korb.

Das Tier hat eine Leine.

Das Tier macht wau.

Das Tier macht Haufen.

Das Tier braucht Futter.

Das Tier braucht Wasser.

Das Tier muss oft raus.

Das Tier braucht einen Menschen.

Das Tier will gestreichelt werden.

Was ist das?

Ist das eine Ameise?

Ist das eine Katze?

Ist das eine Maus?

Was ist das?

Rätsel

Es ist groß.

Es ist weich.

Es hat vier Beine.

Es hat eine Matratze.

Es braucht ein Kissen.

Es braucht eine Decke.

Oft ist ein Wecker dabei.

Ich schlafe darin.

Ich lese oft darin.

Ich träume darin.

Ich schmuse darin mit dem Teddy.

Ich bin in der Nacht dort.

Mama liest mir dort eine Geschichte vor.

Papa gibt mir dort noch einen Kuss.

Was ist das?

Rätsel

Ich mag es.

Es ist kuschelig.

Es ist ganz lieb.

Es hat ein weiches Fell.

Es hört mir immer zu.

Es ist nie böse zu mir.

Es kennt meine Geheimnisse.

Ich habe es von Oma bekommen.

Ich habe es zum Geburtstag bekommen.

Mein Bruder hat auch eins.

Meins ist braun.

Das von meinem Bruder ist gelb.

Meins brummt.

Das von meinem Bruder quietscht.

Meins ist groß.

Das von meinem Bruder ist klein.

Was ist das?

Die Party

Lina macht eine Party.

Lina macht eine große Party.

Lina hat Geburtstag.

Lina fragt Mama:

„Kommt Olaf zur Party?"

Mama sagt:

„Ja. Olaf kommt zur Party."

Lina fragt Mama:

„Kommt Dennis zur Party?".

Mama sagt:

„Ja. Dennis kommt zur Party."

Wann kommt Olaf? Olaf kommt um 4.

Wann kommt Dennis? Dennis kommt um 5.

Wer kommt noch? Lara kommt.

Wer kommt noch? Lola kommt.

Wer kommt noch? Tobias kommt.

Was essen wir? Wir essen Pizza.

Was essen wir noch? Wir essen Kuchen.

Was essen wir noch? Wir essen Eis.

Was trinken wir? Wir trinken Limonade.

Lina fragt Mama:

„Können wir auch spielen?"

Mama sagt:

„Na klar. Alle Kinder sollen spielen."

Die Kinder sagen: „Das ist toll!"

Die Kinder sagen: „Das ist super!"

Die Kinder sagen: „Das ist prima!"

Die Kinder sagen: „Das ist klasse!"

Papa

Das ist Papa.

Papa hat eine rote Hose an.

Papa hat einen blauen Pulli an.

Papa hat braune Schuhe an.

Was macht Papa?

Papa will malen.

Papa will bei Anna malen.

Papa will bei Anna im Zimmer malen.

Papa malt die Wand blau.

Papa malt die Decke weiß.

Was macht Papa?

Papa will kochen.

Papa will Nudeln kochen.

Papa will Nudeln mit Soße kochen.

Papa macht einen Salat dazu.

Was macht Papa?

Papa will Mama ein Geschenk machen.

Papa holt Holz.

Papa holt eine Säge.

Papa holt Nägel.

Papa baut ein Regal für Mama.

Was macht Papa?

Papa will lesen.

Papa will ein Buch lesen.

Papa will ein Buch über Vögel lesen.

Papa findet Vögel toll.

Was macht Papa?

Papa ist müde.

Papa liegt auf dem Sofa.

Papa ist sehr müde.

Papa schläft.

In der Nacht

In der Nacht ist es dunkel.
In der Nacht sehen alle Sachen komisch aus.

Das Auto ist am Tag rot.
In der Nacht ist das Auto schwarz.

Der Baum ist am Tag grün und braun.
In der Nacht ist der Baum schwarz.

Der Hund ist am Tag braun.
In der Nacht ist der Hund schwarz.

Der Schlüssel für das Auto ist am Tag silbern.
In der Nacht ist der Schlüssel schwarz.

In der Nacht finde ich gar nichts.

Wo ist das Auto?

Das Auto steht neben dem Baum.

Wo ist der Baum?

Der Baum steht vor dem Haus.

Wo ist der Hund?

Der Hund ist an der Leine.

So ein Glück.

Wo ist der Schlüssel für das Auto?

Der Schlüssel ist nicht in der Tasche.

Der Schlüssel ist nicht in der Jacke.

Der Schlüssel ist nicht in der Hose.

Der Schlüssel ist nicht auf dem

Tisch.

Wo ist der Schlüssel?

Der Schlüssel ist am Schlüsselbrett.

Im Kino

Ich gehe gerne ins Kino. Wenn ein neuer Film läuft, sehe ich mir den Film sofort im Kino an. Das ist toll. Ich treffe mich mit meinem Freund und dann geht es los. Wir fahren mit der U-Bahn in die Stadt.

Wir kaufen uns im Kino an der Kasse die Karten für den Film. Wir kaufen uns Popcorn. Wir kaufen uns Cola. Dann warten wir, bis die Tür aufgeht. Alle Leute stehen in der Schlange. Fast alle Leute haben Popcorn und Cola. Dann geht die Tür auf. Alle Leute schieben sich durch die Tür.

Das Popcorn fällt runter. Die Cola läuft auf meinen Pulli. Au weia. Im Kino suchen wir uns einen schönen Platz. Dann wird es dunkel und der Film geht los. Wir essen Popcorn und trinken Cola. In der Pause kaufen wir uns noch ein Eis.

Der Film ist spannend. Im Film geht es um einen kleinen Hund. Der Hund hat sich verlaufen. Der Hund ist ganz alleine. Aber am Schluss findet die Hundemutter ihren kleinen Hund und bringt ihn wieder nach Hause.
Alles geht gut aus.

Im Garten

Ich mag meinen Garten. Mein Garten ist ganz klein. In meinem Garten gibt es eine kleine Wiese. In meinem Garten gibt es ein kleines Beet. In meinem Garten gibt es einen Apfelbaum. In meinem Garten gibt es eine Gartenbank. Ich sitze gerne auf der Gartenbank.

Auf der Gartenbank kann ich lesen. Auf der Gartenbank kann ich träumen. Auf der Gartenbank kann ich telefonieren. Wenn ich auf der Gartenbank sitze, kommt oft mein Kater zu mir.

Er setzt sich neben mich und lässt sich kraulen. Mein Kater ist groß. Mein Kater ist dick. Sein Fell ist schwarz. Seine Augen sind grün. Mein Kater ist schon alt. Er schmust gerne.

Mein Kater mag meinen Garten. Im Garten kann er schlafen. Er schläft auf der Gartenbank. Er schläft unter dem Apfelbaum. Er schläft im Beet und er schläft auf der Wiese. Mein Kater ist eine richtige Schlafmütze. Nur wenn es regnet, kommt mein Kater schnell ins Haus. Dann ist sein Fell ganz nass.

In der Stadt

Heute fahre ich mit der U-Bahn in die Stadt. Ich fahre nicht alleine in die Stadt. Meine Mutter fährt mit in die Stadt. Mein Vater fährt mit in die Stadt. Mein Bruder fährt mit in die Stadt und meine kleine Schwester fährt auch mit in die Stadt.

Wir wollen einkaufen. Meine Mutter will ein Kleid einkaufen. Mein Vater will eine Hose einkaufen. Mein Bruder will ein T-Shirt einkaufen und meine kleine Schwester will einen Teddy einkaufen.

Ich weiß noch nicht, was ich
einkaufen will.
Kaufe ich eine Hose?
Kaufe ich eine Jacke?
Kaufe ich ein T-Shirt?
Kaufe ich einen Mantel?
Oder kaufe ich ein Spielzeug?

Ich weiß noch nicht, was ich kaufe.
Auf jeden Fall kaufe ich für meinen
Freund Alex eine Überraschung.
Vielleicht einen Teddy? Mal sehen.

Wenn wir alles eingekauft haben,
kaufen wir in der Stadt noch ein Eis.

In der Schule

Ich gehe gerne in die Schule. Am Sonntag freue ich mich schon auf die Schule. Ich packe meinen Ranzen. Ich brauche mein Buch. Ich brauche meine Mappen. Ich brauche meine Hefte. Ich brauche meine Federtasche. Alles ist da.

Am Montag stehe ich auf und freue mich schon auf meine Klasse. Ich brauche noch ein Pausenbrot. Ich brauche noch etwas zu trinken. Dann gehe ich los.

Auf dem Weg treffe ich meinen
Freund Tilo. Tilo wartet auf den Bus.
Ich treffe auch meinen Freund Omar.
Omar wartet auf den Bus.
Ich treffe auch meine Freundin Lena.
Lena wartet auf den Bus.
Ich gehe zu den Kindern und wir
warten zusammen auf den Bus.

Wir steigen in den Bus und fahren
zusammen zur Schule. Gleich sind
wir da.

Auf dem Schulhof sind die anderen
Kinder.

Olaf hat sein Fahrrad dabei.

Peter hat auch sein Fahrrad dabei.

Tina hat ihre Puppe dabei.

Sabine hat auch ihre Puppe dabei.

Martin hat sein Jo-Jo dabei.

Alex hat auch sein Jo-Jo dabei.

Wir spielen bis die Lehrerin kommt

und dann gehen wir in die Klasse.

Ich gebe meine Mappen ab.

Ich ziehe meine Schuhe aus.

Ich ziehe meine Hausschuhe an.

Ich setze mich auf meinen Platz.

Dann geht es los.

Ich gehe gerne in die Schule.

Am Morgen

Am Morgen höre ich schon früh den Wecker. Der Wecker klingelt schon um sieben Uhr. Um sieben Uhr bin ich noch müde. Na gut. Ich stehe um sieben Uhr auf. Dann gehe ich ins Bad.

Im Bad ziehe ich mich aus. Im Bad dusche ich. Im Bad trockne ich meine Haare. Im Bad ziehe ich mich an.

Dann gehe ich in die Küche. In der Küche trinke ich Kakao. In der Küche esse ich ein Brot mit Marmelade. In der Küche rede ich mit Mama. In der Küche rede ich mit Papa.

Dann gehe ich wieder ins Bad. Im Bad putze ich meine Zähne. Das ist wichtig.

Dann packen wir unsere Sachen. Papa braucht seine Tasche für die Arbeit. Mama braucht ihre Tasche für die Arbeit. Ich brauche meinen Ranzen für die Schule.

Schnell noch die Jacke für Papa, den Mantel für Mama und die dicke Jacke für mich.
Dann gehen wir zusammen los. Papa und Mama gehen zur Arbeit. Ich gehe zur Schule.

Karoline träumt

Karoline liegt am Nachmittag in ihrem Bett. Karoline schläft gerne ein wenig am Nachmittag. Karoline hat am Nachmittag immer so schöne Träume. Heute träumt Karoline von einem Besuch im Schwimmbad.

Sie stellt sich vor, dass die Sonne scheint. Karolines Freundin Sabine ruft an und fragt Karoline, ob sie mit ins Schwimmbad kommt. Karoline freut sich. Sie packt alle Sachen in eine große Tasche.
Sie nimmt ihren Bikini und ein großes Handtuch mit. Sie nimmt auch

Bonbons und Schokolade mit. Im Schwimmbad suchen sich die Mädchen einen schönen Platz auf der Wiese. Sie legen das Handtuch auf die Wiese. Sie ziehen sich die Bikinis an. Dann gehen die beiden Mädchen ins Wasser.

Leider hat Karoline nicht daran gedacht, dass die Schokolade in der Sonne schmelzen wird. Als die Mädchen aus dem Wasser kommen, ist das Handtuch voll mit geschmolzener Schokolade. Karoline bekommt einen Schreck. Was wird Mama dazu sagen?

Davon wird Karoline wach. Sie schaut sich in ihrem Zimmer um. Wo ist die Tasche mit den Badesachen? Wo ist das schmutzige Handtuch? Wo ist ihr Bikini? Jetzt erst merkt Karoline, dass sie alles nur geträumt hat.

Auf einmal klingelt das Telefon. Karolines Freundin Sabine ruft an. Sabine fragt Karoline, ob sie mit ins Schwimmbad kommt. Da muss Karoline laut lachen. Sie erzählt Sabine von ihrem Traum. Beide Mädchen lachen, bis ihnen die Tränen kommen.

Mama spricht mit Leon

Mama sagt: „Es ist kalt. Zieh deine lange Hose an!"

Leon sagt: „Die Sonne scheint doch. Es ist nicht kalt. Ich will die kurze Hose anziehen."

Mama sagt: „Du ziehst die lange Hose an!"

Leon sagt: „Na gut. Aber ich ziehe keine Jacke an."

Mama sagt: „Doch, du ziehst eine Jacke an. Es ist kalt!"

Leon sagt: „Na gut. Aber ich setze keine Mütze auf."

Mama sagt: „Doch, du setzt eine Mütze auf. Es ist kalt!"

Leon sagt: „Na gut. Aber ich ziehe keine Handschuhe an."

Mama sagt: „Doch, du ziehst Handschuhe an. Es ist kalt!"

Leon sagt: „Na gut. Aber ich binde keinen Schal um."

Mama sagt: „Doch, du bindest einen Schal um. Es ist kalt!"

Leon sagt: „Na gut. Ich ziehe mich an und dann hole ich den Schlitten und gehe in den Schnee."

Mama sagt: „Super Leon! Viel Spaß beim Schlitten fahren."

Leon ruft: „Tschüs Mama!"

Mama ruft: „Tschüs Leon!"

Oma spricht mit Anna

Oma fragt: „Anna, was wünschst du dir zum Geburtstag?"

Anna sagt: „Oma, ich wünsche mir eine Puppe zum Geburtstag."

Oma fragt: „Anna, soll die Puppe klein oder groß sein?"

Anna sagt: „Oma, ich wünsche mir eine große Puppe."

Oma fragt: „ Anna, soll die Puppe kurze oder lange Haare haben?"

Anna sagt: „Oma, ich wünsche mir eine Puppe mit langen Haaren."

3.1 Sätze lesen

Oma fragt: „Anna, welche Farbe sollen die Haare haben?"

Anna sagt: „Oma, die Puppe soll rote Haare haben."

Oma fragt: „Anna, soll die Puppe eine Hose oder ein Kleid anhaben?"

Anna sagt: „Oma, die Puppe soll eine Hose und einen Pulli anhaben."

Oma fragt: „Anna, soll die Puppe sprechen können?"

Anna sagt: „Oma, nein, die Puppe soll nicht sprechen können."

Oma sagt: „Danke Anna. Jetzt weiß ich, was du dir wünschst."

3.2 Texte lesen

Papa spricht mit Mama

Papa fragt: „Sag mal, wo willst du im Urlaub hin?"
Mama überlegt lange hin und her.
Mama antwortet: „Ich möchte gerne ans Meer. Das Meer ist schön."

Papa fragt: „Was willst du am Meer machen?"
Mama antwortet: „Ich will im Meer schwimmen."

Papa fragt: „Was noch?"
Mama antwortet: „Ich will am Strand liegen und lesen."

Papa fragt: „Was noch?"

Mama antwortet: „Ich will am Strand Eis essen."

Papa fragt: „Was noch?"

Mama antwortet: „Ich will mit den Kindern eine Burg aus Sand bauen."

Papa sagt: „Au ja, das ist eine tolle Idee! Wir werden viel Spaß am Meer haben. Die Kinder werden sich freuen, wenn wir ans Meer fahren."

Mama antwortet: „Vielleicht wollen ja auch Oma und Opa mit ans Meer fahren."

Florian spricht mit Oma

Florian kommt nach Hause. Florian hat es sehr eilig. Er will zu Oma. Er will Oma etwas erzählen.

Florian ruft: „Oma, Oma, es ist etwas passiert!"
Oma sagt: „Erzähle, Florian, was ist passiert?"

Florian beginnt: „Als ich heute zur Schule gegangen bin, ist etwas passiert."
Oma fragt: „Was ist denn passiert, Florian?"

Florian sagt: „An der Straße ist ein Unfall passiert."

Oma fragt: „Erzähle genau, Florian. Was ist passiert?"

Florian sagt: „Ich war am Zebrastreifen. Olaf und Ronja waren auch am Zebrastreifen. Olaf, Ronja und ich haben gewartet, bis ein Auto anhält. Da ist es passiert."

Oma ruft: „Ja, Florian, was ist denn nun passiert?"

Florian erzählt: „Selim kam von hinten mit dem Roller gefahren. Wir haben am Zebrastreifen gewartet und dann ist es passiert."

Oma ruft: „Jetzt sag schon, Florian. Was ist genau passiert?"

Florian sagt: „Selim konnte nicht mehr bremsen und ist genau in Ronjas Beine gefahren. Ronja hat geweint. Ronja hat sich an den Beinen verletzt. Und Selim ist einfach weitergefahren. Wie findest du das?"

Oma sagt: „Gut, dass nicht mehr passiert ist. Wie geht es Ronja?"
Florian sagt: „Ronjas Mama hat Ronja aus der Schule abgeholt. Ich weiß nicht, ob sie zum Arzt musste."

Oma sagt: „Wir rufen bei Ronja an und fragen sie, wie es ihr geht."

Frau Müller spricht mit Frau Reiter

Frau Müller trifft im Supermarkt Frau Reiter an der Kasse.

„Hallo, Frau Reiter", ruft Frau Müller, „schön, dass wir uns treffen!"

„Wir haben uns lange nicht gesehen", sagt Frau Reiter.

„Wie geht es Ihnen?", fragt Frau Müller.

„Ach, es geht so. Ich habe leider einen kleinen Schnupfen. Und wie geht es Ihnen?", fragt Frau Reiter.

Frau Müller erzählt: „Also, wissen Sie, ich habe mich heute schon so geärgert. Ich will heute Tomatensuppe kochen und es gibt keine schönen Tomaten.

Ich war schon beim Kaufmann. Der hat keine schönen Tomaten. Ich war schon im Einkaufszentrum. Aber da sind keine schönen Tomaten. Jetzt bin ich hier im Supermarkt. Auch hier gibt es keine schönen Tomaten."

Frau Reiter sagt: „Dann nehmen Sie doch Tomaten in der Dose. Die sind immer schön."

Cora und Kevin streiten sich

Cora spielt auf dem Spielplatz mit ihrer Puppe. Die Puppe heißt Jasmin. Cora will Jasmin gerade neu anziehen. Jasmin soll schön aussehen. Cora hat sich überlegt, dass Jasmin ein rosa Kleid anhaben soll und dazu rosa Sandalen. Cora will Jasmin eine rosa Schleife ins Haar binden.

Da kommt Kevin auf den Spielplatz. Kevin hat seinen Roller dabei und will Tricks üben. Er hat sich überlegt, dass er mit dem Roller in die Sandkiste springen kann.

Er will Anlauf nehmen. Er will genau an der Kante der Sandkiste abspringen und im Sand landen. Kevin denkt, dass er es bestimmt hinkriegt.

Am Rand der Sandkiste sitzt aber Cora mit ihrer Puppe Jasmin.
Kevin nimmt Anlauf. Kevin springt ab. Kevin landet im Sand und der ganze Sand spritzt auf Coras Puppe.

Cora ist sauer. Cora schreit: „Was soll das? Kannst du nicht irgendwo anders Roller fahren? Du machst meine Puppe ganz schmutzig!"

Kevin sagt: „Nein, kann ich nicht. Ich will einen tollen Trick üben. Stell dich nicht so an!"

Cora meint: „Guck mal, was du gemacht hast. Meine Jasmin sollte so toll aussehen mit dem rosa Kleid und den rosa Sandalen und der Schleife im Haar. Jetzt ist alles schmutzig!"

Kevin antwortet: „Ist doch nur Sand. Du kannst den Sand doch abschütteln. Stell dich nicht so an!"

Cora kann nicht mehr ruhig bleiben. Sie schreit Kevin an: „Du blöder Kevin. Du hast alles kaputt gemacht."
Cora weint.

Kevin wird klar, dass er sich nicht gut verhalten hat. Er denkt nach. Kevin geht zu Cora und setzt sich neben sie.

Er sagt: „Ich hab doch nicht mit Absicht deine Puppe schmutzig gemacht. Ich hab nur gar nicht darüber nachgedacht, was passiert, wenn ich mit dem Roller in den Sand springe."

Cora hört auf zu weinen und guckt Kevin an. Sie sagt: „Stimmt, du hast gar nicht nachgedacht. Und jetzt?"

Kevin macht einen Vorschlag: „Wenn wir jetzt schnell zu mir nach Hause gehen, können wir die Sachen waschen und in der Sonne trocknen.

Das geht bestimmt schnell. Und solange die Sachen trocknen, lade ich dich zu einem Eistee ein. Ist das o.k.?"

Cora freut sich. Sie sagt: „Das ist eine gute Idee. Und Durst habe ich auch. Lass uns zu dir nach Hause gehen und die Sachen waschen. Wenn die Puppe sauber ist, kann ich ja meinen Roller holen und wir üben beide deinen Trick."

Jetzt freut sich auch Kevin. Er sagt: „Genau so machen wir es. Erst kümmern wir uns um die Puppe. Und dann kümmern wir uns um den Rollertrick."

Die Hexe Üpsy klaut das J

Es ist ein ganz normaler Schultag. Es ist ein Montag. Die Kinder kommen in die Schule und erzählen vom Wochenende. Viele Kinder haben ein Jo-Jo. Alle spielen gerne Jo-Jo. Alle wollen davon erzählen, wo sie Jo-Jo gespielt haben.

Alex fängt an: „Am Sonntag war ich mit meinem Jo-o im Kino."
Die Kinder lachen: „Kannst du nicht mehr Jo-Jo sagen, Alex?"

Alex versucht es noch einmal: „Am Sonntag war ich mit meinem –o-Jo im Kino."

Die Kinder lachen wieder: „Was ist los? Kannst du nicht mehr Jo-Jo sagen?"

Alex findet es gar nicht lustig, dass die Kinder lachen. Er findet es auch nicht lustig, dass er nicht mehr richtig Jo-Jo sagen kann.

Da hören die Kinder ein Kichern. Hinter der Tafel sitzt die Hexe Üpsy und hat Buchstaben in der Hand. In der einen Hand das große J und in der anderen Hand das kleine j.

Die Hexe Üpsy fordert die Kinder auf: „Versucht doch mal ein Wort mit J oder j zu sagen. Wer traut sich?"

Alle rufen: „Ich kann das!"

Jansen • Streit • Fuchs Lesen und Rechtschreiben lernen nach dem IntraActPlus-Konzept

Celina fängt an: „Ich sag mal –acke!"

Die Hexe meint: „Du willst sagen: Jacke."

Marvin probiert es: „Ich sag mal –unge!"

Die Hexe sagt: „Du willst sagen: Junge."

Janina will auch: „Ich sag mal –aguar!"

Die Kinder rufen: „Das heißt Jaguar!"

Jetzt haben alle Spaß an dem Spiel. Die Kinder denken sich Wörter mit dem großen J und dem kleinen j aus und lassen dann beim Sprechen eine Lücke.

Die Hexe Üpsy findet, dass sie eine tolle Lehrerin ist. Sie denkt sich sofort ein neues Spiel aus. Jetzt klaut sie das große Y und das kleine y.

Ricardo und Felix machen Quatsch

Ricardo hat Langeweile. Er ruft Felix an: „Felix, mir ist langweilig. Hast du vielleicht eine Idee?"
Felix antwortet: „Was, du brauchst einen Kaffee?"

Ricardo lacht: „Du Quatschkopf."

Da sagt Felix: „Ach, du brauchst einen Nachttopf. Ich dachte immer, dass es bei euch zu Hause eine Toilette gibt."

Darauf Ricardo: „Das ist ein tolles Spiel, Felix. Komm schnell vorbei. Wir machen noch ein bisschen Quatsch."

In der Pause

Die Kinder spielen in der Pause auf dem

Schulhof.

Olaf und Sabine spielen Gummitwist.

Viele Kinder spielen Fußball.

Frau Schulze schaut ihnen zu.

Frau Schulze ist die Lehrerin.

Auf dem Spielplatz streiten sich zwei Mädchen.

Die Puppe von Jasmin ist schmutzig.

Jasmin schimpft mit Lorena.

Schnell geht Frau Schulze zu den Mädchen.

Sie redet mit den beiden Kindern.

Bald vertragen sich die Kinder wieder.

Es klingelt und die Pause ist zu Ende.

Vorbereitung auf morgen

Felix ist mit den Hausaufgaben fertig.

Er packt den Ranzen für den nächsten Tag.

Er holt alle Sachen aus dem Ranzen.

Zuerst findet er seine leere Brotdose.

Er bringt die Brotdose in die Küche.

Dann findet Felix sein Mäppchen.

Im Mäppchen fehlen ein Bleistift und ein grüner

Stift.

Felix sucht ganz unten in seinem Ranzen.

Da findet er alle Sachen.

Morgen braucht er seinen Malkasten.

Der Malkasten steht noch auf seinem

Schreibtisch.

Felix packt den Malkasten ein.

Auf dem Spielplatz

Am Nachmittag trifft sich Kevin mit Cora.

Die Kinder wollen zum Spielplatz gehen.

Kevin will schaukeln.

Aber Cora hat dazu keine Lust.

Sie will lieber im Sand spielen.

Die Kinder unterhalten sich lange.

Dann treffen sie eine Entscheidung.

Zuerst gehen sie zur Schaukel.

Kevin schaukelt und Cora schiebt ihn an.

Danach gehen sie zusammen zur Sandkiste und

bauen eine große Sandburg.

Plötzlich schaut Cora auf ihre Uhr.

Die Kinder haben gar nicht auf die Zeit geachtet.

Sie laufen schnell nach Hause.

Der Kuchen

Oma will heute einen Kuchen backen.

Sie hat auf dem Markt frische Erdbeeren gekauft.

Die Erdbeeren sollen auf den Kuchen.

Zuerst macht Oma aus Mehl, Eiern, Zucker und

Butter einen Kuchenteig.

Sie backt den Kuchenboden im Backofen.

Auf den Kuchenboden kommen dann die

durchgeschnittenen Erdbeeren.

Oma schüttet noch einen Guss über die Beeren.

Zum Schluss verziert sie den Kuchen mit Sahne.

Da klingelt es auch schon an der Tür.

Die ganze Familie kommt.

Alle wollen leckeren Erdbeerkuchen mit Sahne

essen.

Im Zoo

Familie Schneider macht heute einen Ausflug in den Zoo.

Alle drei Kinder und die Eltern kommen mit.

Am Eingang kaufen sie sich eine Familienkarte.

Auf jeden Fall wollen alle zu den Seehunden.

Familie Schneider schaut sich die Fütterung an.

Danach entscheiden sich zwei Kinder, allein weiter zu gehen.

Sie interessieren sich für Schlangen.

Das kleinste Kind und die Eltern gehen zu den Affen und schauen ihnen lange zu.

Später treffen sich alle im Restaurant und essen Spaghetti mit Tomatensoße.

3.1 Sätze lesen

3.2 Texte lesen

Ein Hund kommt

Herr Adam freut sich riesig.

Er hat in seiner Wohnung alles dafür eingerichtet,

dass bald ein kleiner Hund bei ihm leben kann.

Im Wohnzimmer gibt es jetzt ein Hundekörbchen.

In der Küche stehen zwei Näpfe.

Ein Napf ist für Wasser und der andere Napf ist

für Futter.

Im Flur hängt an einem Haken die Hundeleine.

Herr Adam hat auch schon Hundeshampoo und

eine Bürste gekauft, damit er den Hund pflegen

kann.

Für das Auto hat er eine Hundedecke besorgt.

Jetzt muss Herr Adam den Hund nur noch

abholen.

Bald ist es soweit

Frau Kagel bewegt sich jetzt immer vorsichtiger.

Frau Kagel hat schon einen ganz runden Bauch.

Sie bekommt bald ihr Baby.

Die ganze Familie freut sich auf das Baby.

Die Kinder haben mitgeholfen, das Zimmer für

das Baby einzurichten.

Sie haben neue Gardinen aufgehängt.

Sie haben Papa dabei geholfen, die Wände zu

tapezieren.

Auf der Tapete sind Sterne und Monde und viele

kleine Sandmänner.

Über dem Bett hängt eine Spieluhr.

Die Spieluhr spielt ein schönes Schlaflied.

Jetzt kann das Baby auf die Welt kommen.

Das Gewächshaus

Im Garten der Nachbarn steht ein großes Gewächshaus.

Jedes Jahr kann man sehen, wie sich die Pflanzen im Gewächshaus entwickeln.

In kleinen Töpfen wachsen Salatpflanzen.

Der Salat wird später in den Garten umgesetzt.

An einem Gitter wachsen Gurkenpflanzen und Tomatenpflanzen.

Kräuter wachsen in verschiedenen Kisten.

Der Nachbar muss die Pflanzen gut pflegen.

Sie brauchen regelmäßig Wasser und Dünger.

Wenn es sehr heiß ist, müssen die Scheiben des Gewächshauses abgedeckt werden, damit die Pflanzen nicht verbrennen.

4

Schreiben

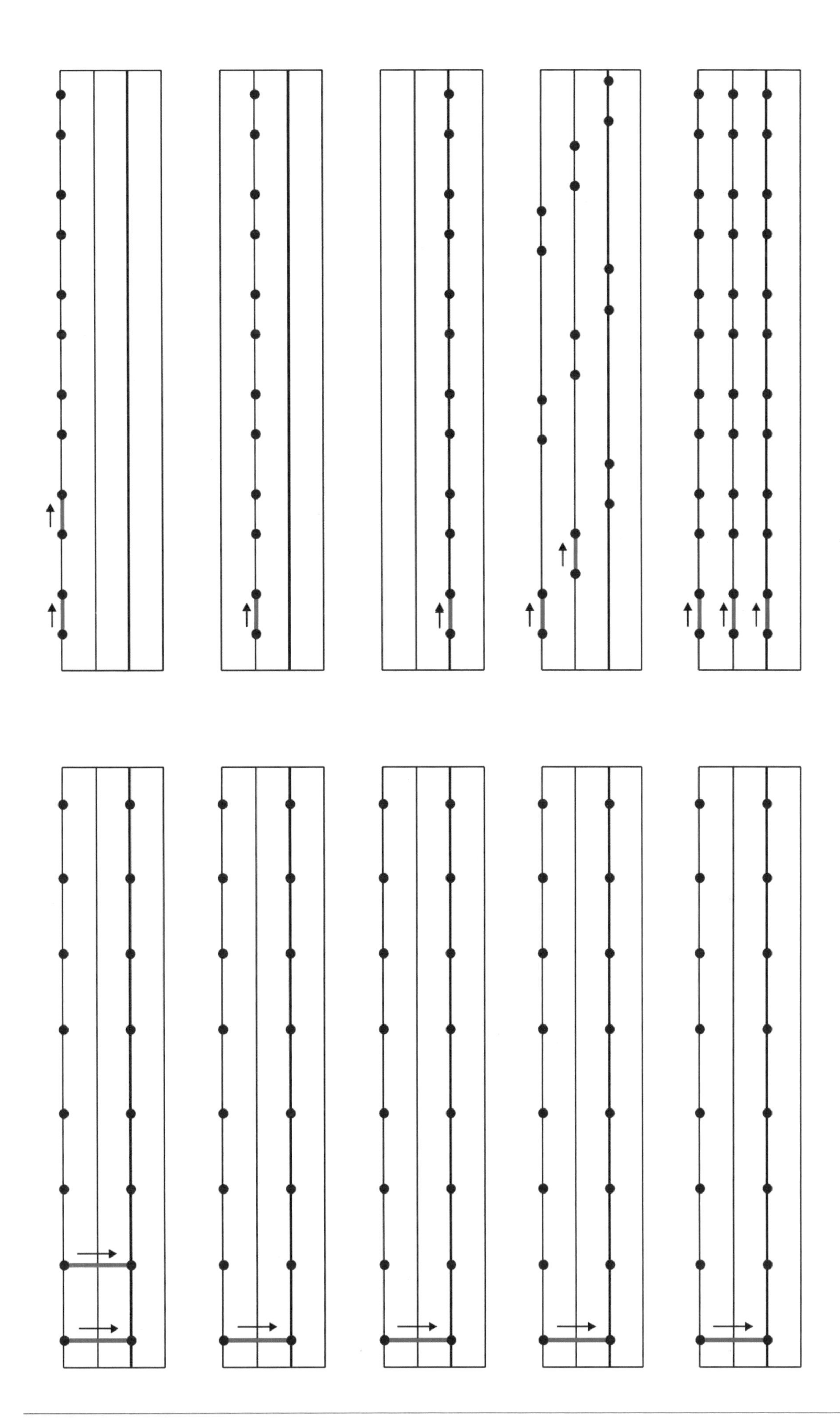

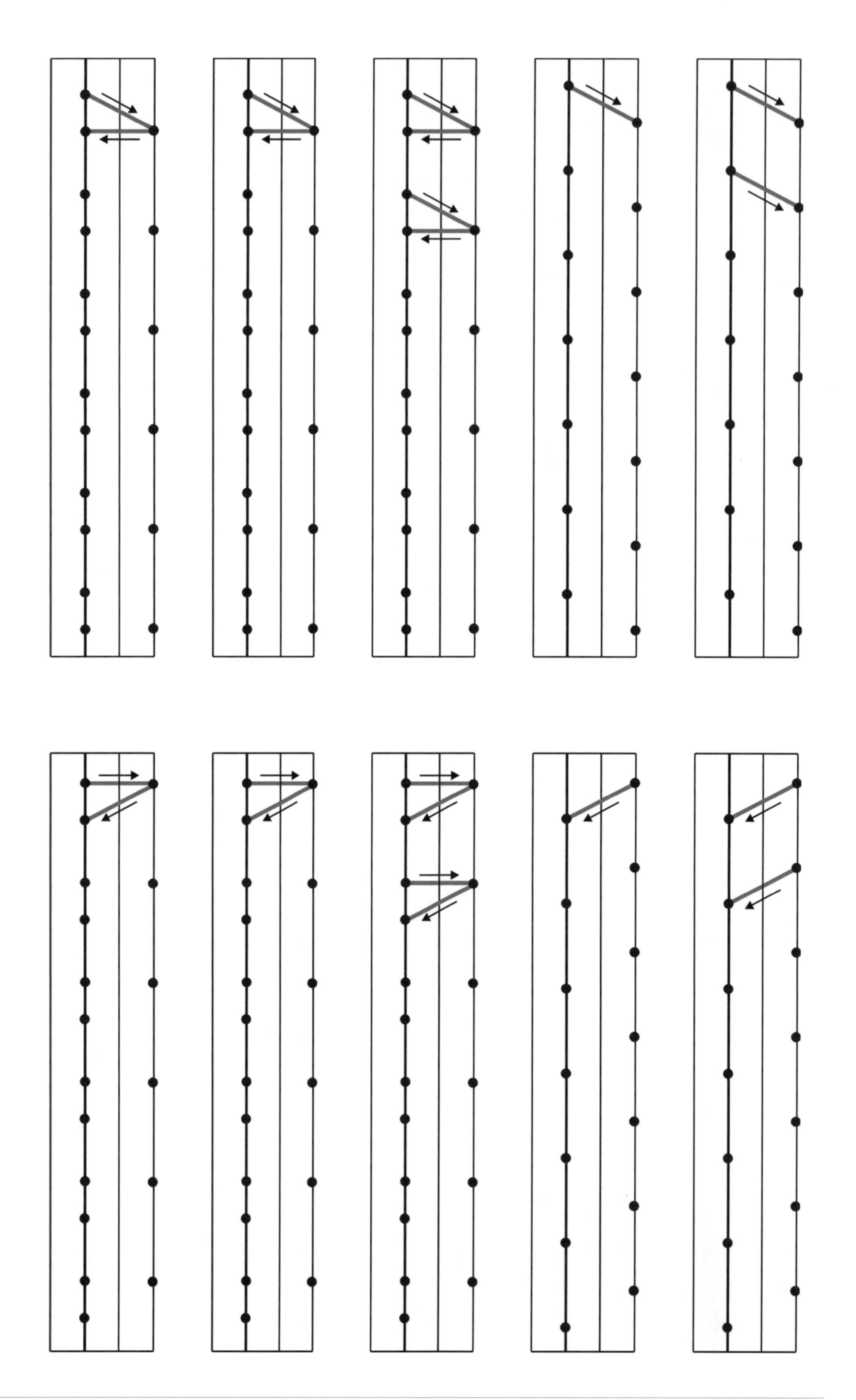

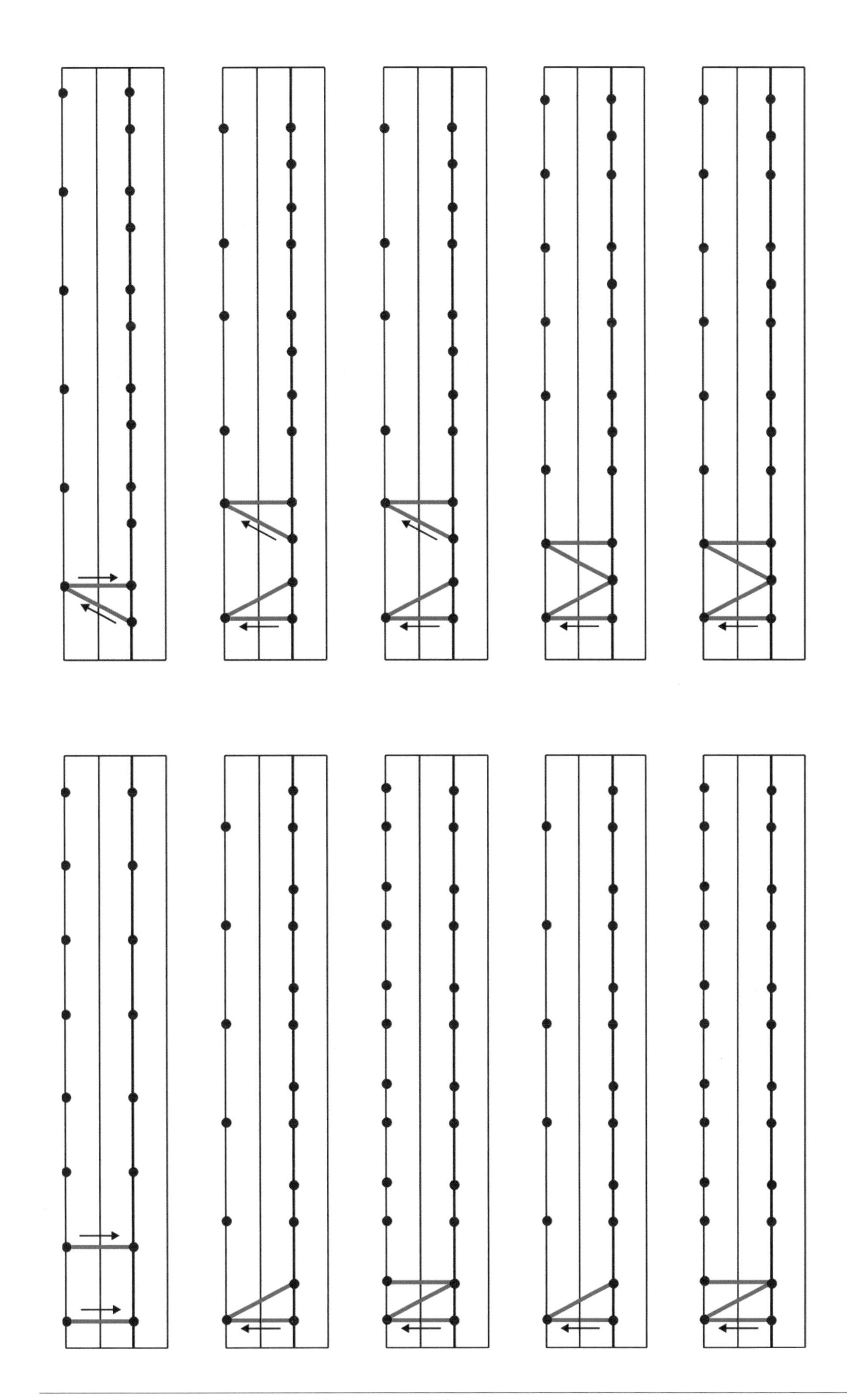

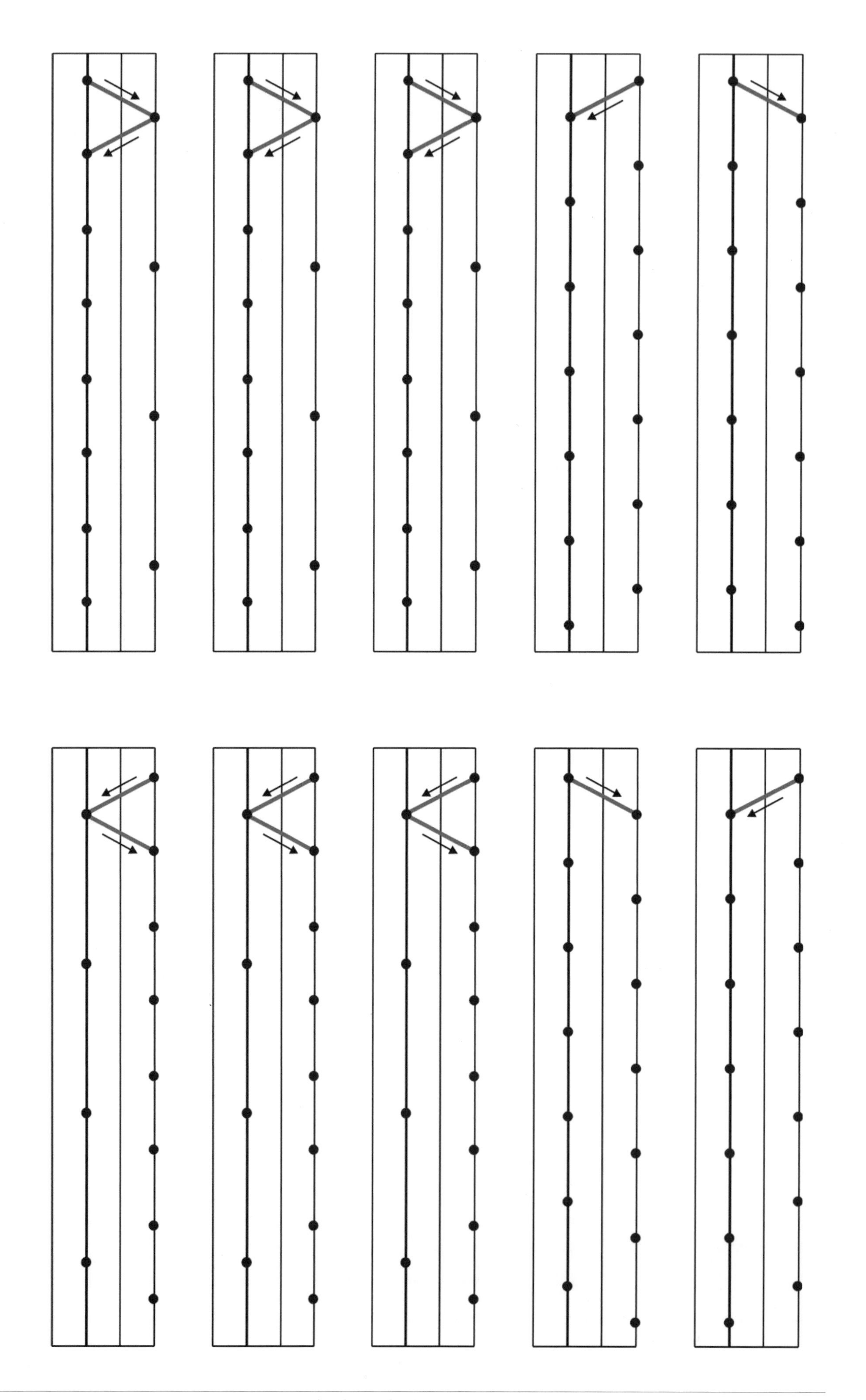

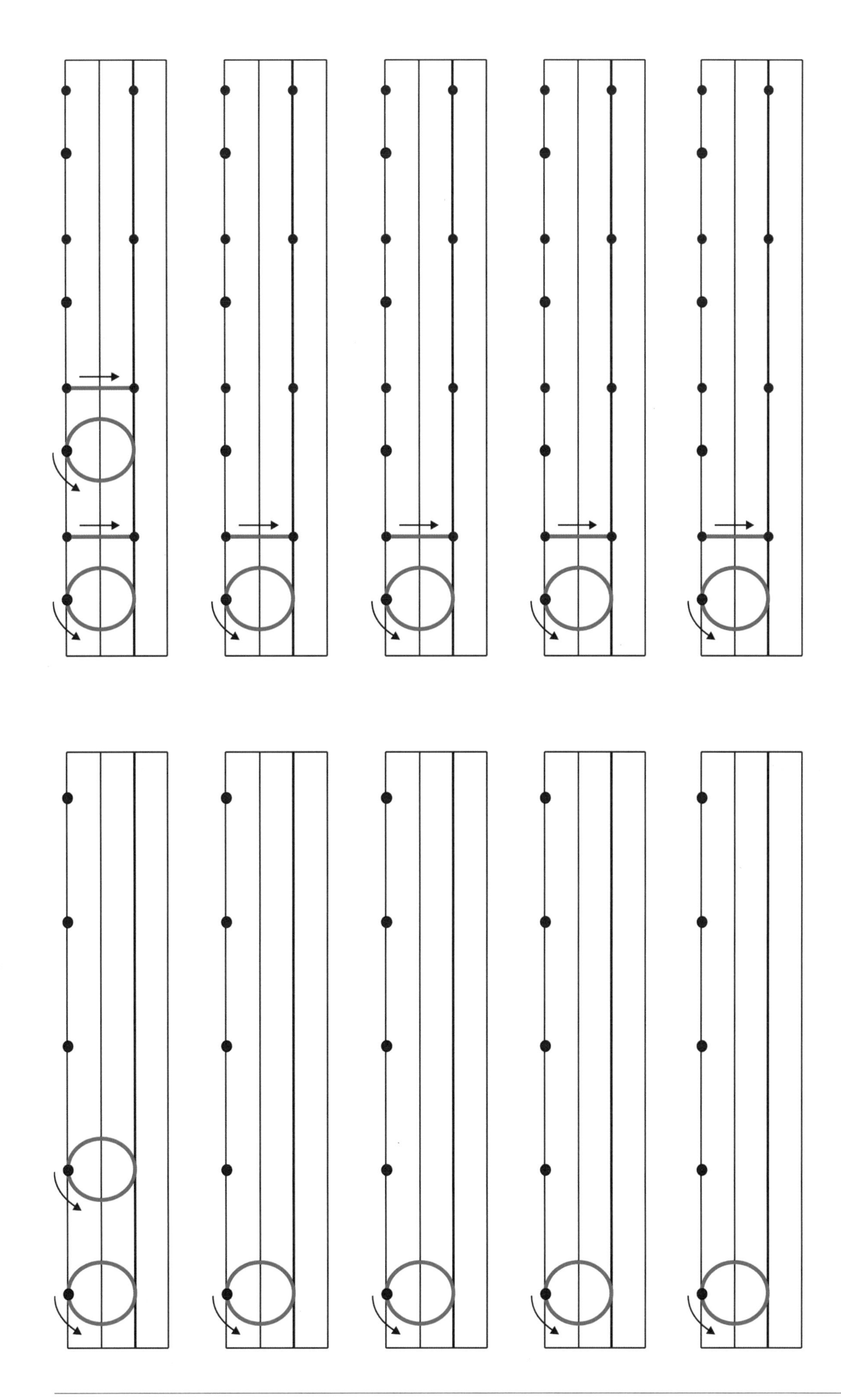

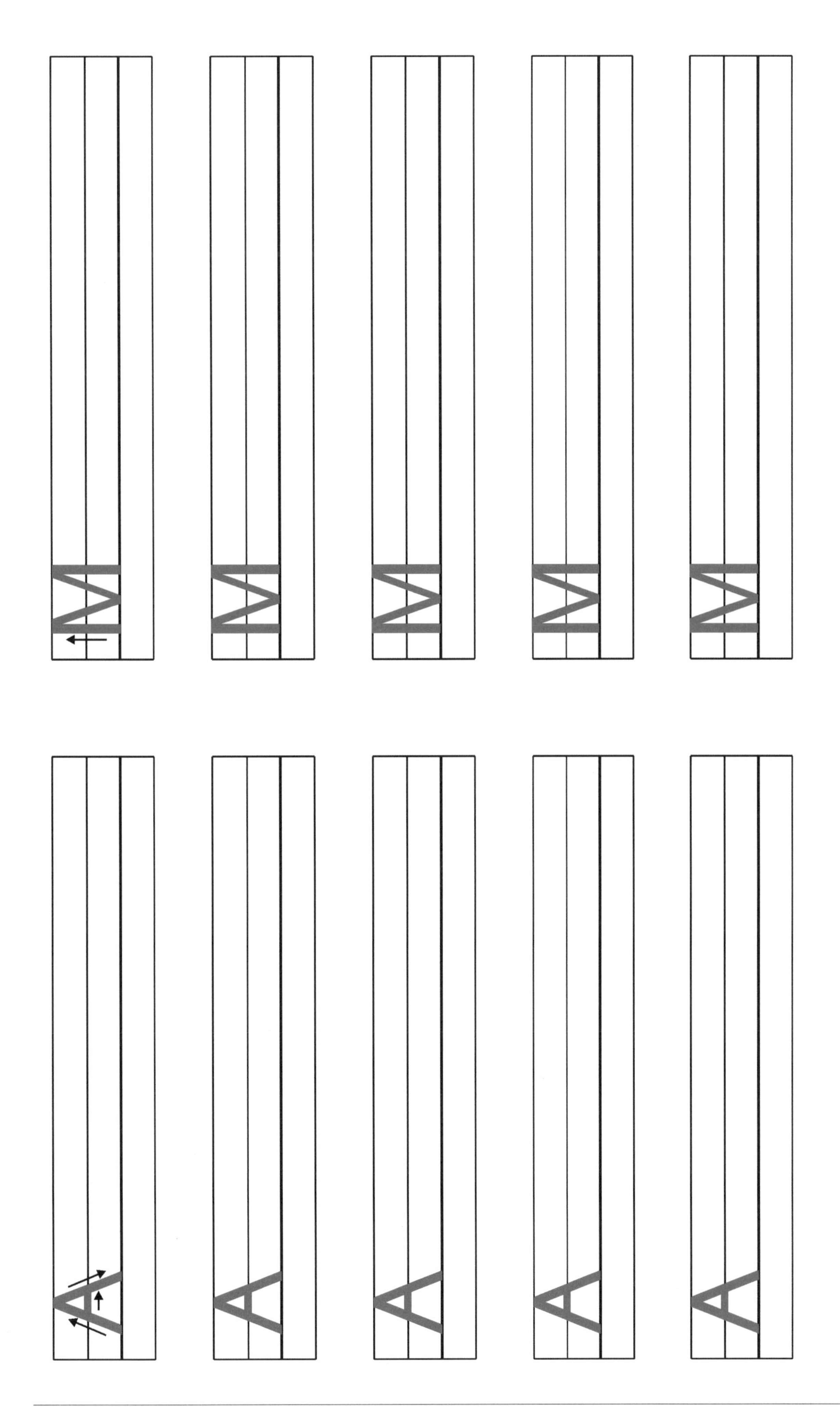

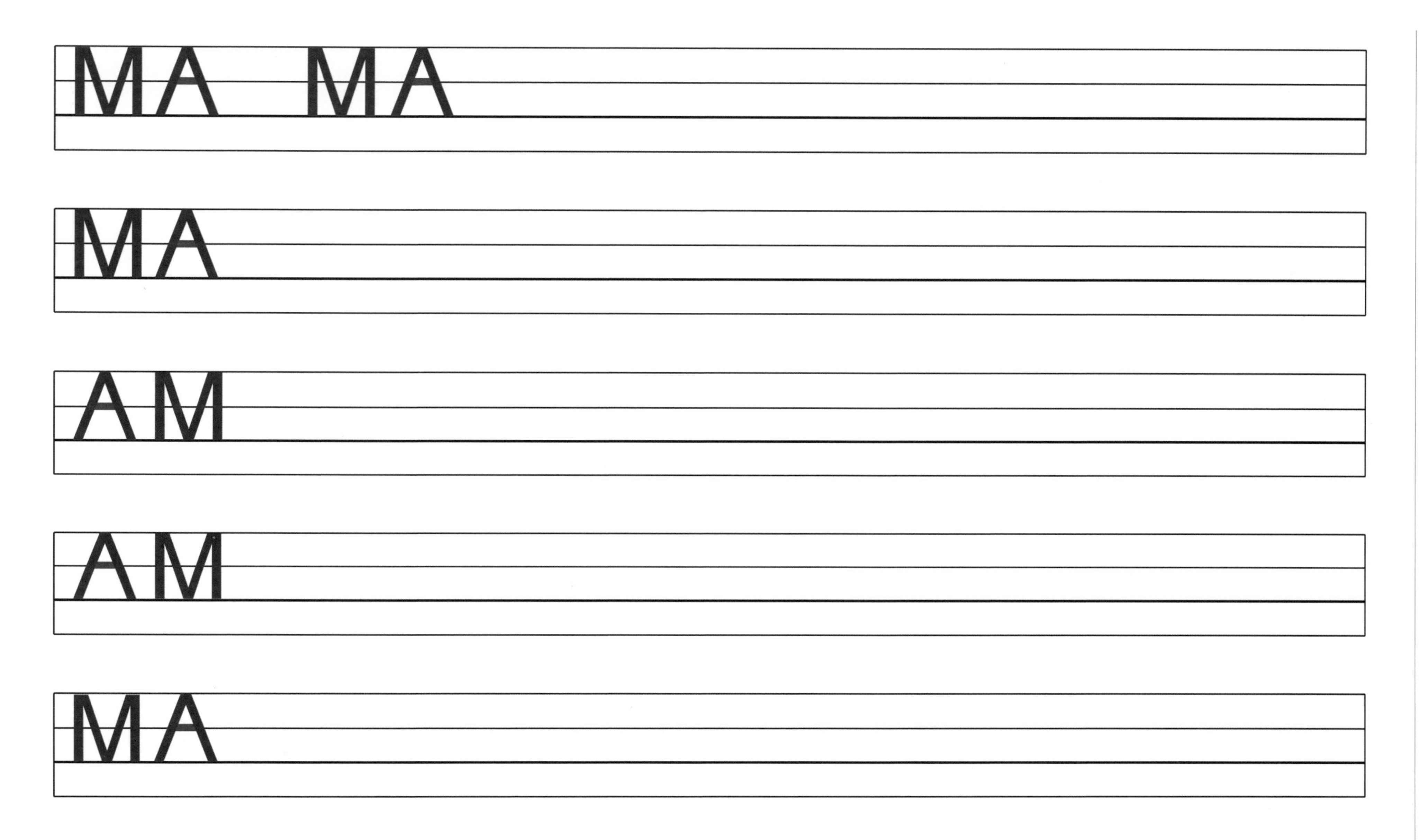
MA MA
MA
AM
AM
MA

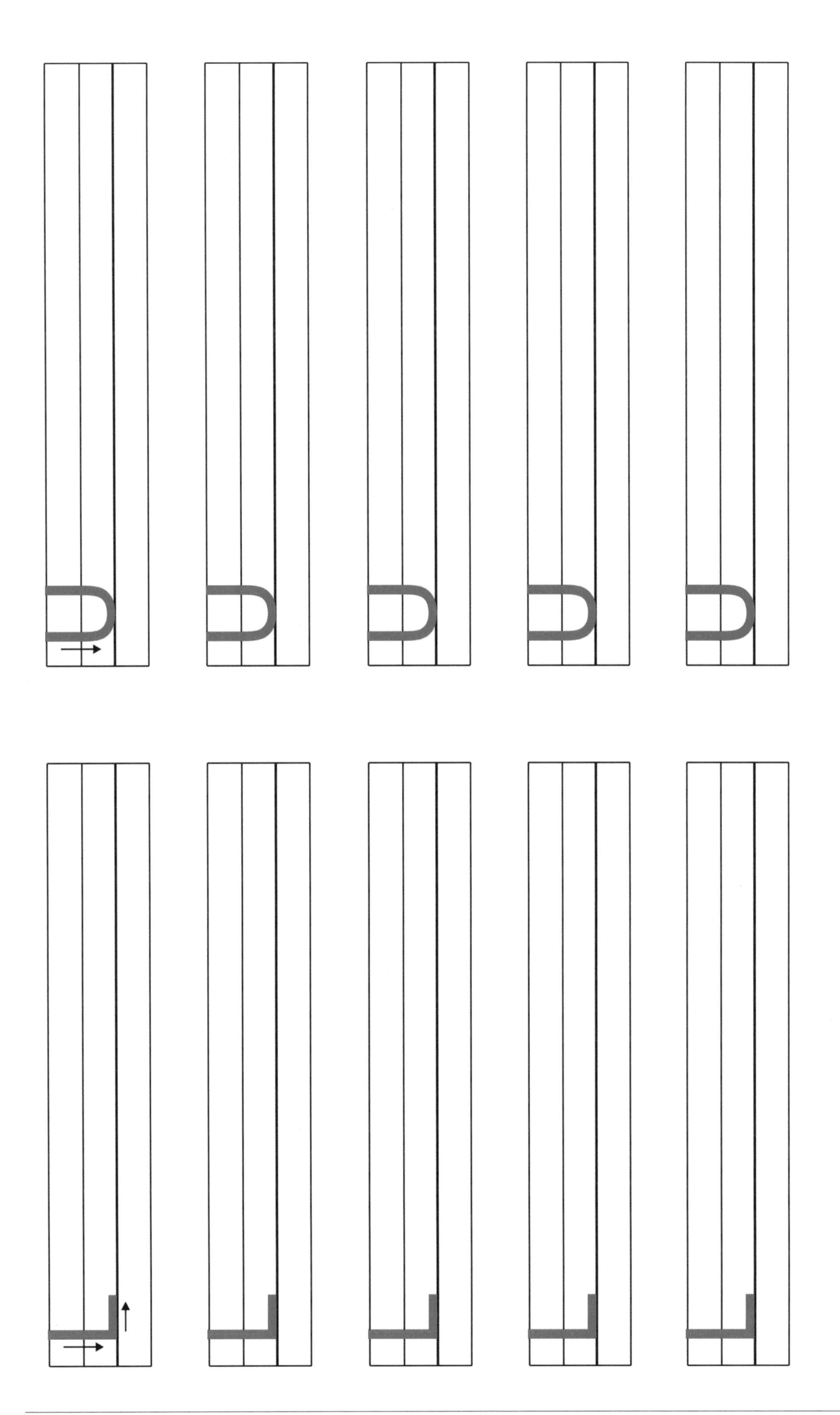

LU LU
UL
LU
LU
UL

DIKTAT 1

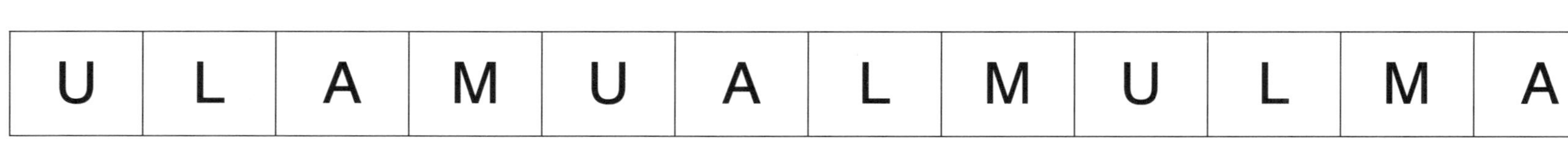
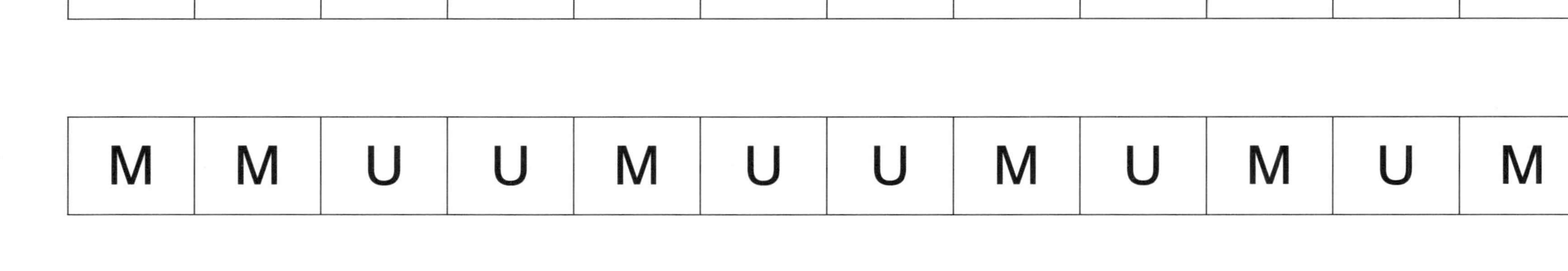
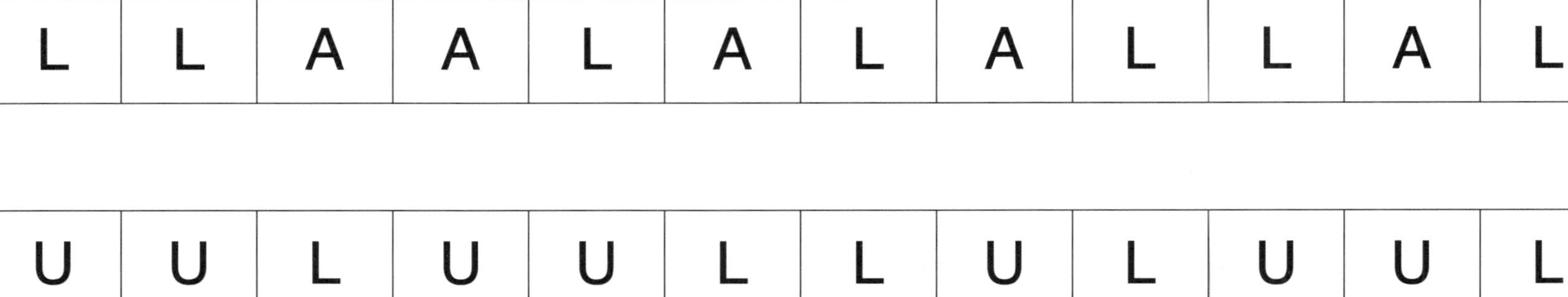

1	A	A	A	M	M	M	A	A	M	M	A	M
2	L	L	A	A	L	A	L	A	L	L	A	L
3	U	U	L	U	U	L	L	U	L	U	U	L
4	M	M	U	U	M	U	U	M	U	M	U	M
5	U	L	A	M	U	A	L	M	U	L	M	A

DIKTAT 2

1	MA	MA	MA	AM	AM	MA	AM	AM	MA	AM
2	MA	MA	MU	MU	MA	MU	MU	MA	MA	MU
3	LA	LA	AL	AL	LA	AL	LA	LA	AL	AL
4	LA	LU	LU	LA	LU	LU	LA	LA	LU	LU
5	LU	LU	UL	UL	LU	UL	LU	UL	UL	UL

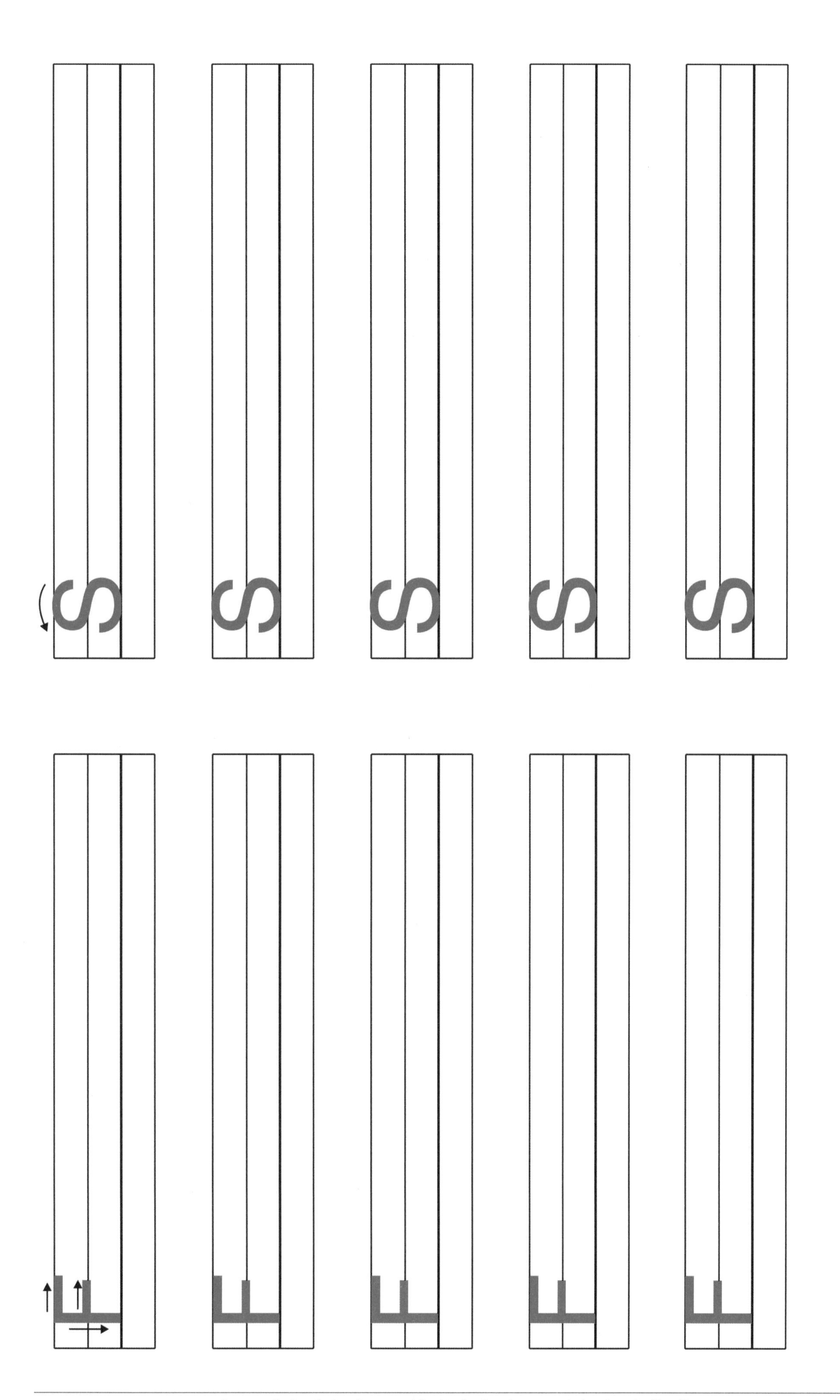

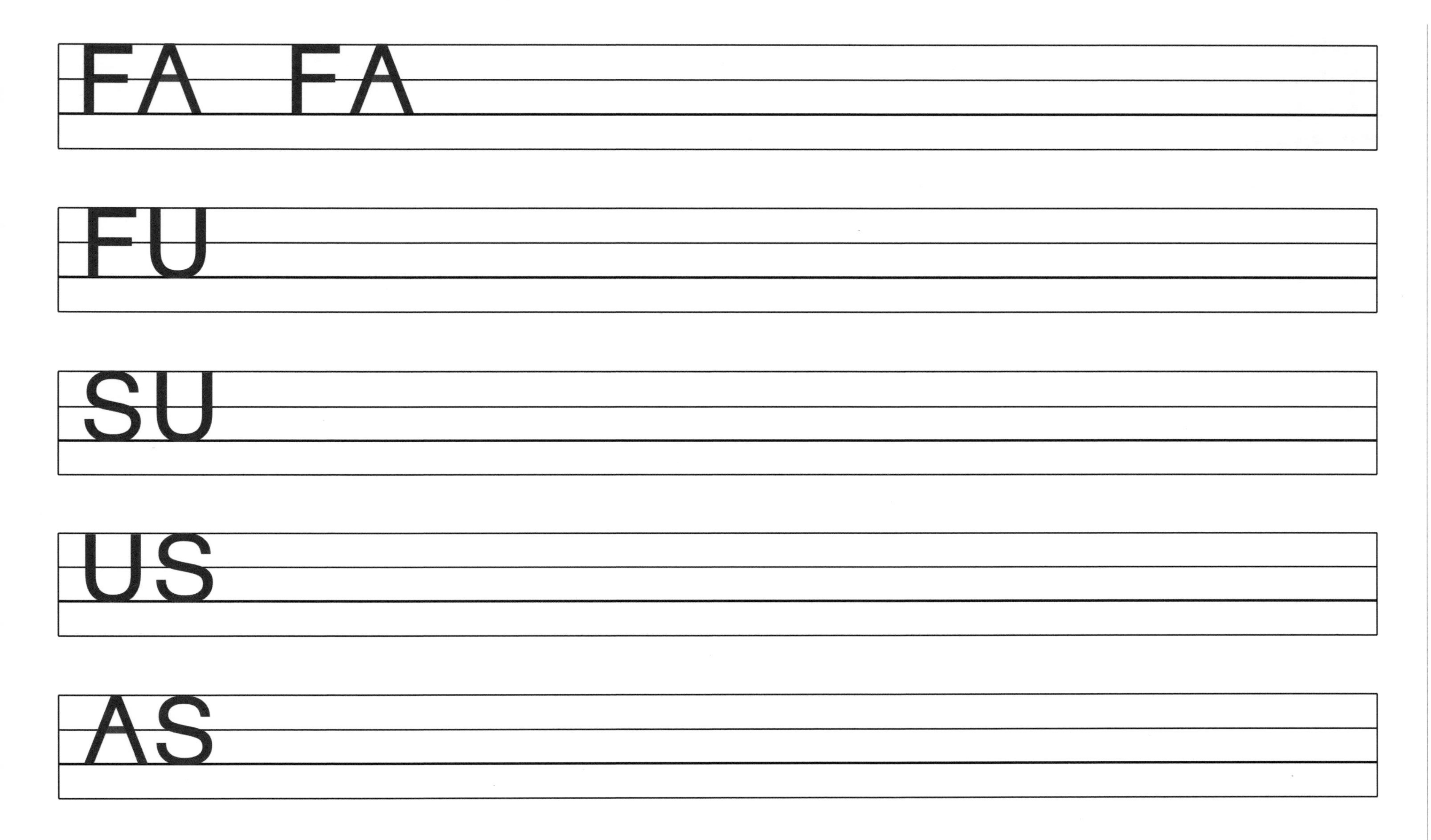
FA FA
FU
SU
US
AS

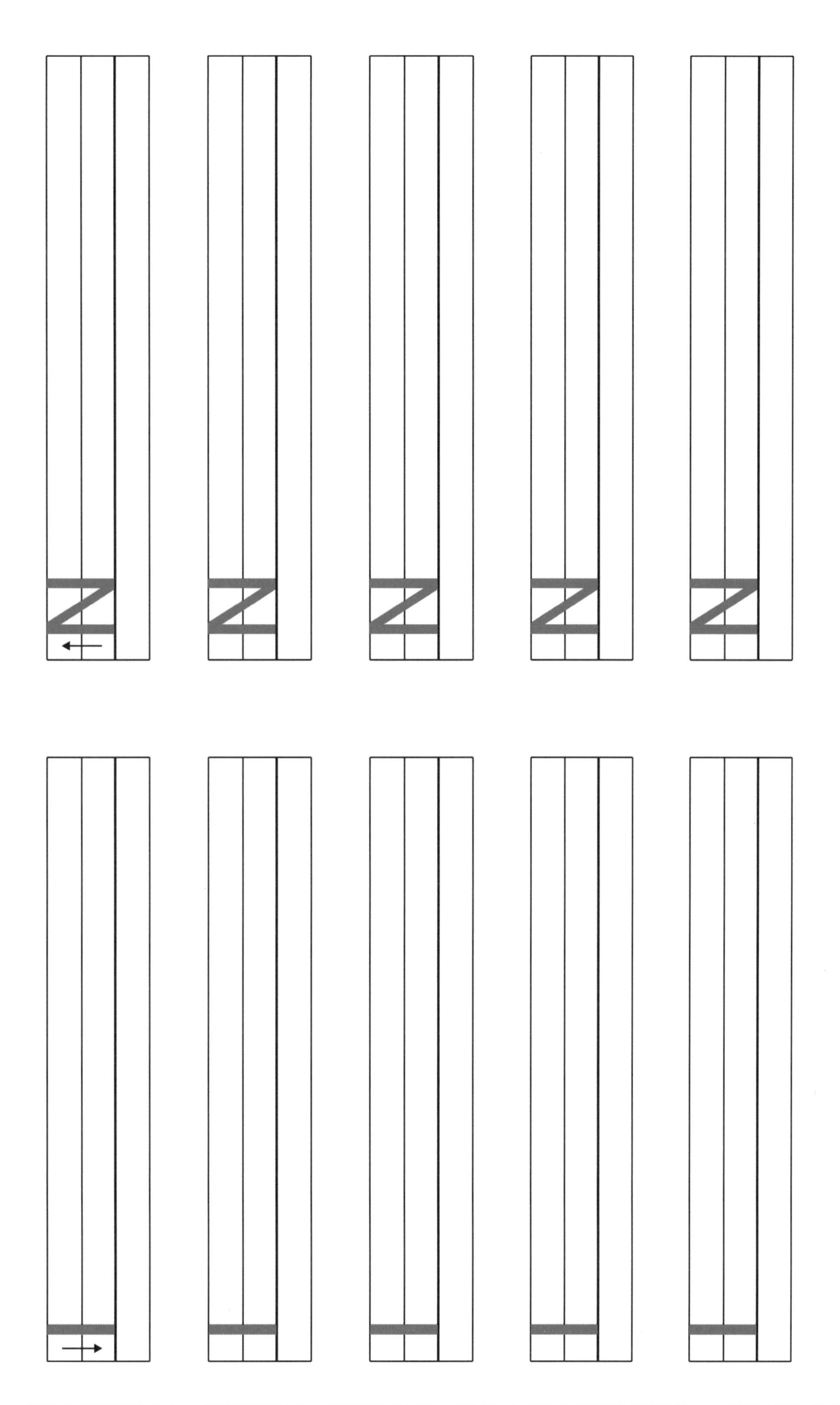

IM
AN
AN
IN
IN
IN

DIKTAT 1

1	F	F	F	S	S	S	F	S	F	F	S	S
2	I	I	N	I	N	N	I	I	N	I	N	N
3	F	N	S	I	N	S	F	I	S	I	N	F

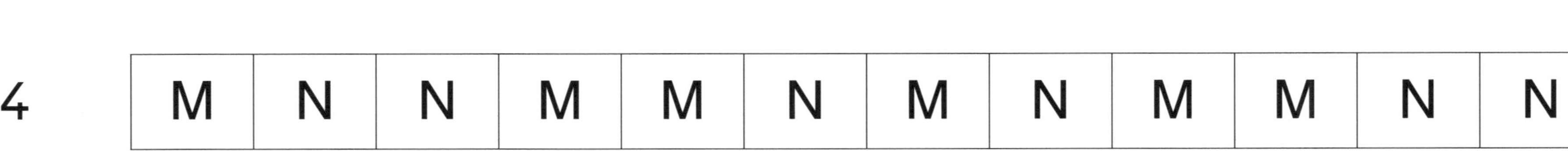

4	M	N	N	M	M	N	M	N	M	M	N	N

5	I	M	N	L	F	N	M	L	N	F	I	M

DIKTAT 2

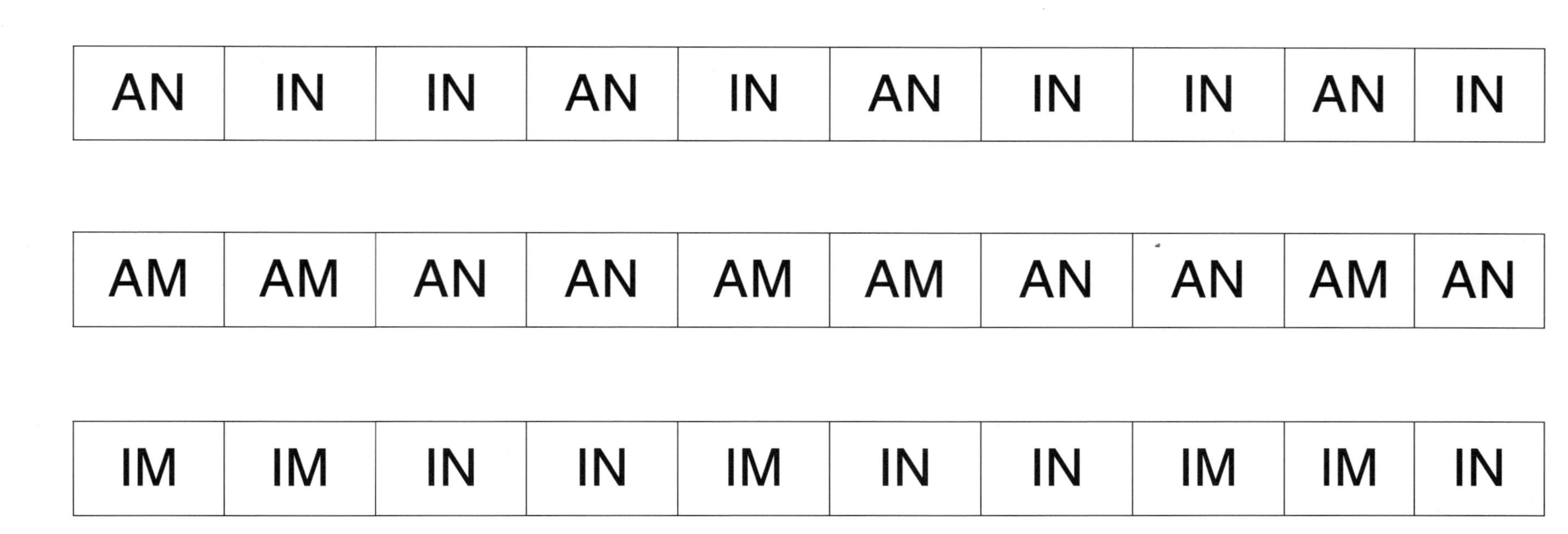

1	FI	FU	FI	FI	FI	FU	FU	FI	FU	FI
2	SU	SU	NU	NU	SU	NU	NU	SU	SU	NU
3	AN	IN	IN	AN	IN	AN	IN	IN	AN	IN
4	AM	AM	AN	AN	AM	AM	AN	AN	AM	AN
5	IM	IM	IN	IN	IM	IN	IN	IM	IM	IN

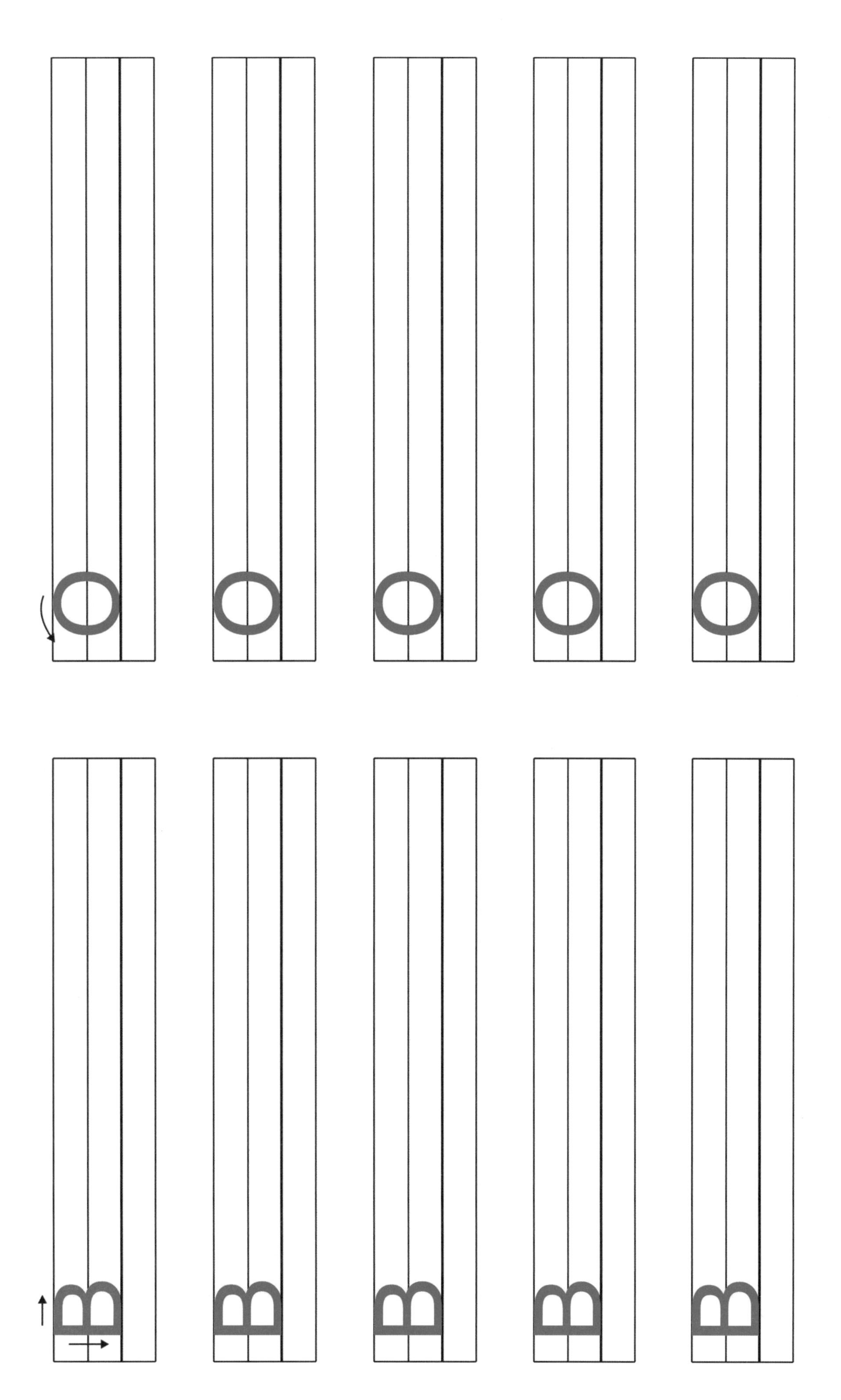
O
O
O
O
O
B
B
B
B
B

BO BO
BO
BA
BI
BO

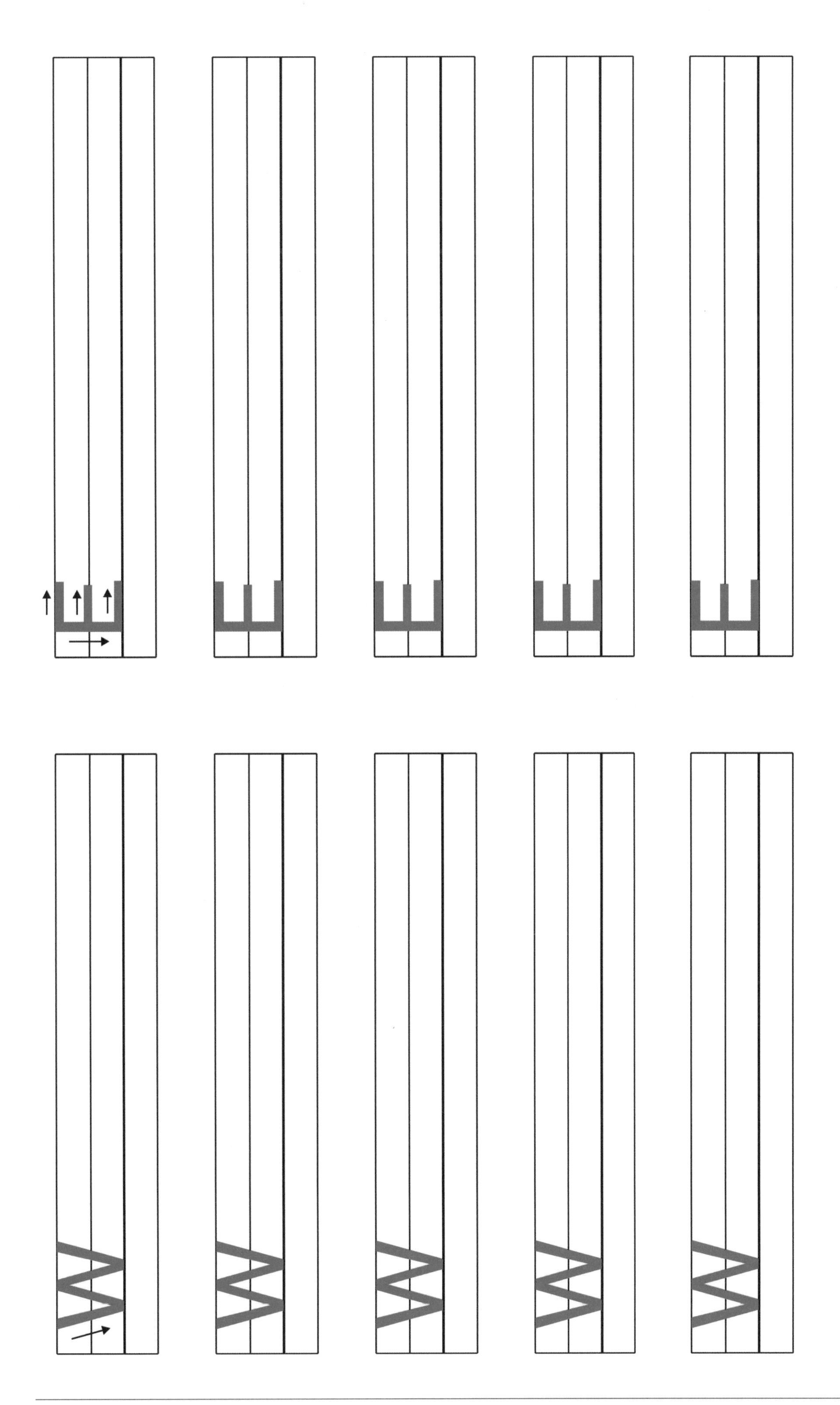

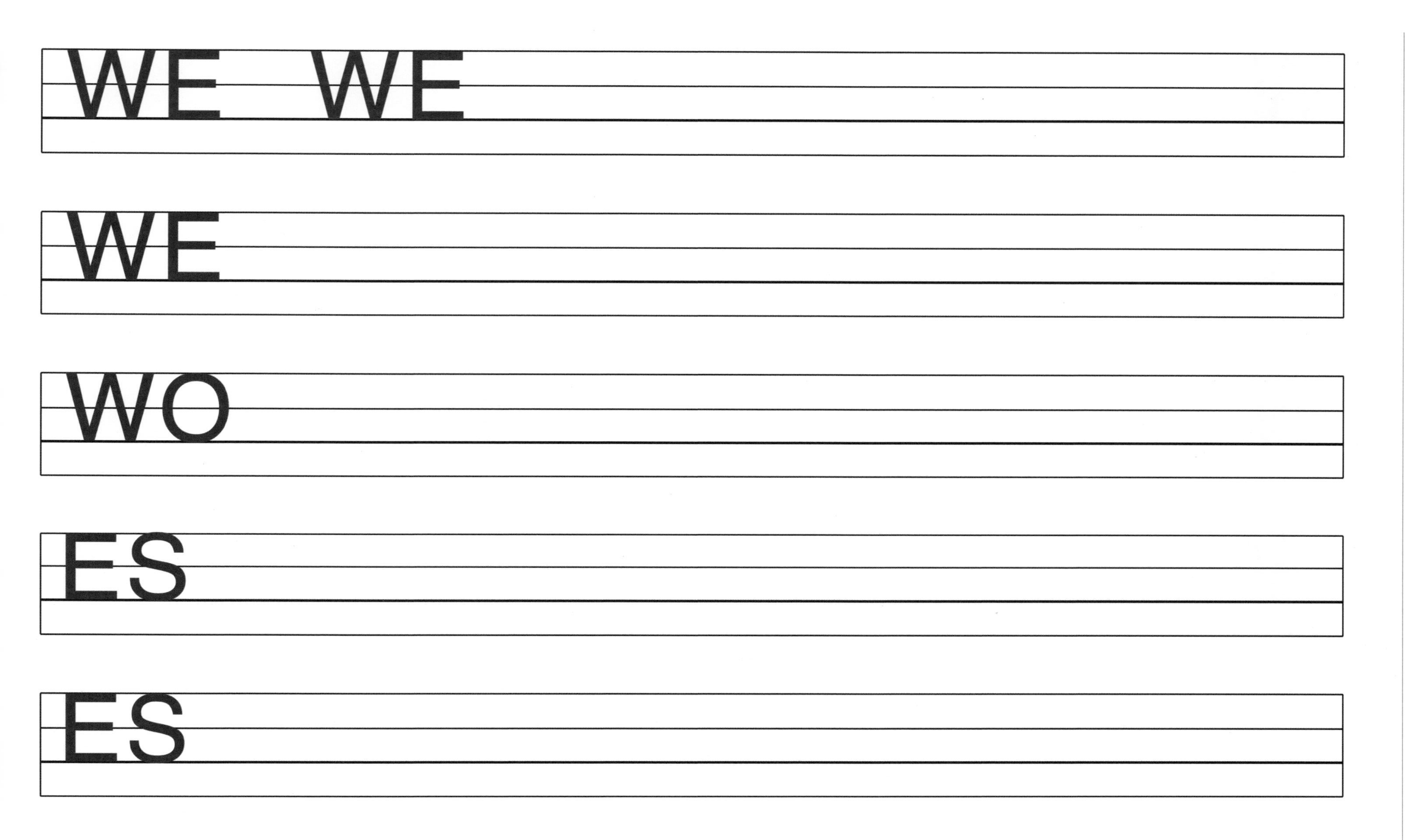
WE WE
WE
WO
ES
ES

DIKTAT 1

1	B	B	O	B	O	O	B	O	O	B	O	B
2	W	E	E	W	W	E	W	E	W	W	E	E
3	B	O	W	E	W	E	O	B	O	B	E	W
4	O	E	L	E	O	L	L	O	E	O	L	E
5	W	B	I	N	B	W	N	I	W	B	B	I

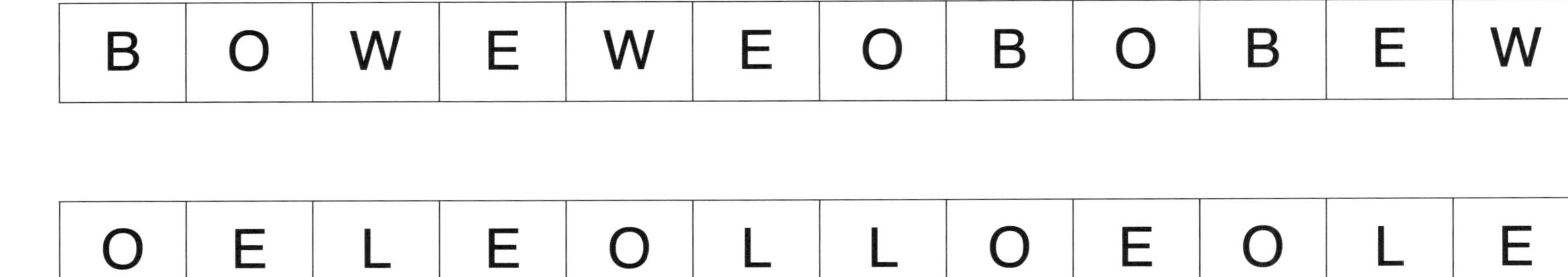

DIKTAT 2

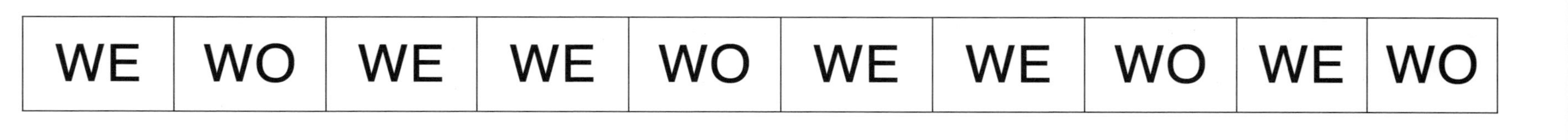

1	BO	BO	BE	BO	BE	BE	BO	BE	BE	BO
2	WE	WO	WE	WE	WO	WE	WE	WO	WE	WO
3	BO	WE	BE	WO	WE	BE	WO	BO	BO	WE
4	BA	WA	BE	WO	WA	BA	WO	BO	BA	WA
5	WO	ES	WO	WO	ES	ES	WO	ES	WO	ES

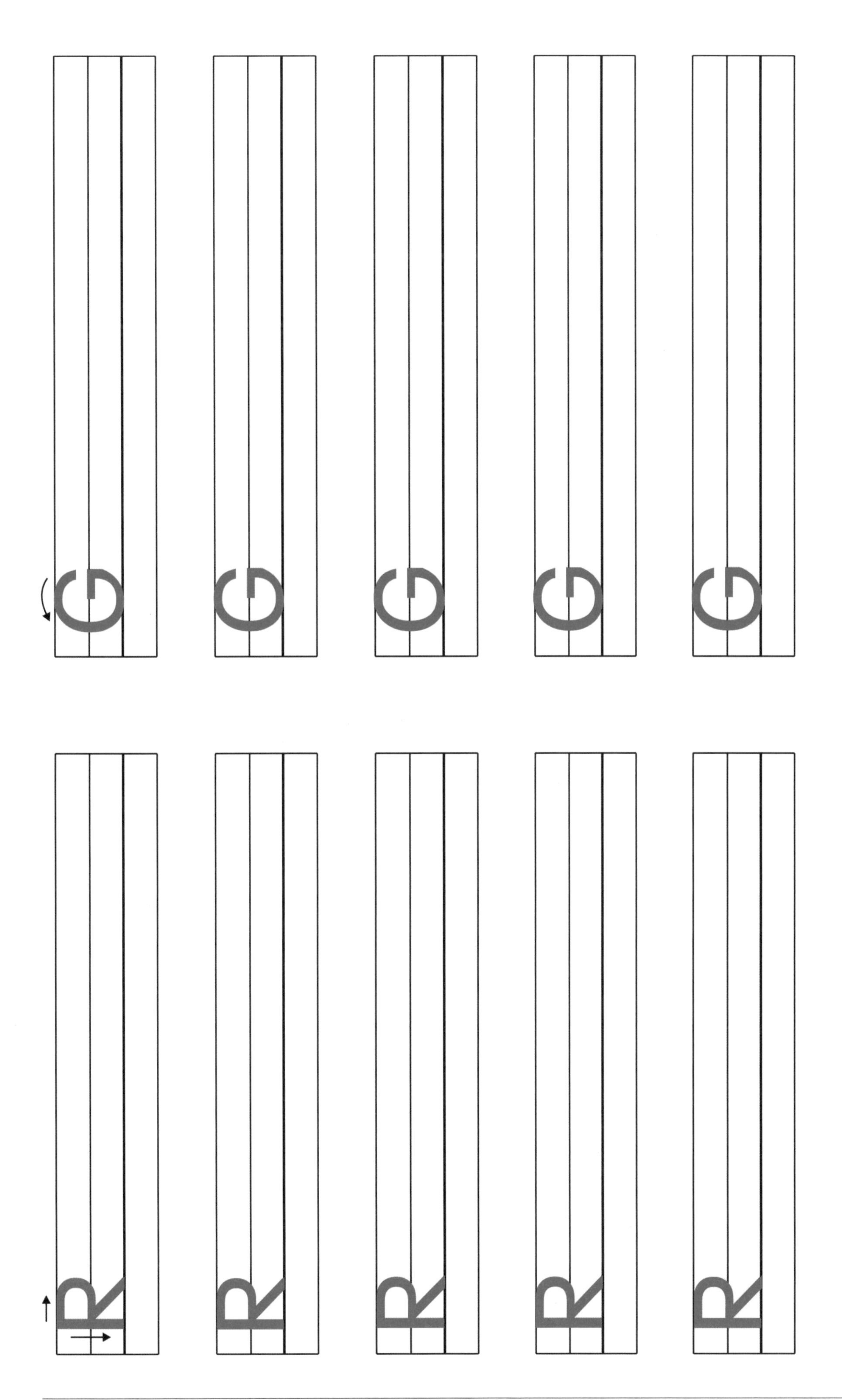

G
G
G
G
G
R
R
R
R
R

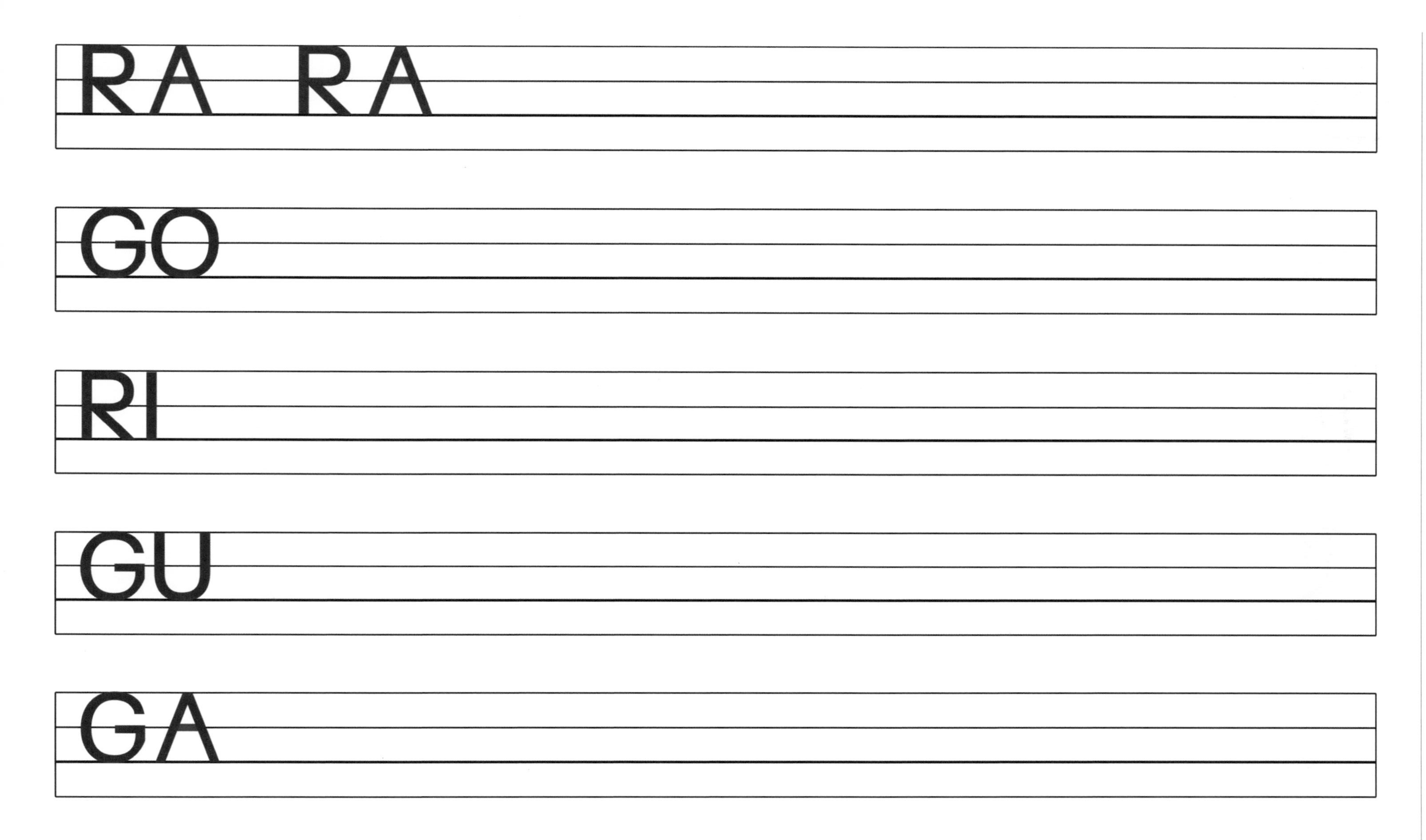
RA RA
GO
RI
GU
GA

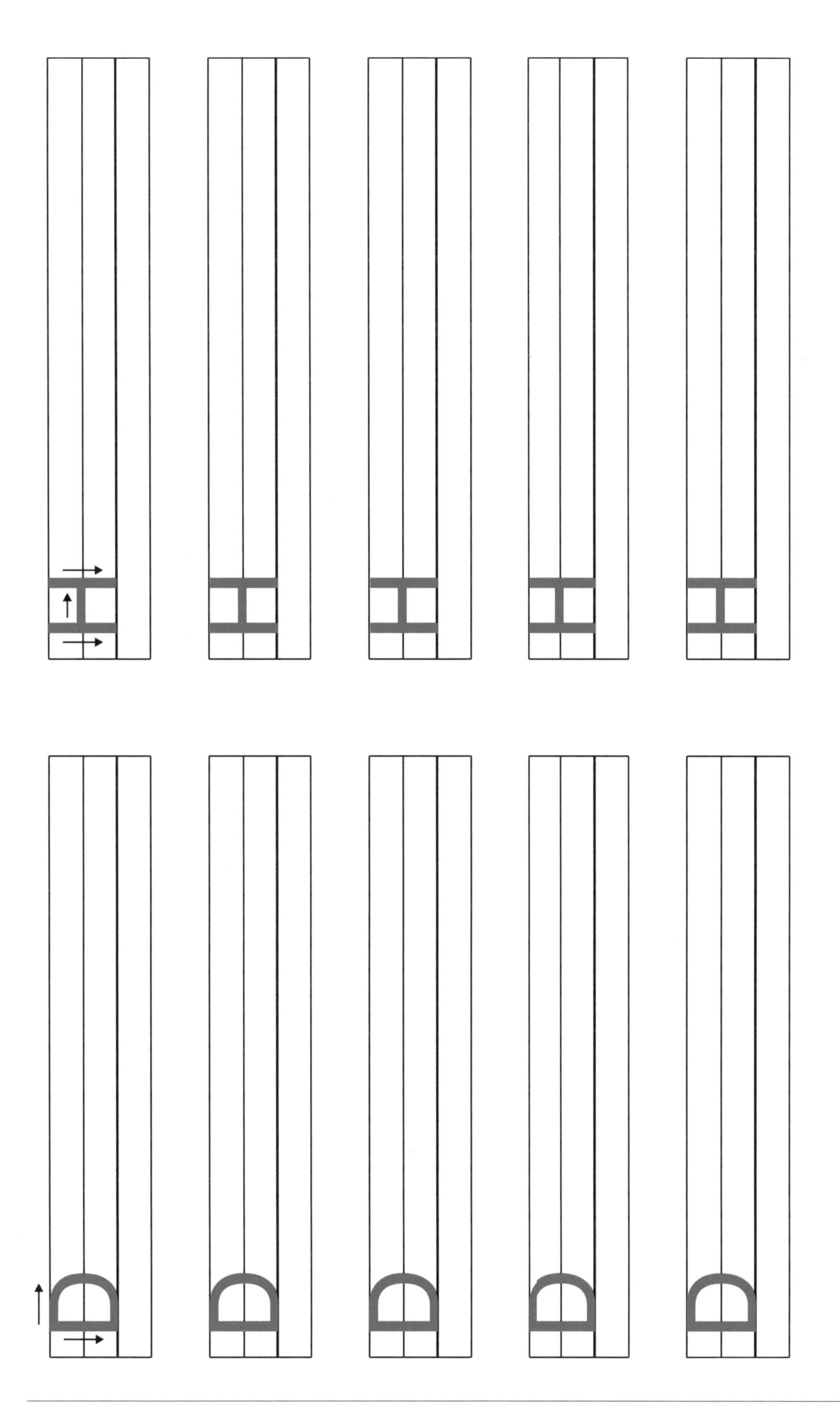

DO DO
HO
DA
HA
HU

DIKTAT 1

1	R	R	G	G	R	G	R	G	R	R	G	G
2	D	H	H	D	D	H	D	H	H	D	H	D
3	R	G	D	H	D	G	H	R	G	R	H	D

4

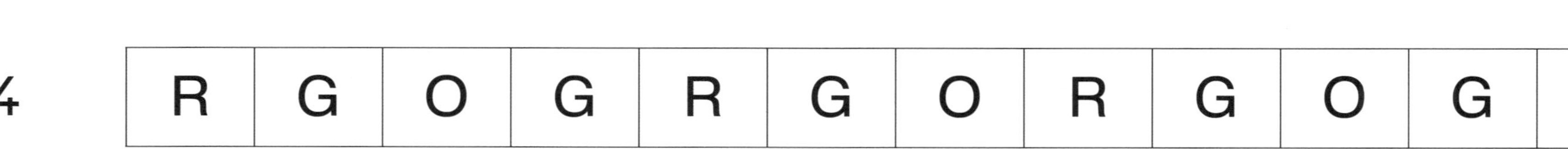

5

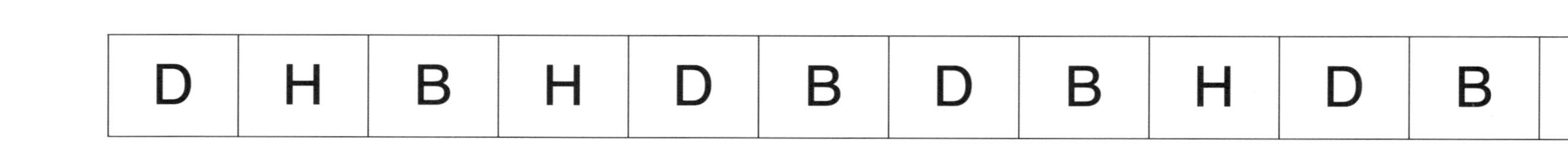

DIKTAT 2

1	RA	RI	RO	RA	RO	RI	RA	RO	RI	RA
2	GO	GU	GO	GU	GU	GO	GU	GU	GU	GO
3	DO	DA	HA	HO	DA	HO	DO	HO	DA	DO

4	ROSE	ROSE	DOSE	ROSE	DOSE
5	HASE	HOSE	HOSE	HASE	HOSE

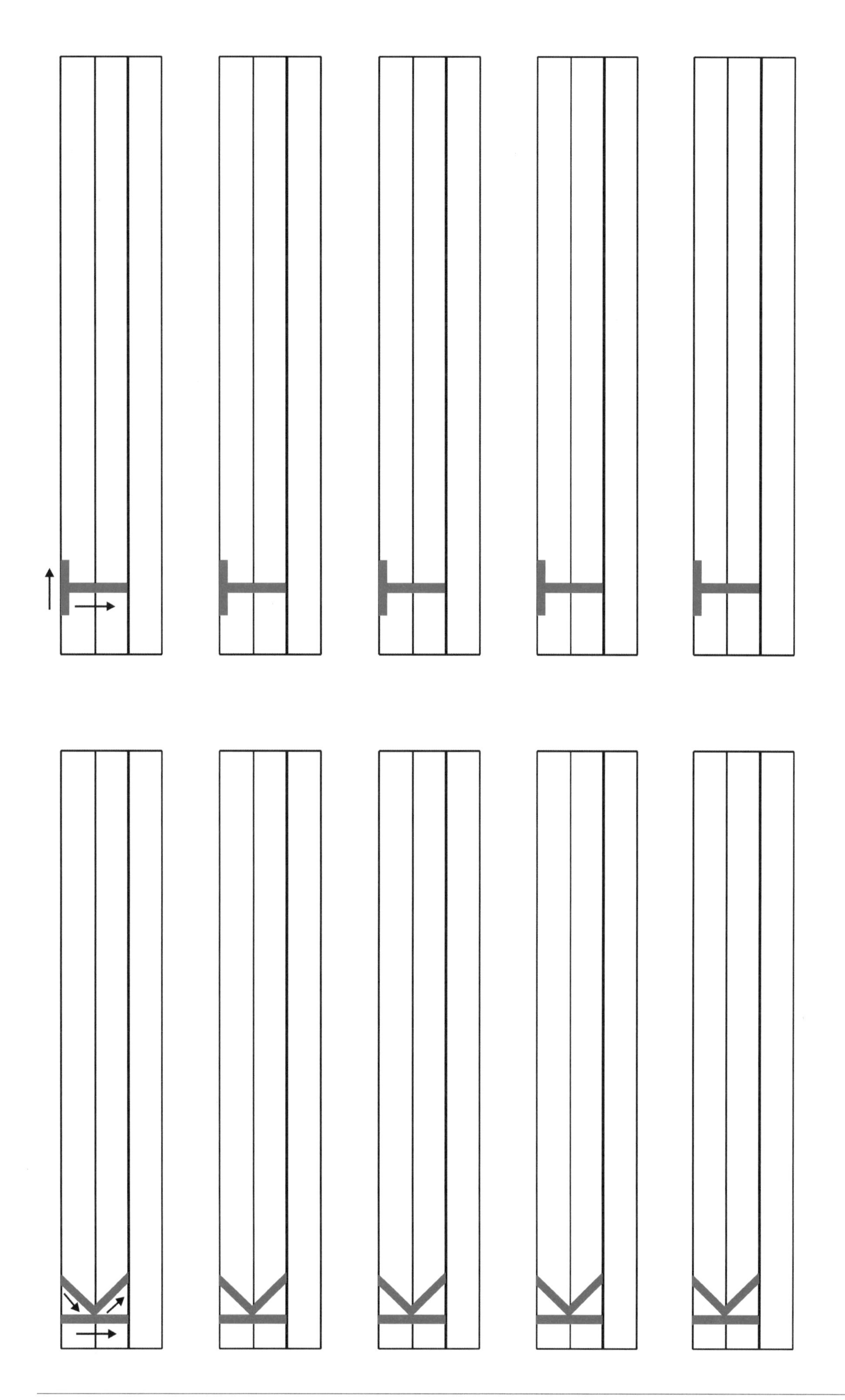

KA KA
TI
KE
TU
KO

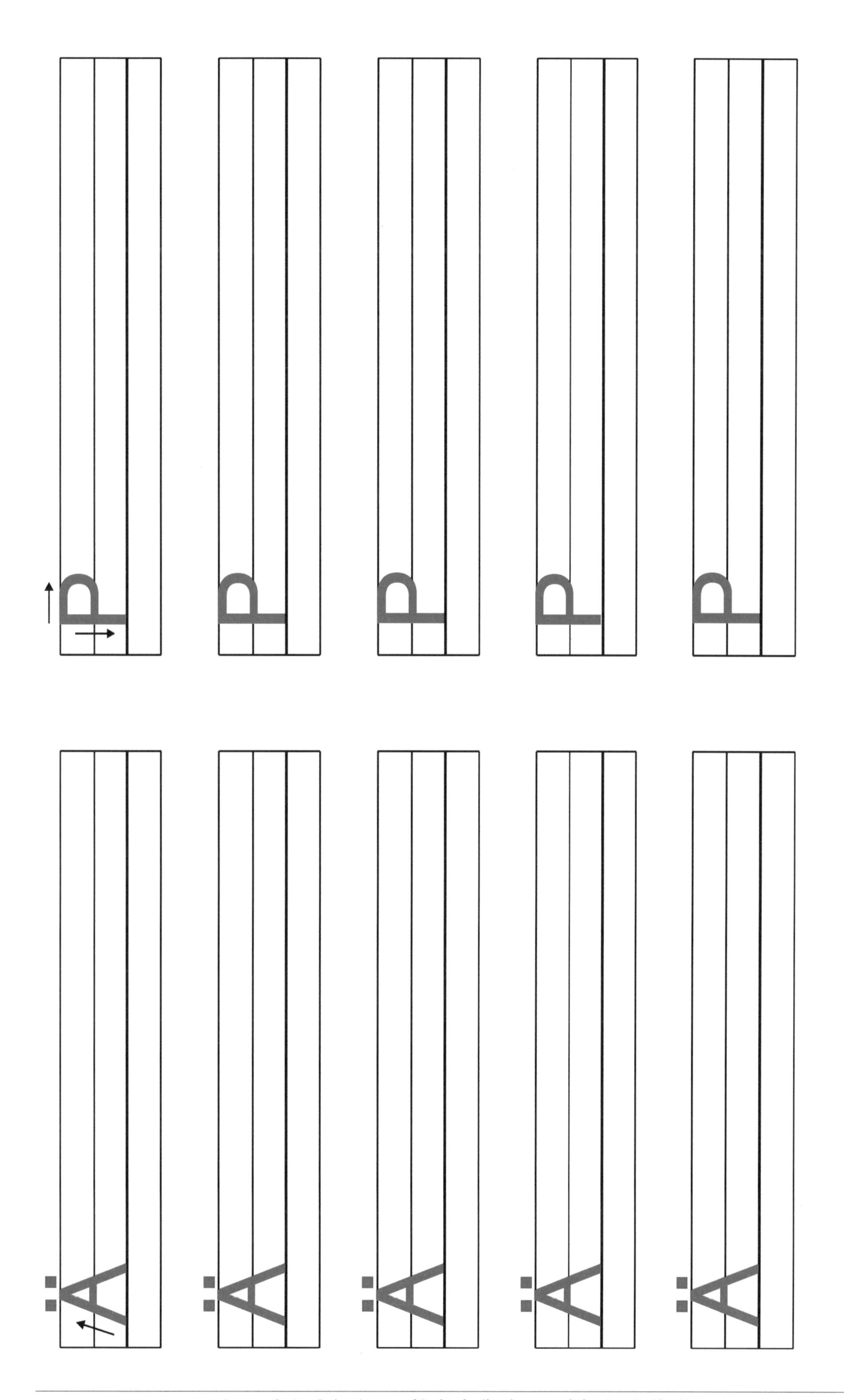

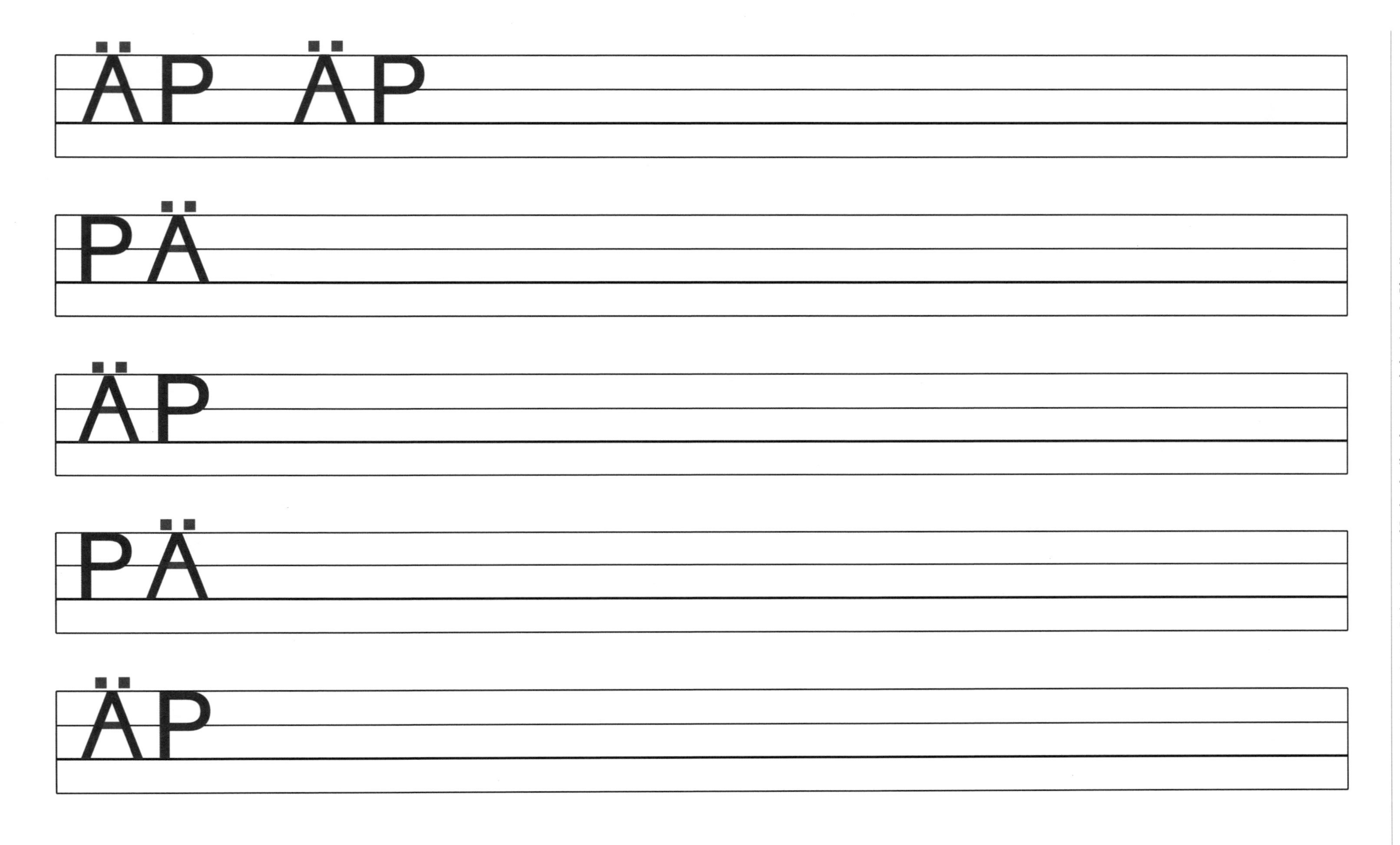
ÄP ÄP
PÄ
ÄP
PÄ
ÄP

DIKTAT 1

1 | K | K | T | T | K | T | K | T | K | K | T | T

2 | Ä | Ä | P | P | Ä | P | Ä | P | Ä | P | P | Ä

3
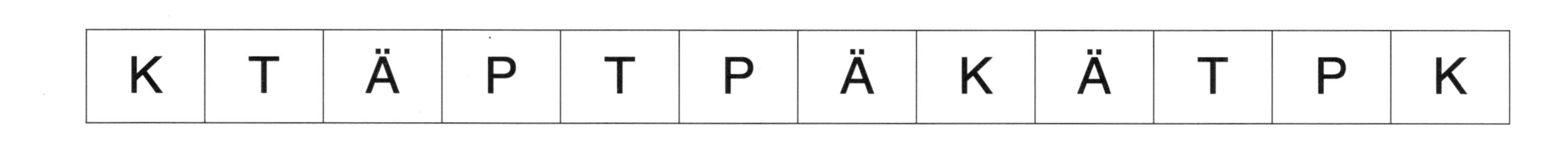

4
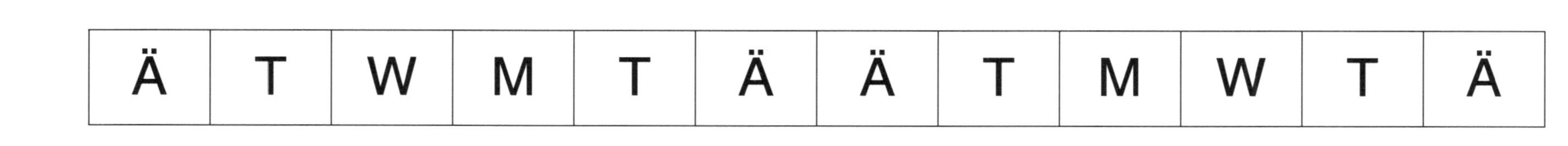

5
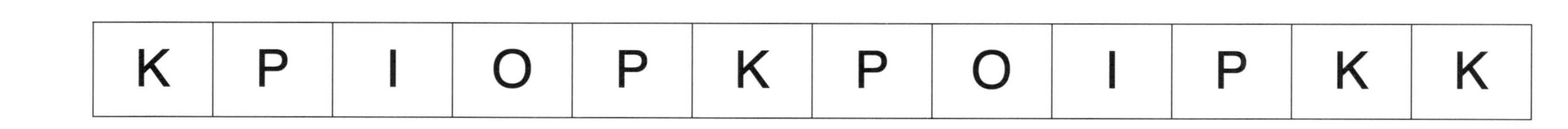

DIKTAT 2

1										
	KI	KO	KU	KO	KU	KI	KI	KO	KI	KO

2										
	TO	OT	OT	TO	TO	OT	TO	TO	TO	OT

3										
	PA	PA	PÄ	PÄ	PÄ	PA	PÄ	PA	PA	PÄ

4					
	PAPA	OPA	OPA	PAPA	OPA

5					
	KINO	LIMO	KINO	LIMO	KINO

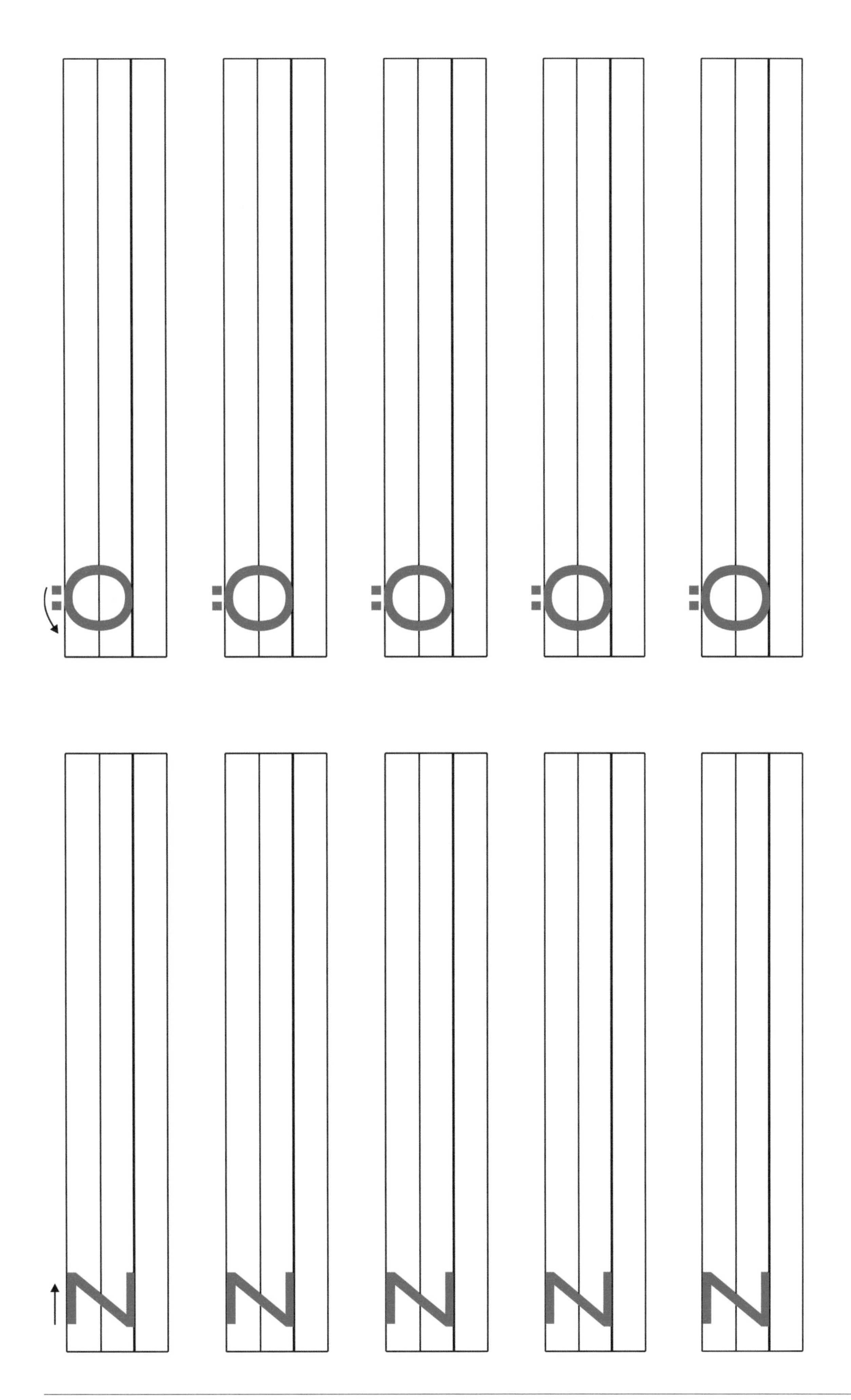

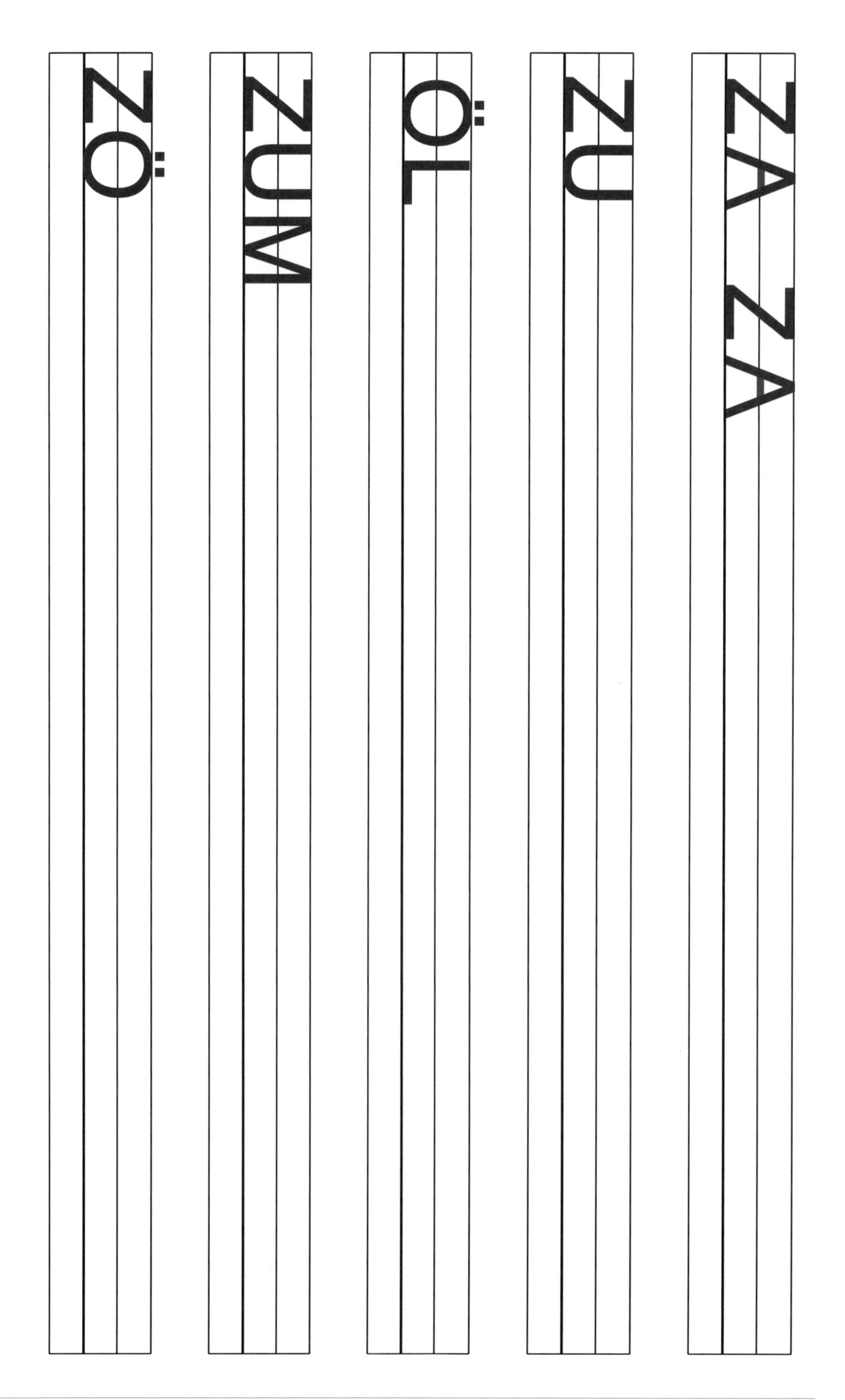
ZA ZA
ZU
ÖL
ZUM
ZÖ

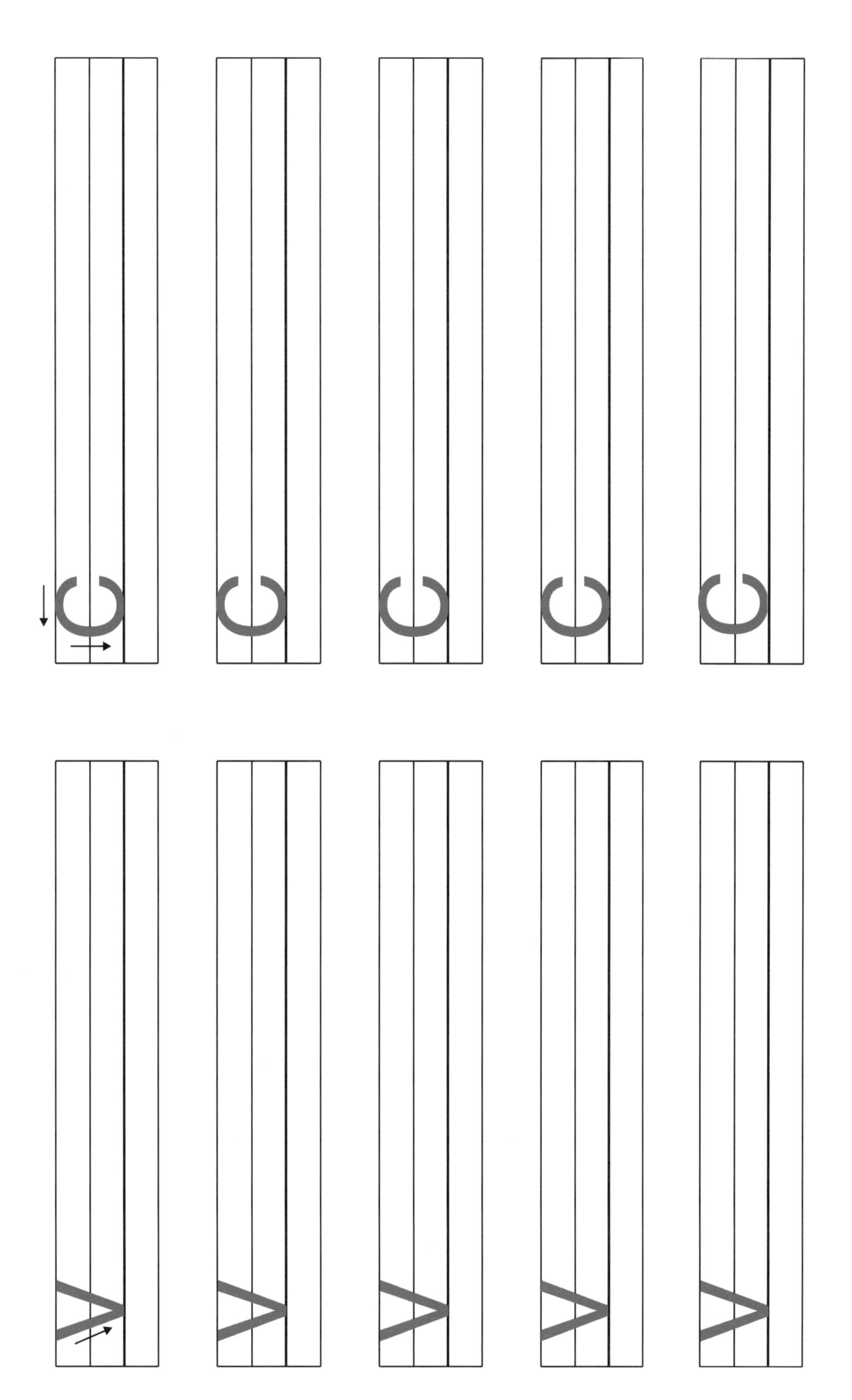
C
C
C
C
C
V
V
V
V
V

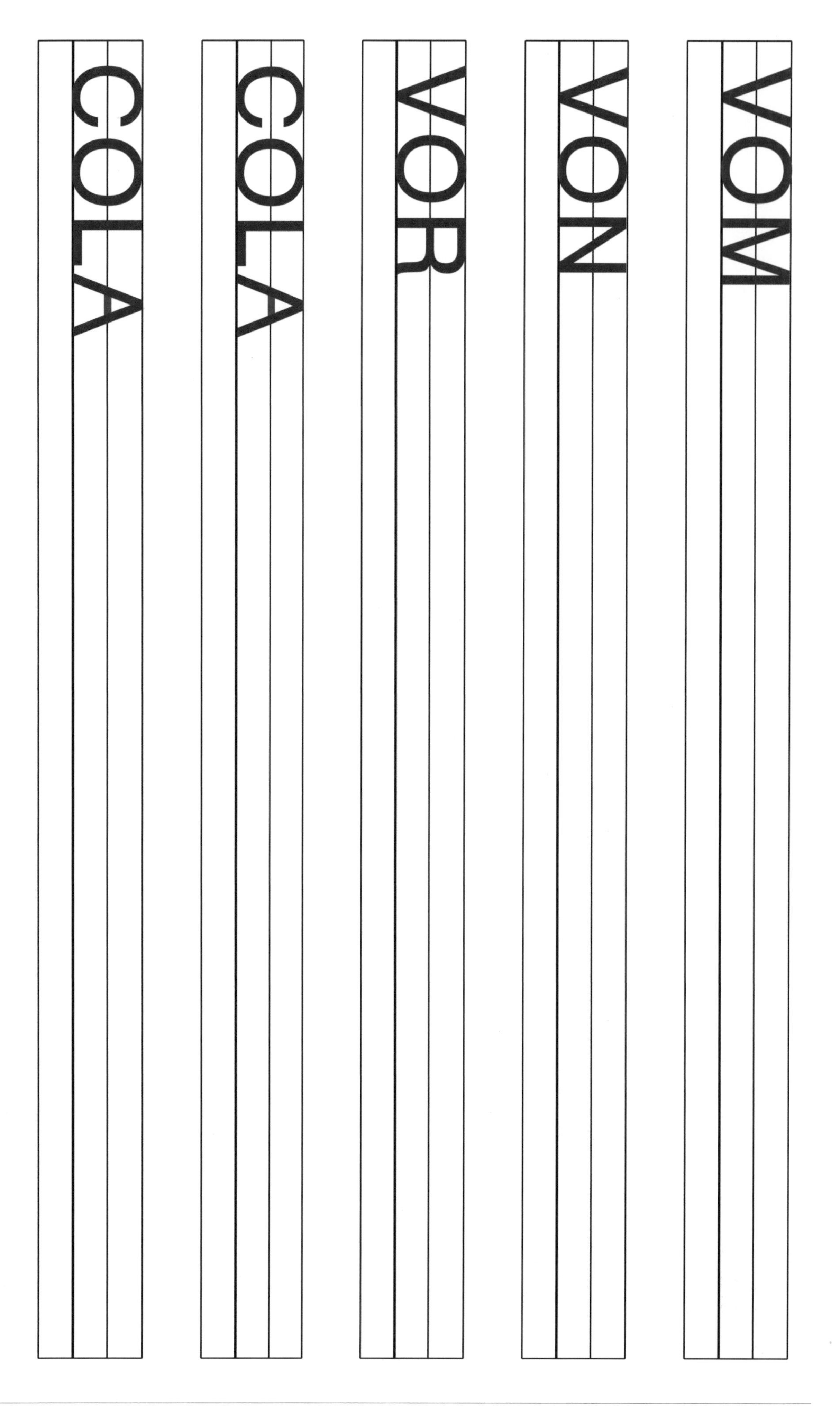
VOM
VON
VOR
COLA
COLA

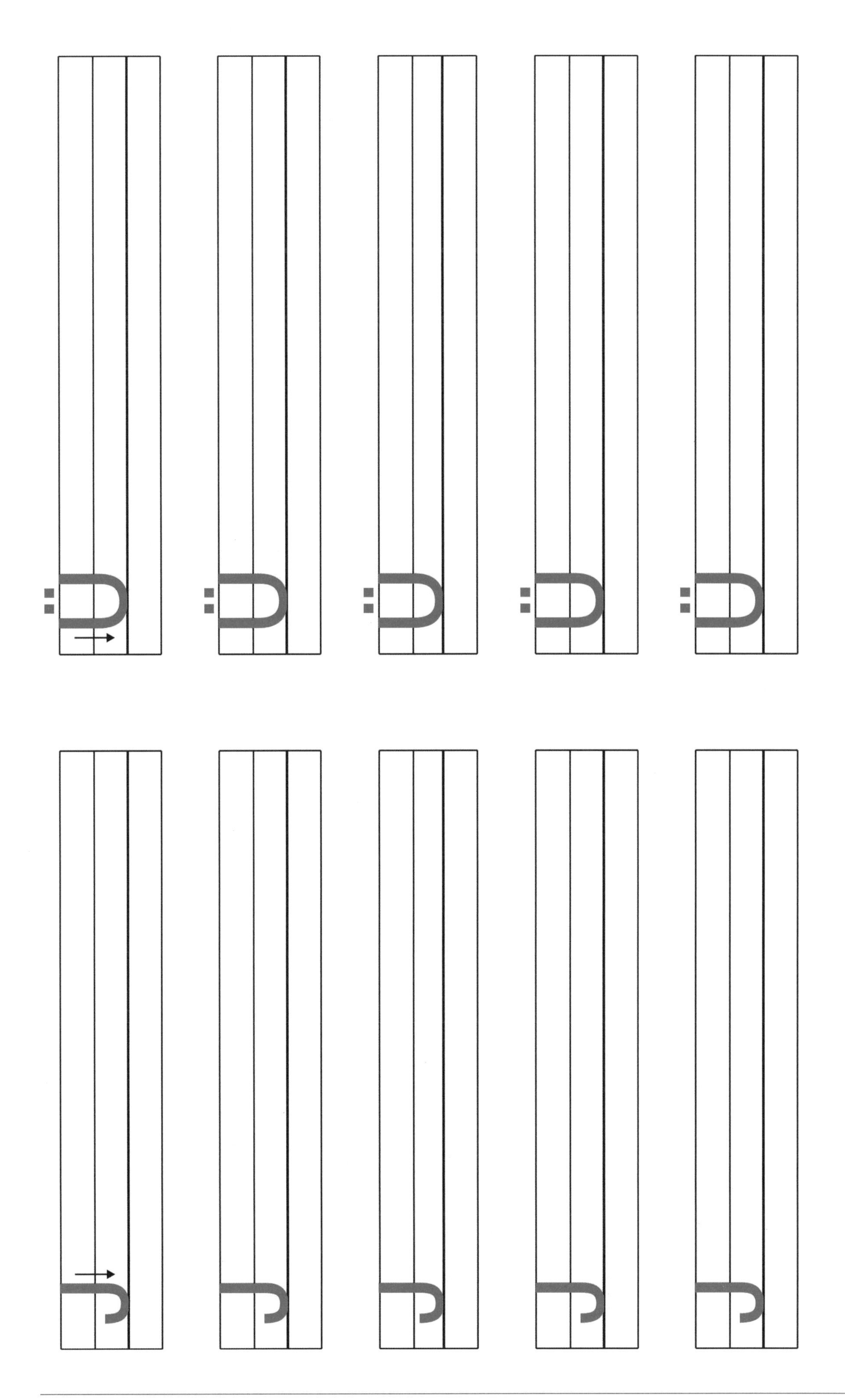

Jansen • Streit • Fuchs **Lesen und Rechtschreiben lernen nach dem IntraActPlus-Konzept**

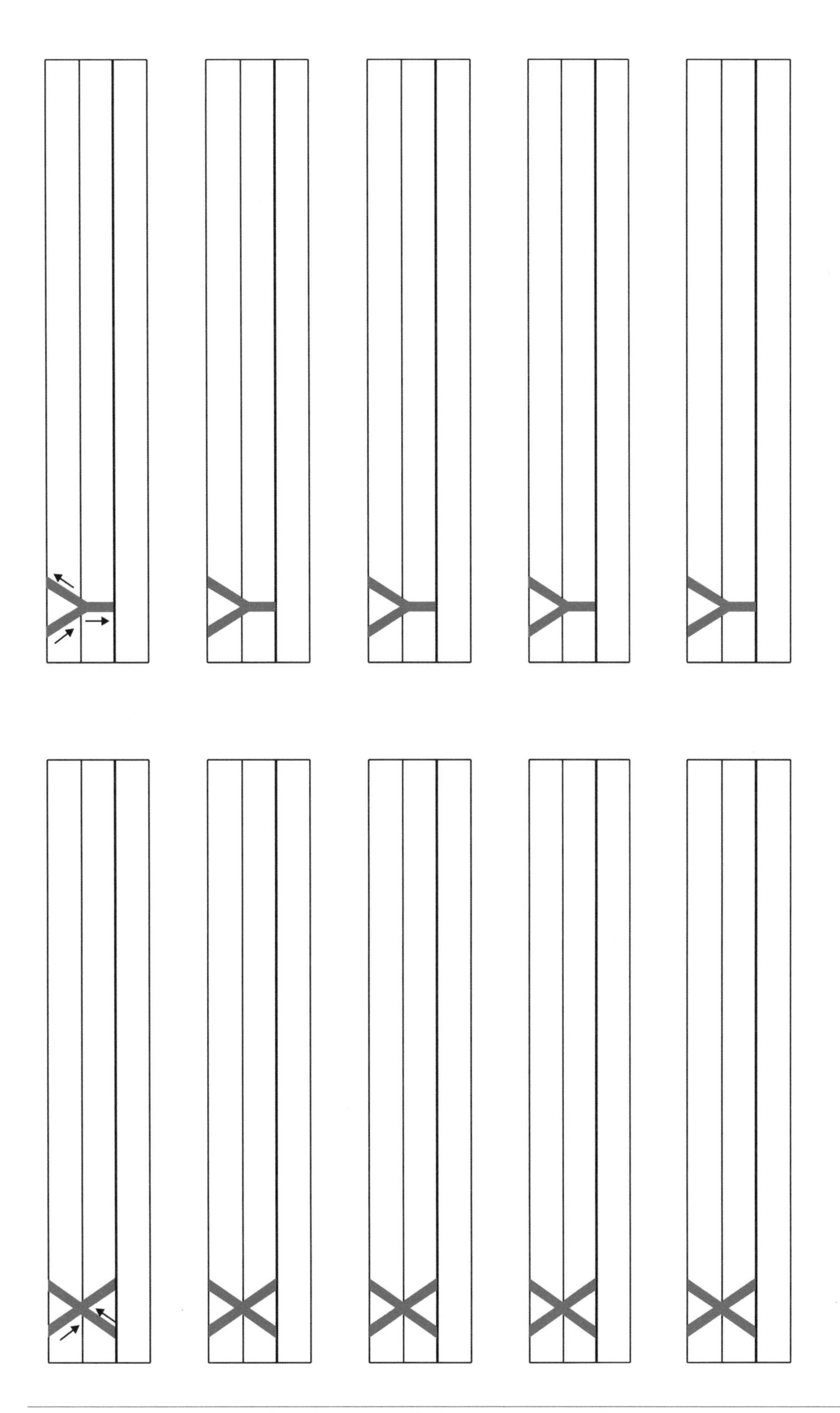

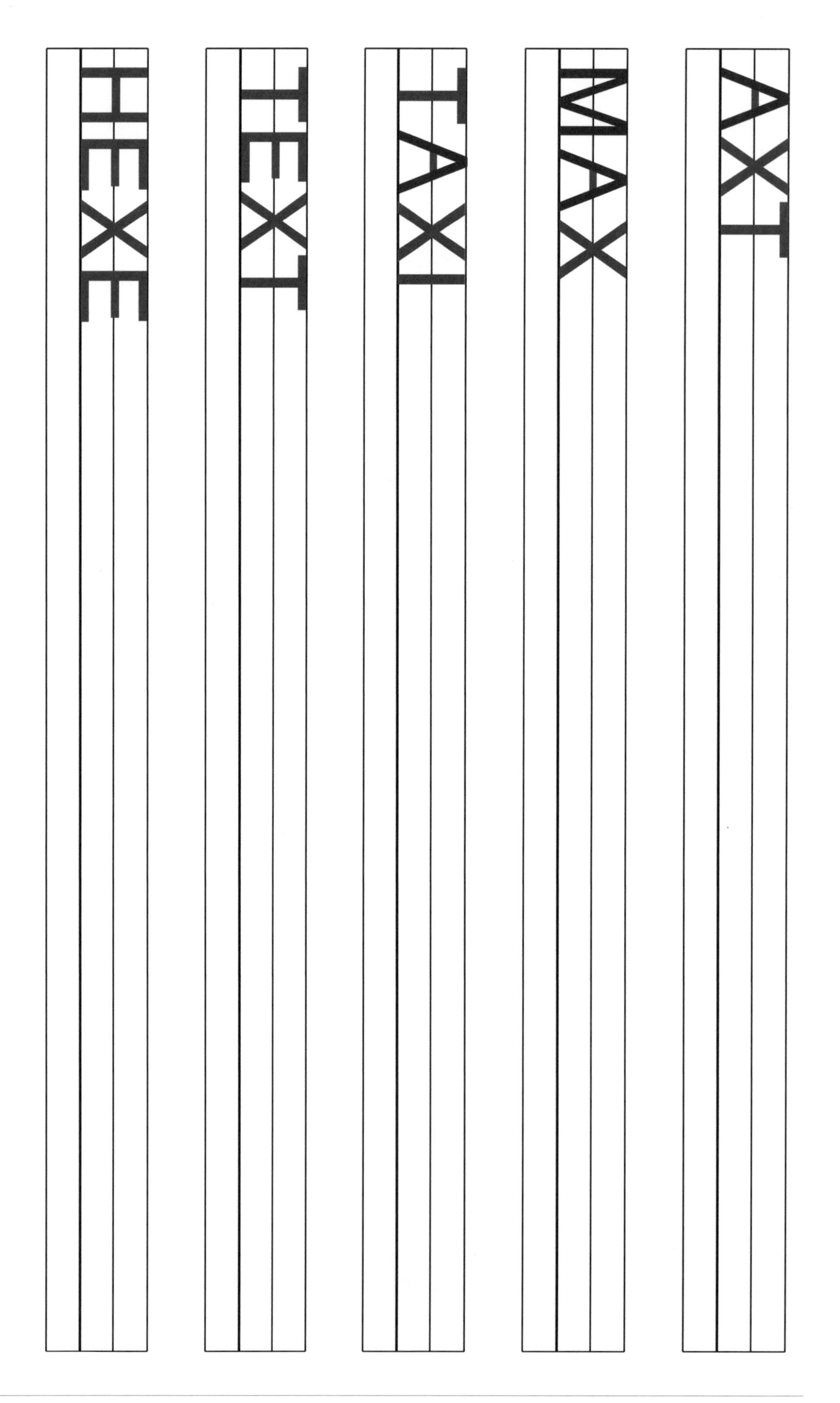
HEXE
TEXT
TAXI
MAX
AXT

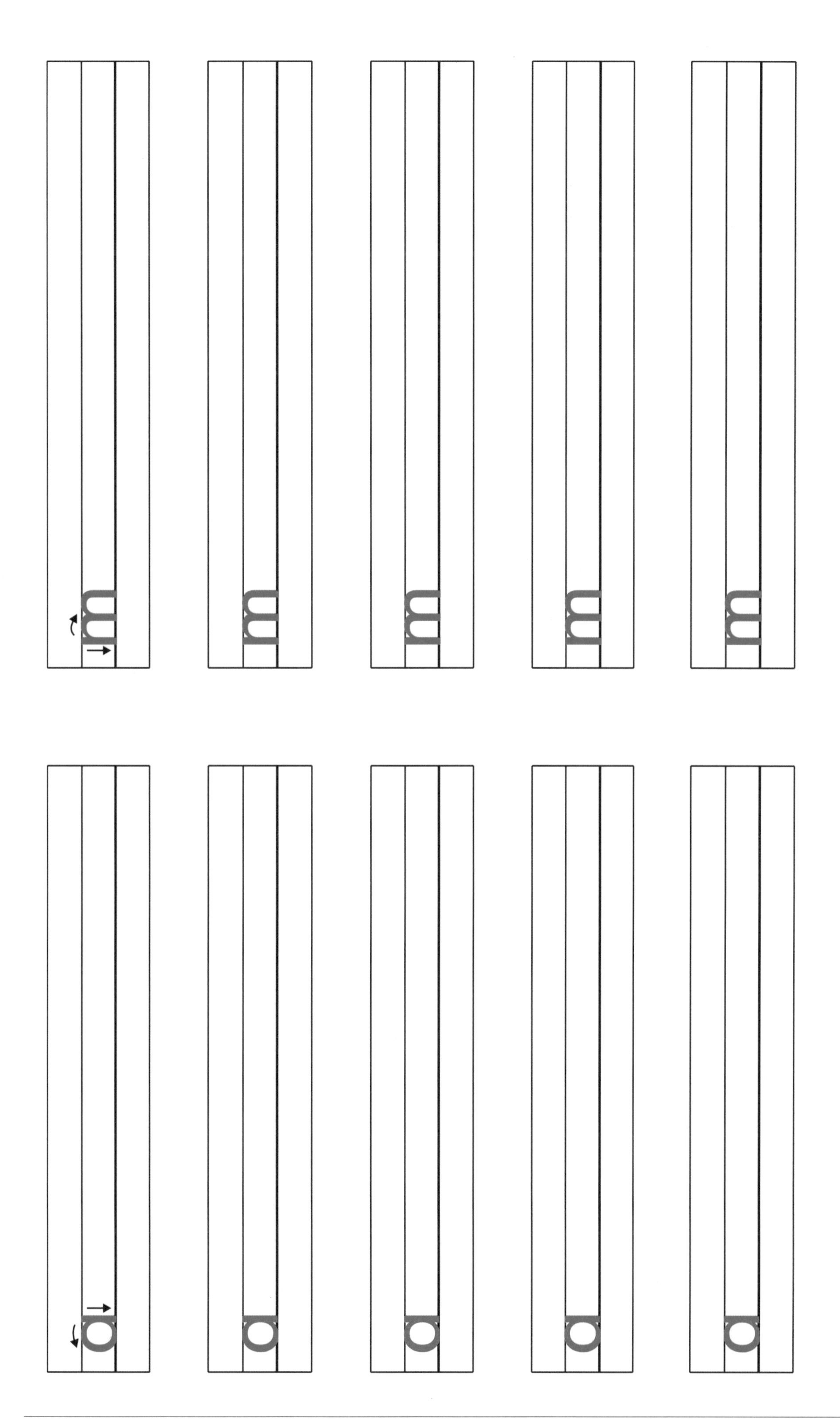

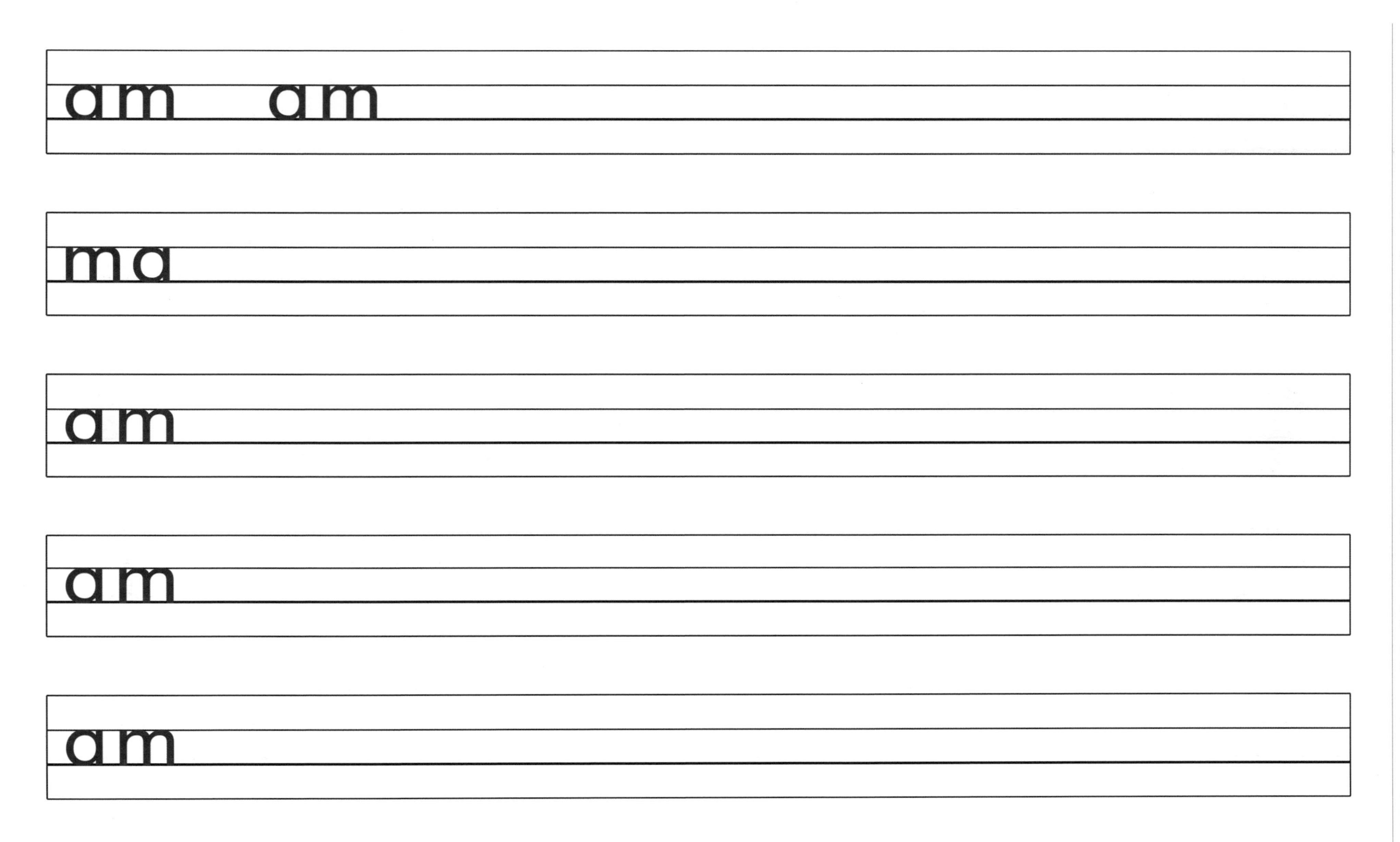
am am
ma
am
am
am

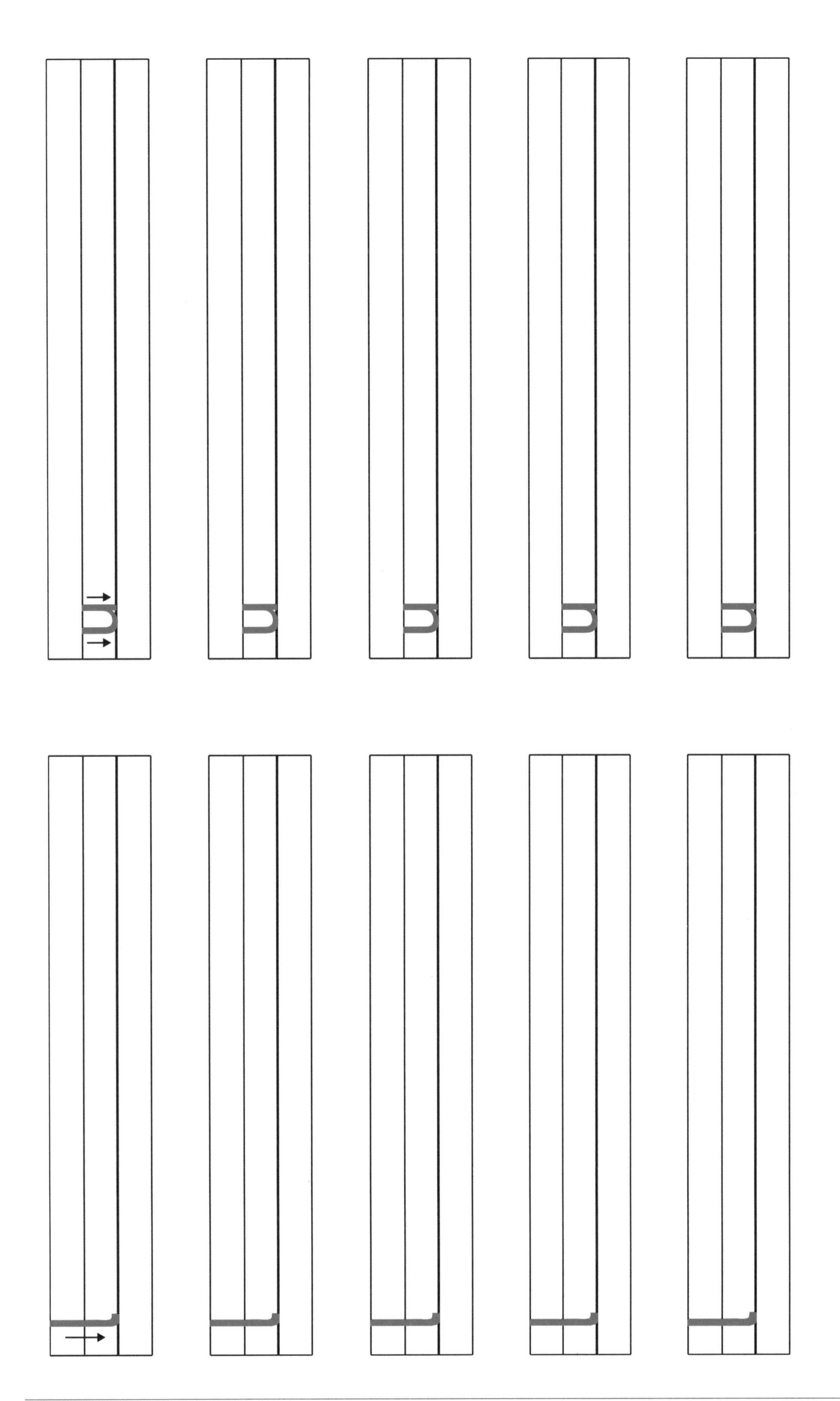

Diktat 1

1	a	a	a	m	m	m	a	a	m	m	a	m
2	l	l	a	a	l	a	l	a	l	l	a	l
3	u	u	l	u	u	l	l	u	l	u	u	l
4	m	m	u	u	m	u	u	m	u	m	u	m
5	u	l	a	m	u	a	l	m	u	l	m	a

Diktat 2

1	ma	ma	ma	am	am	ma	am	am	ma	am
2	ma	ma	mu	mu	ma	mu	mu	ma	ma	mu
3	la	la	al	al	la	al	la	la	al	al
4	la	lu	lu	la	lu	lu	la	la	lu	lu
5	um	um	am	am	um	am	am	um	um	am

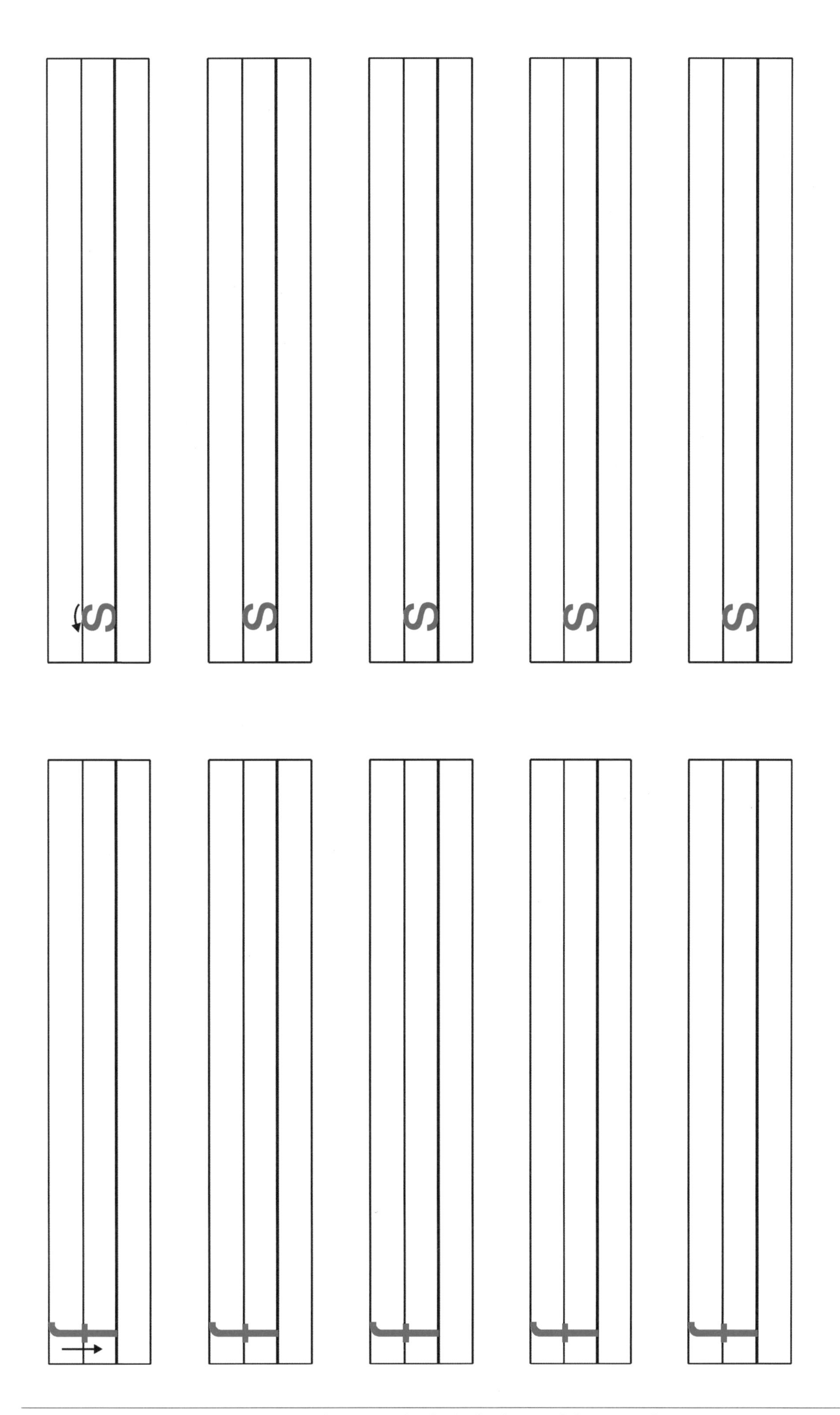

fa fa
fu
su
us
af

4.1 Vorübungen

4.2 Großbuchstaben

4.3 Kleinbuchstaben

Diktat 1

1	f	f	f	s	s	s	f	s	f	f	s	s
2	i	i	n	i	n	n	i	i	n	i	n	n
3	f	n	s	i	n	s	f	i	s	i	n	f
4	m	n	n	m	m	n	m	n	m	m	n	n
5	i	m	n	l	f	n	m	l	n	f	i	m

Diktat 2

1	fi	fu	fi	fi	fi	fu	fu	fi	fu	fi
2	su	su	nu	nu	su	nu	nu	su	su	nu
3	an	in	in	an	in	an	in	in	an	in
4	am	am	an	an	am	am	an	an	am	an
5	im	im	in	in	im	in	in	im	im	in

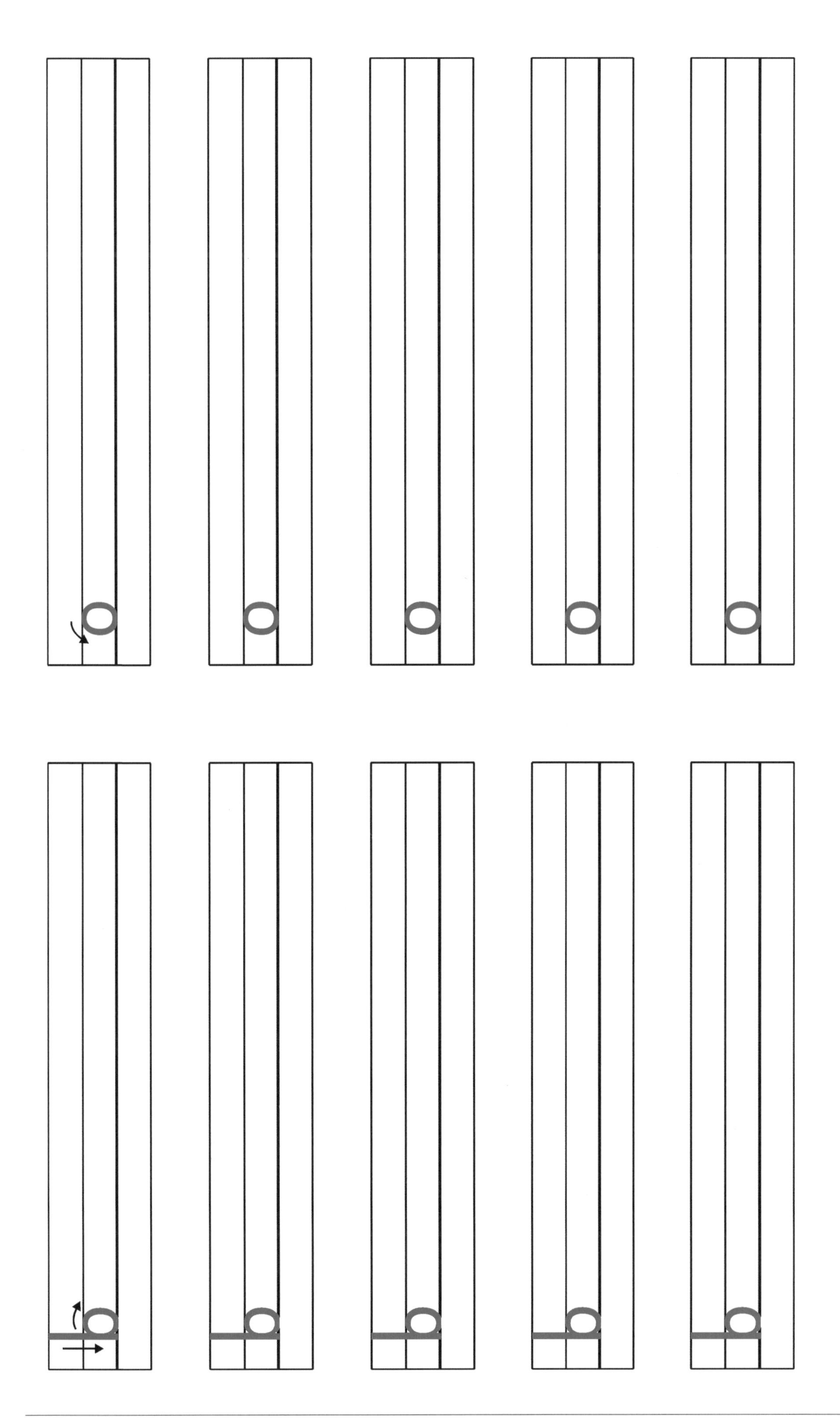

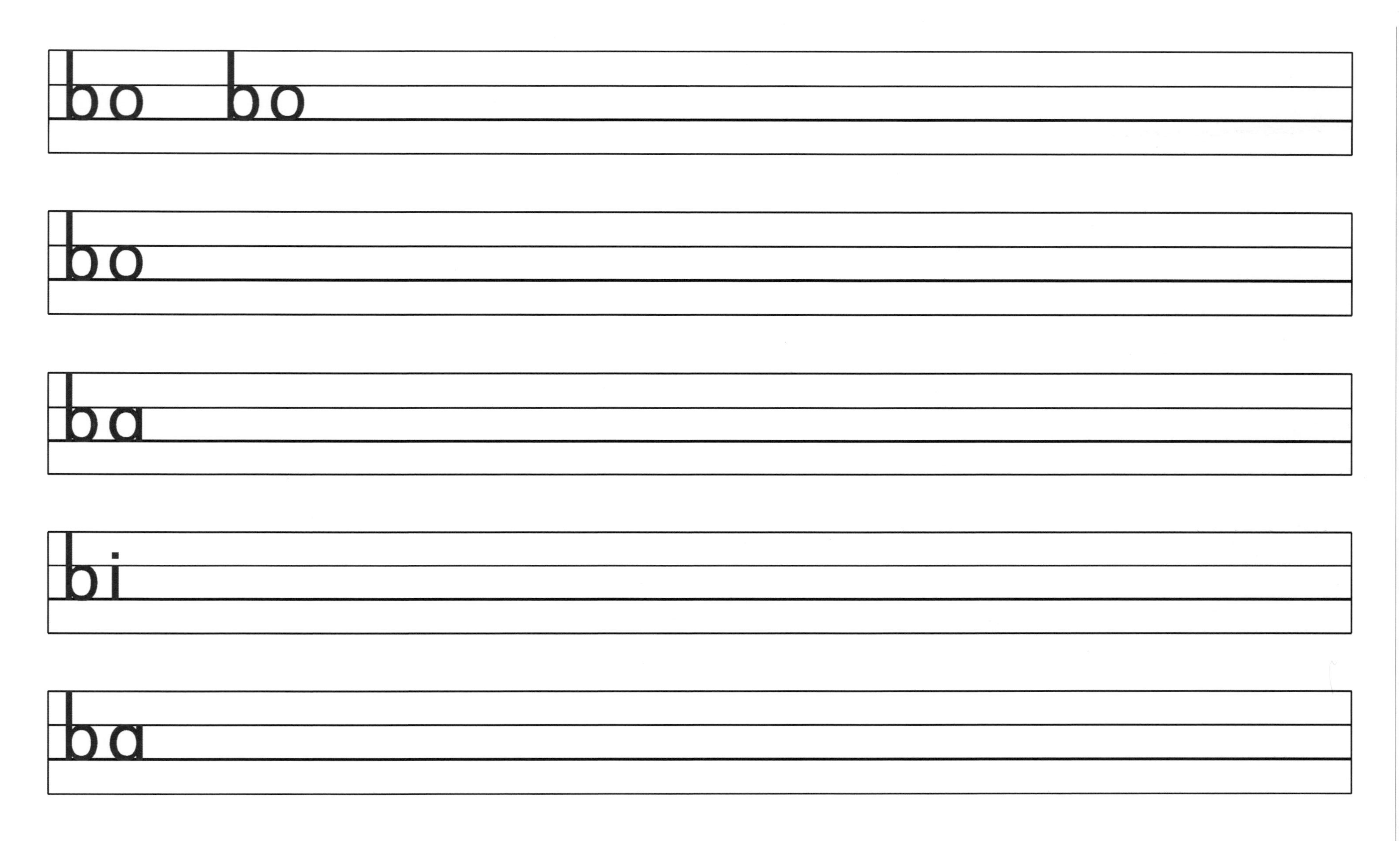
bo bo
bo
ba
bi
ba

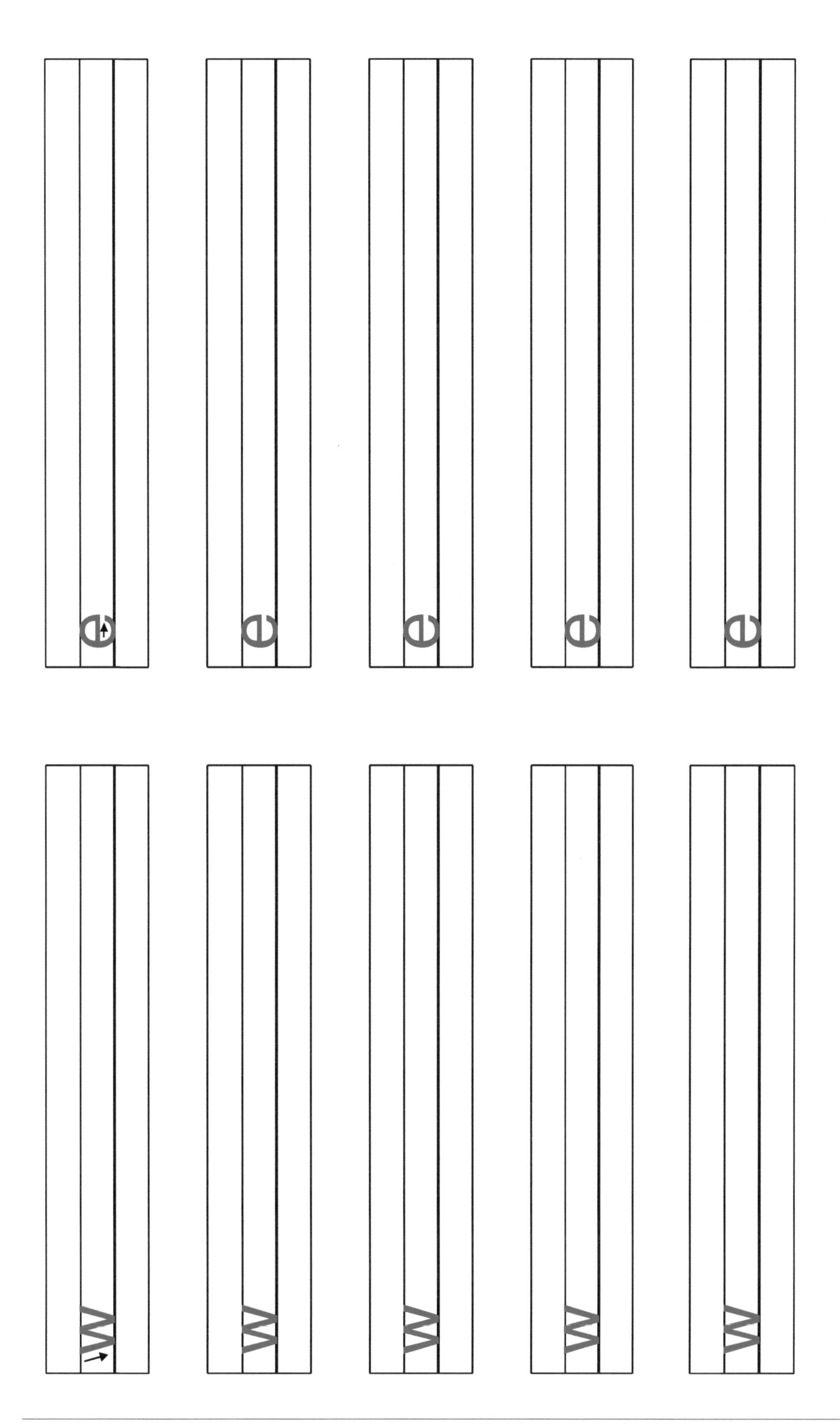
e
e
e
e
e
w
w
w
w
w

we we

we

wa

es

es

Diktat 1

1	b	b	o	b	o	o	b	b	o	b	o	b
2	w	e	e	w	w	e	w	e	w	w	e	e
3	b	o	w	e	w	e	o	b	o	b	e	w
4	b	w	m	l	w	m	b	l	m	b	l	w
5	a	e	i	o	u	i	a	e	o	i	e	o

Diktat 2

1	bo	bo	be	bo	be	be	bo	be	be	bo
2	we	wo	we	we	wo	we	we	wo	we	wo
3	bo	we	be	wo	we	be	wo	bo	bo	we
4	ba	wa	be	wo	wa	ba	wo	bo	ba	wa
5	wo	es	wo	wo	es	es	wo	es	wo	es

ra ra
go
ri
gu
ga

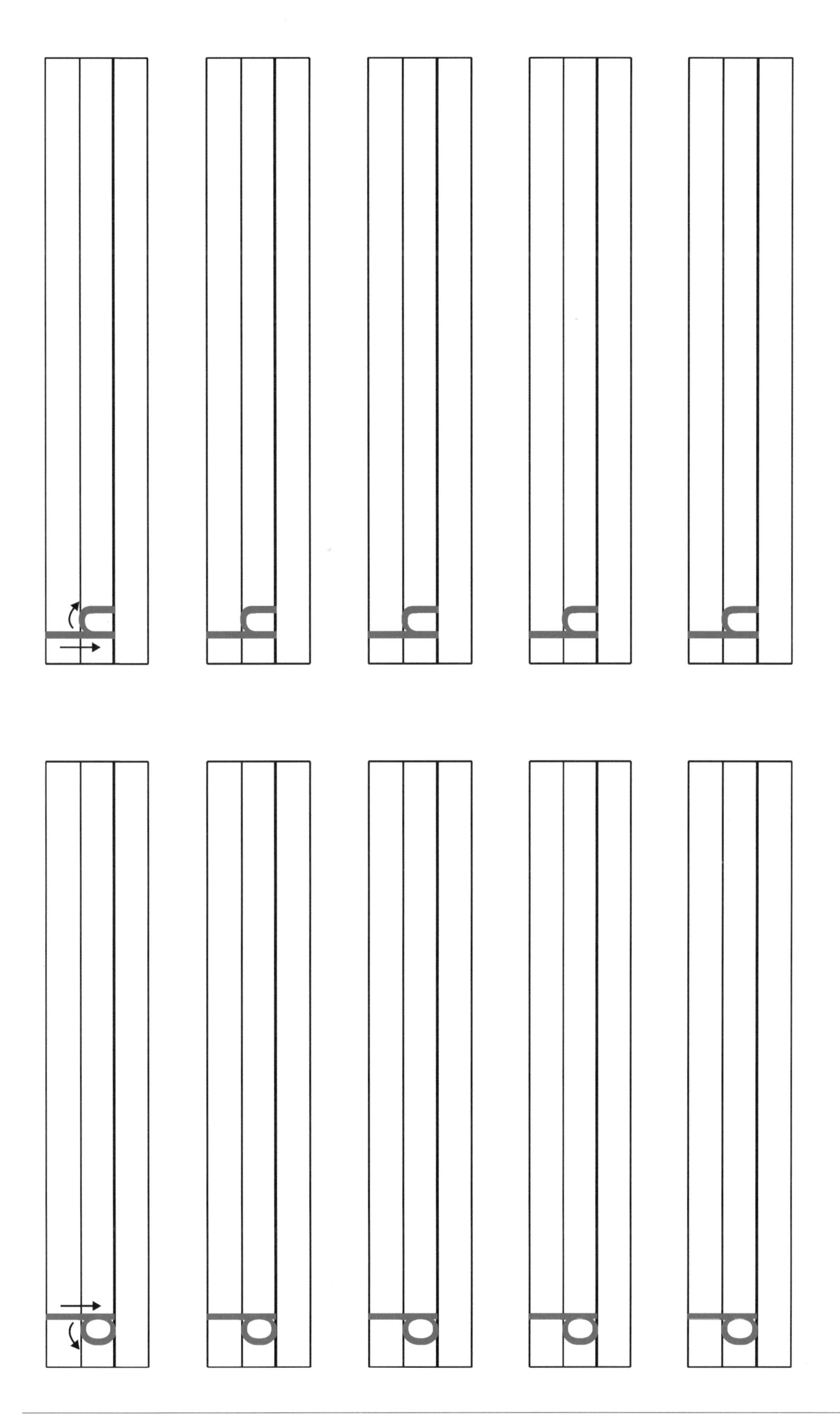

da
das
der
den
hin

Diktat 1

1	r	r	g	g	r	g	r	g	r	r	g	g
2	d	h	h	d	d	h	d	d	h	d	h	d
3	r	g	d	h	d	g	h	r	g	r	h	d
4	a	r	g	m	d	h	f	h	r	g	d	m
5	b	g	d	g	h	b	d	g	h	d	b	d

Diktat 2

1	ro	ra	ri	ra	ri	ro	ru	ri	ru	ro
2	go	gu	ga	gi	ga	gu	gi	go	gu	ga
3	hu	du	ha	da	he	de	du	hu	du	da
4	da	du	da	das	du	das	da	das	da	du
5	der	den	dem	den	der	der	dem	den	der	dem

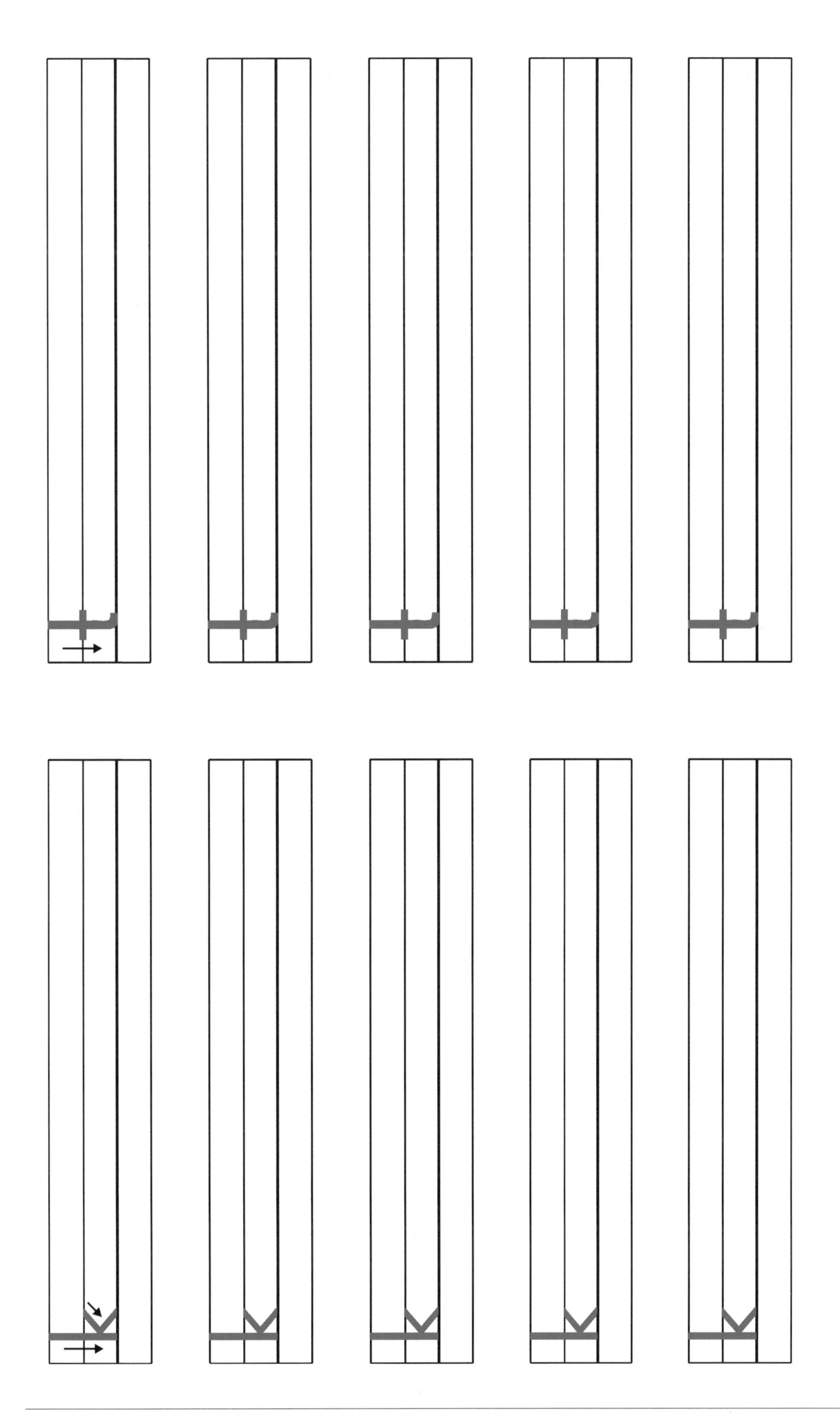

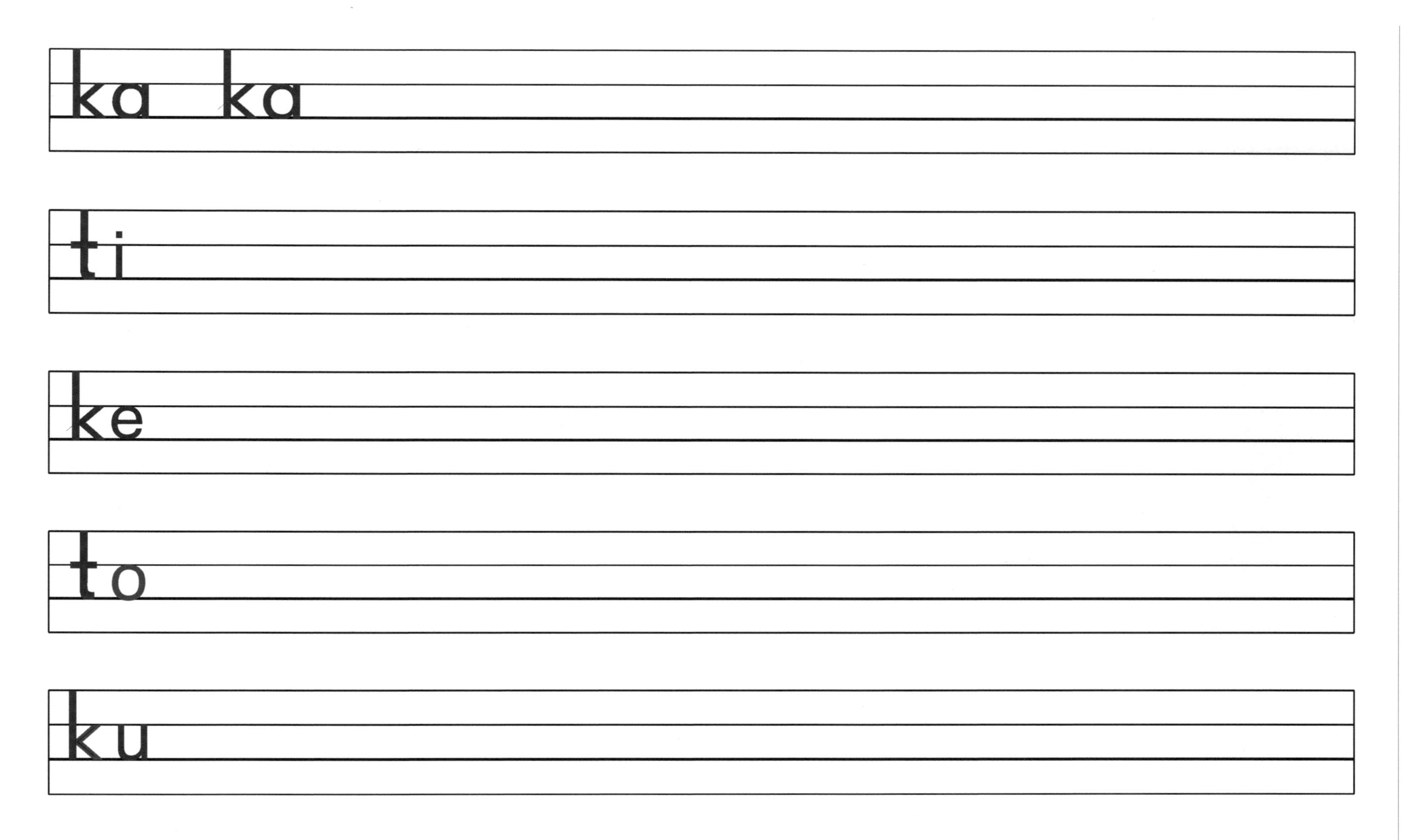
ka ka
ti
ke
to
ku

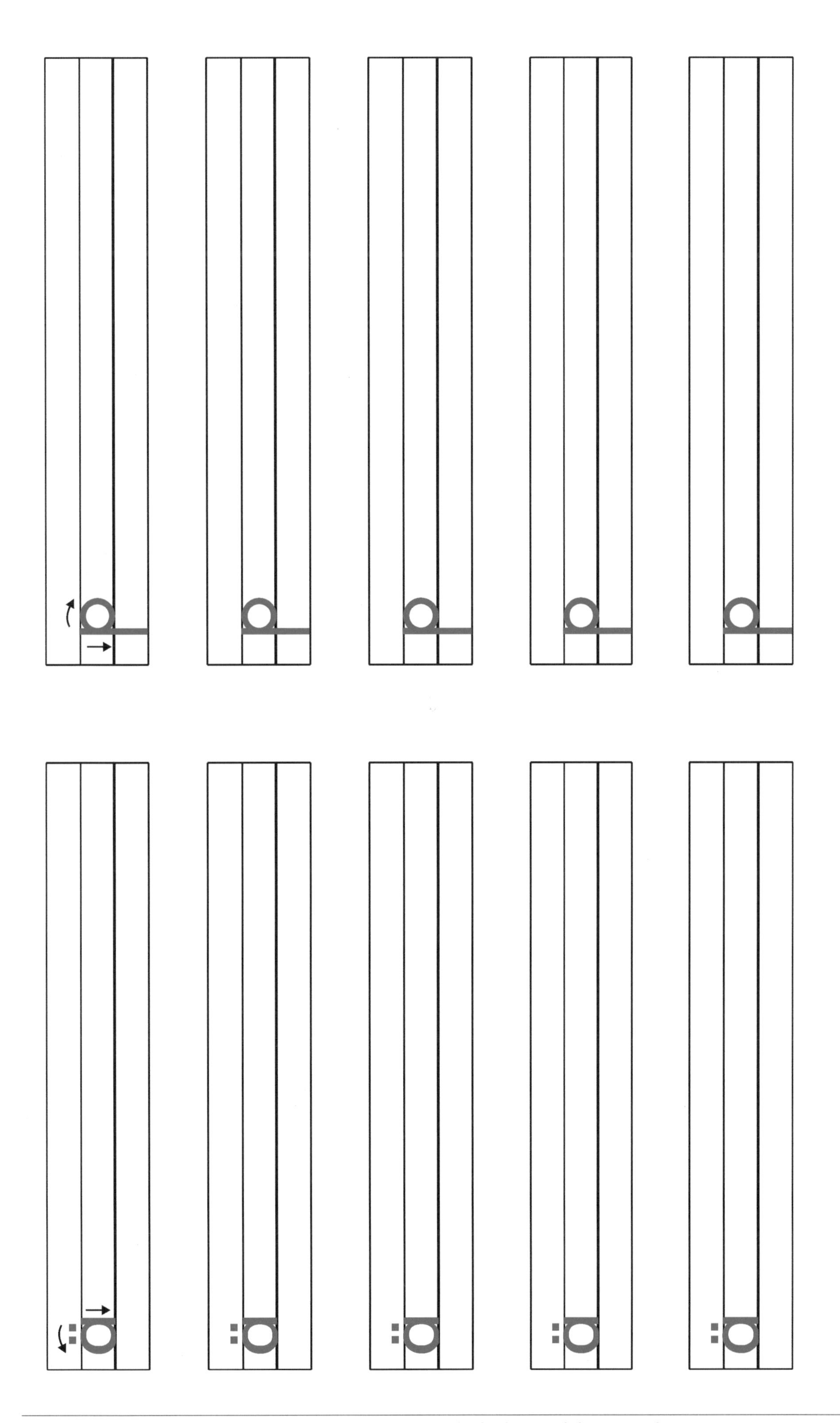

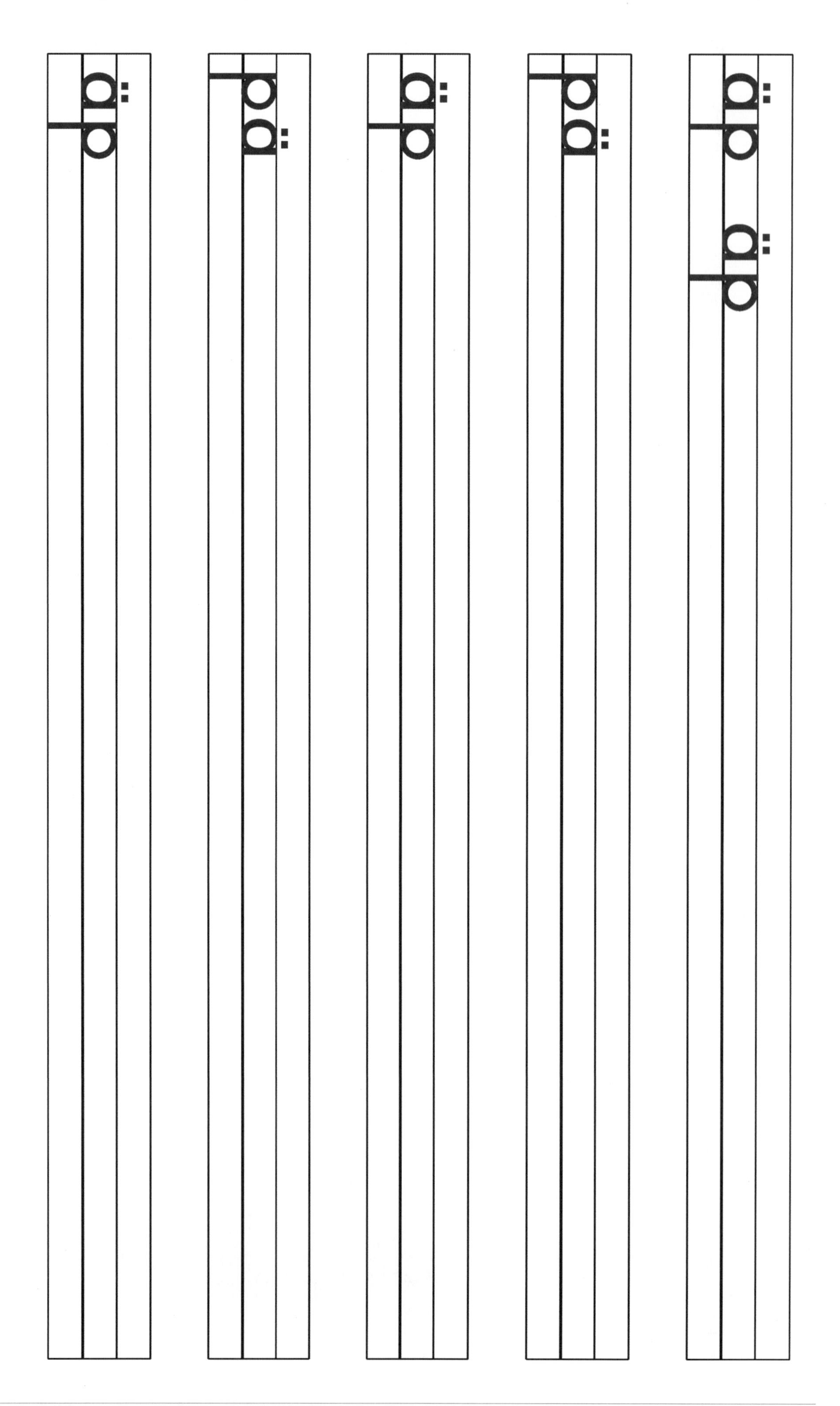

Diktat 1

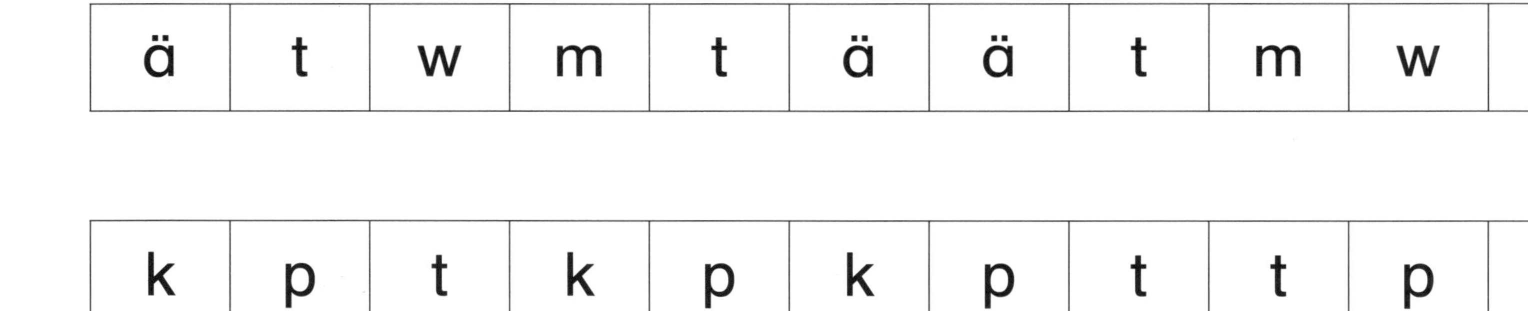

1	k	t	k	k	t	k	t	t	k	t	k	t
2	ä	p	p	ä	ä	p	ä	p	p	ä	ä	p
3	k	t	ä	p	t	p	ä	k	ä	t	p	k
4	ä	t	w	m	t	ä	ä	t	m	w	t	ä
5	k	p	t	k	p	k	p	t	t	p	k	k

Diktat 2

1	ki	ko	ku	ko	ku	ki	ki	ko	ki	ko
2	to	ot	ot	to	to	ot	ot	to	to	ot
3	tu	ut	ut	tu	tu	ut	ut	tu	ut	tu
4	rot	gut	gut	hat	gut	rot	hat	hat	gut	rot
5	ist	los	mit	ist	mit	tut	ist	mit	ist	tut

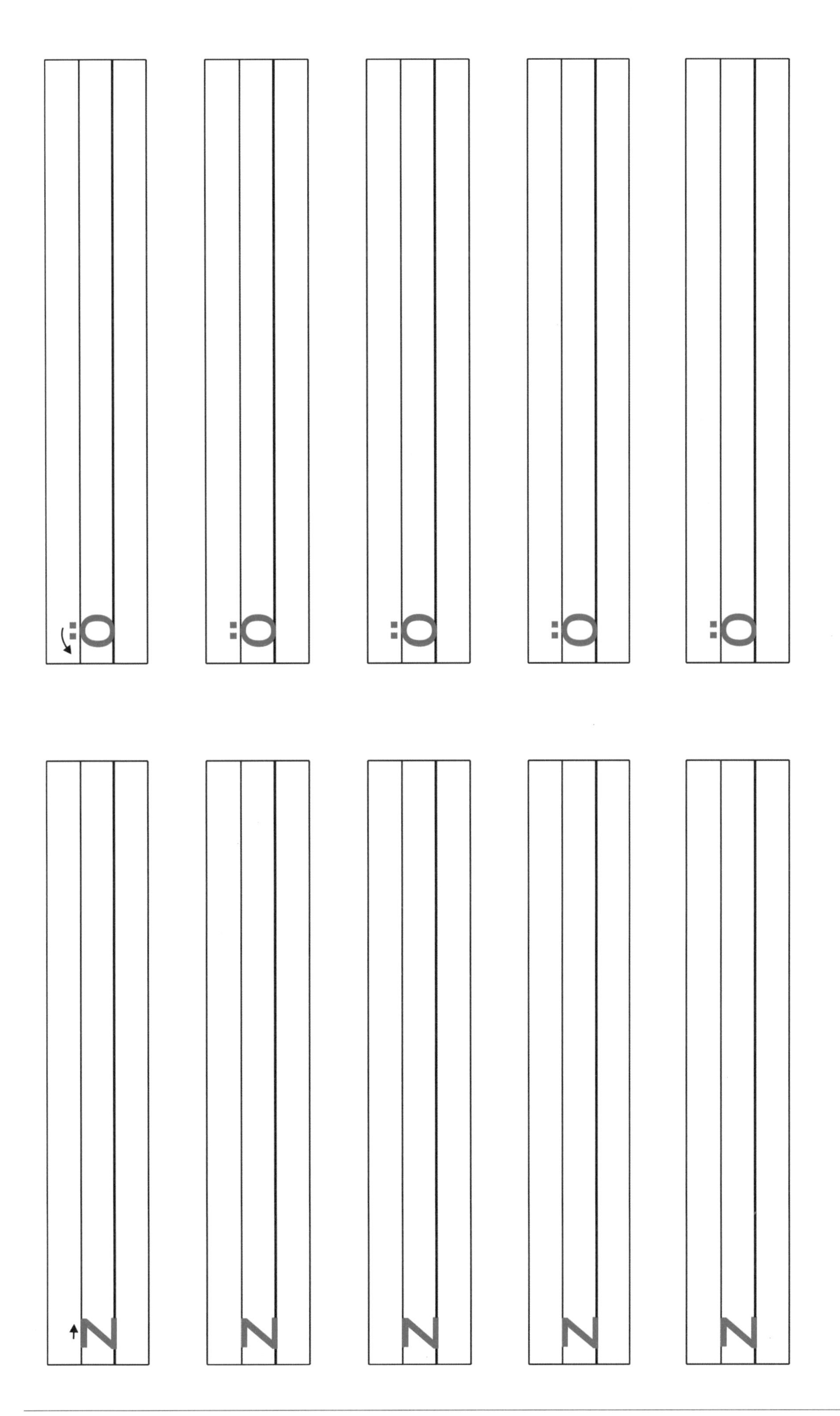

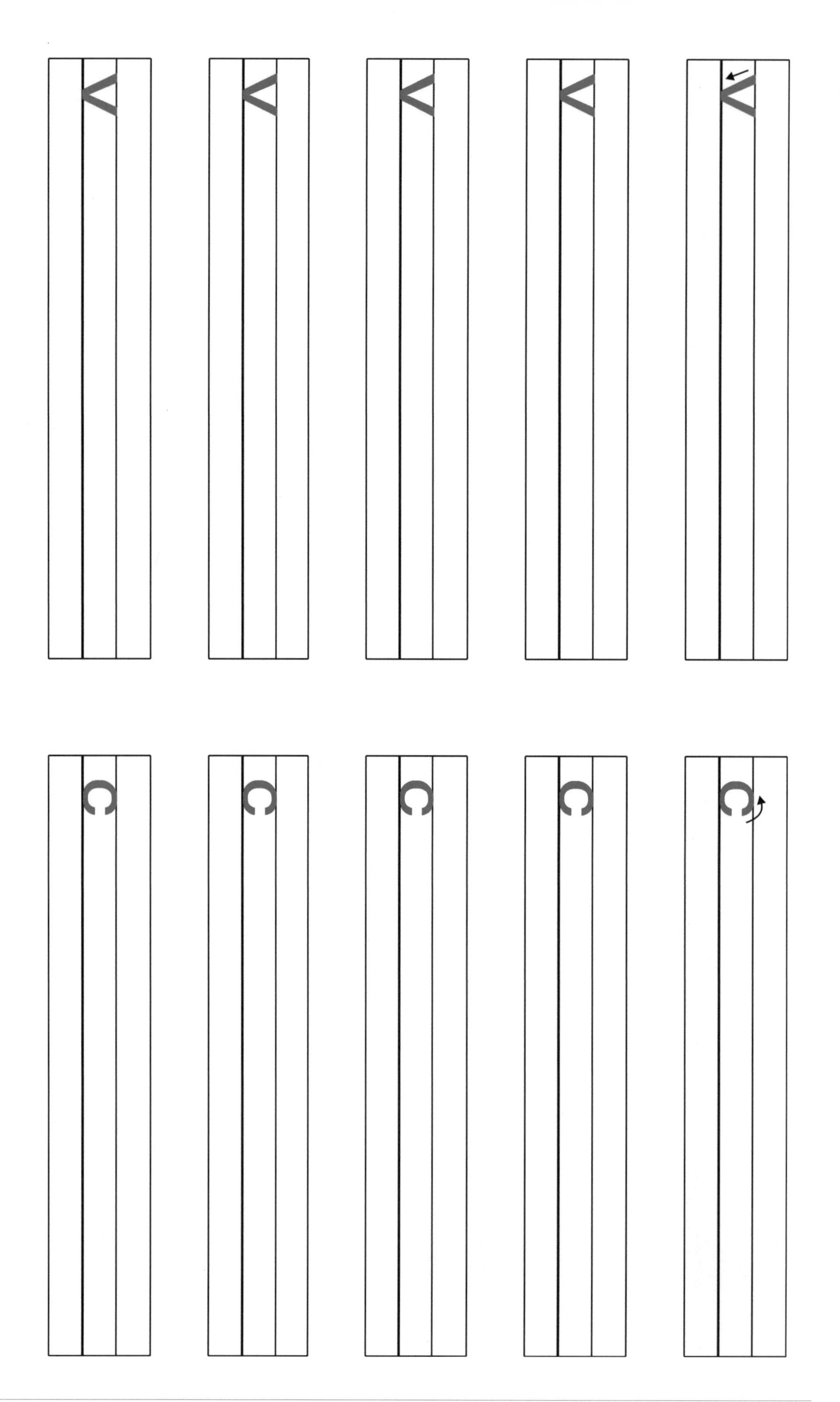
V
V
V
V
V
C
C
C
C
C

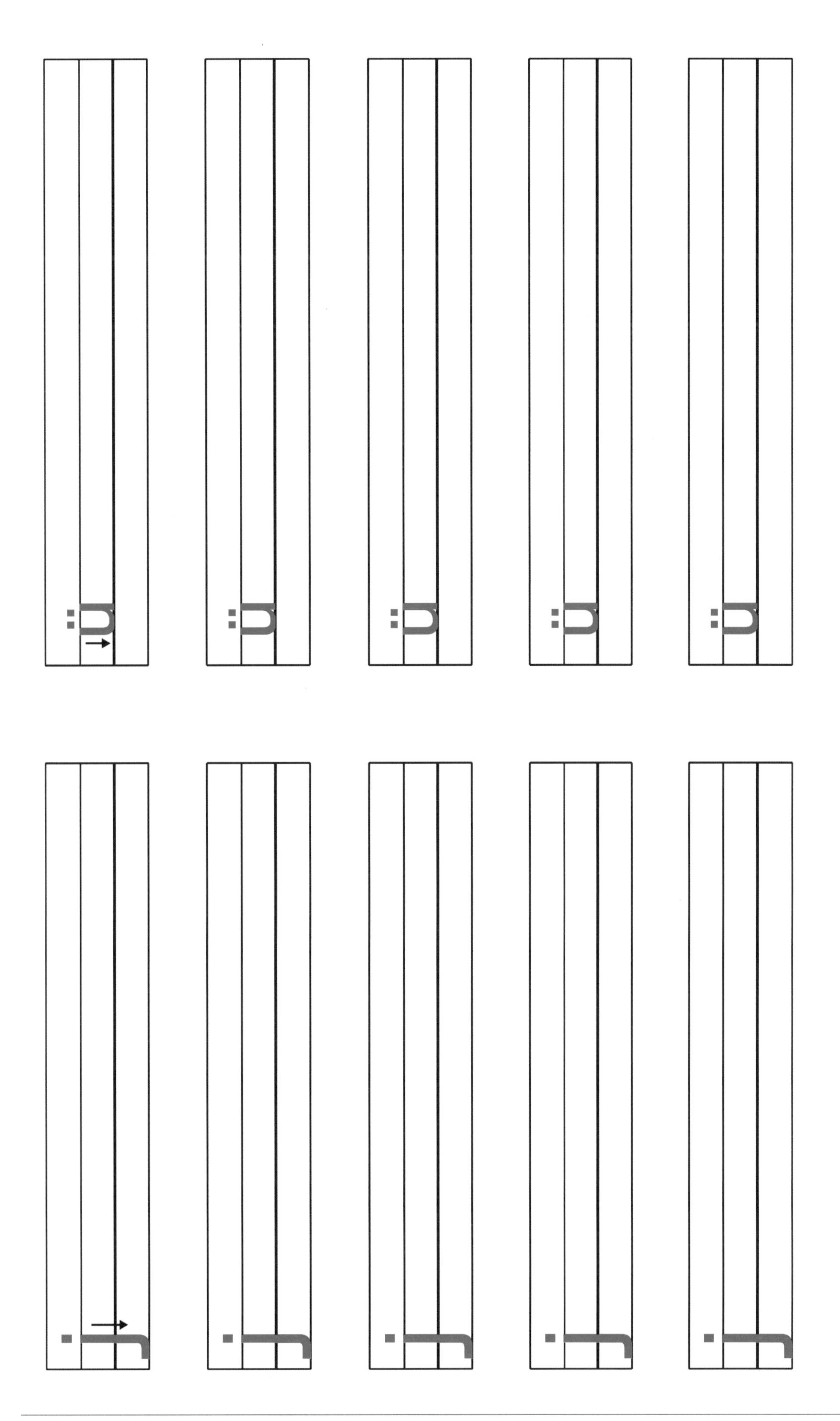

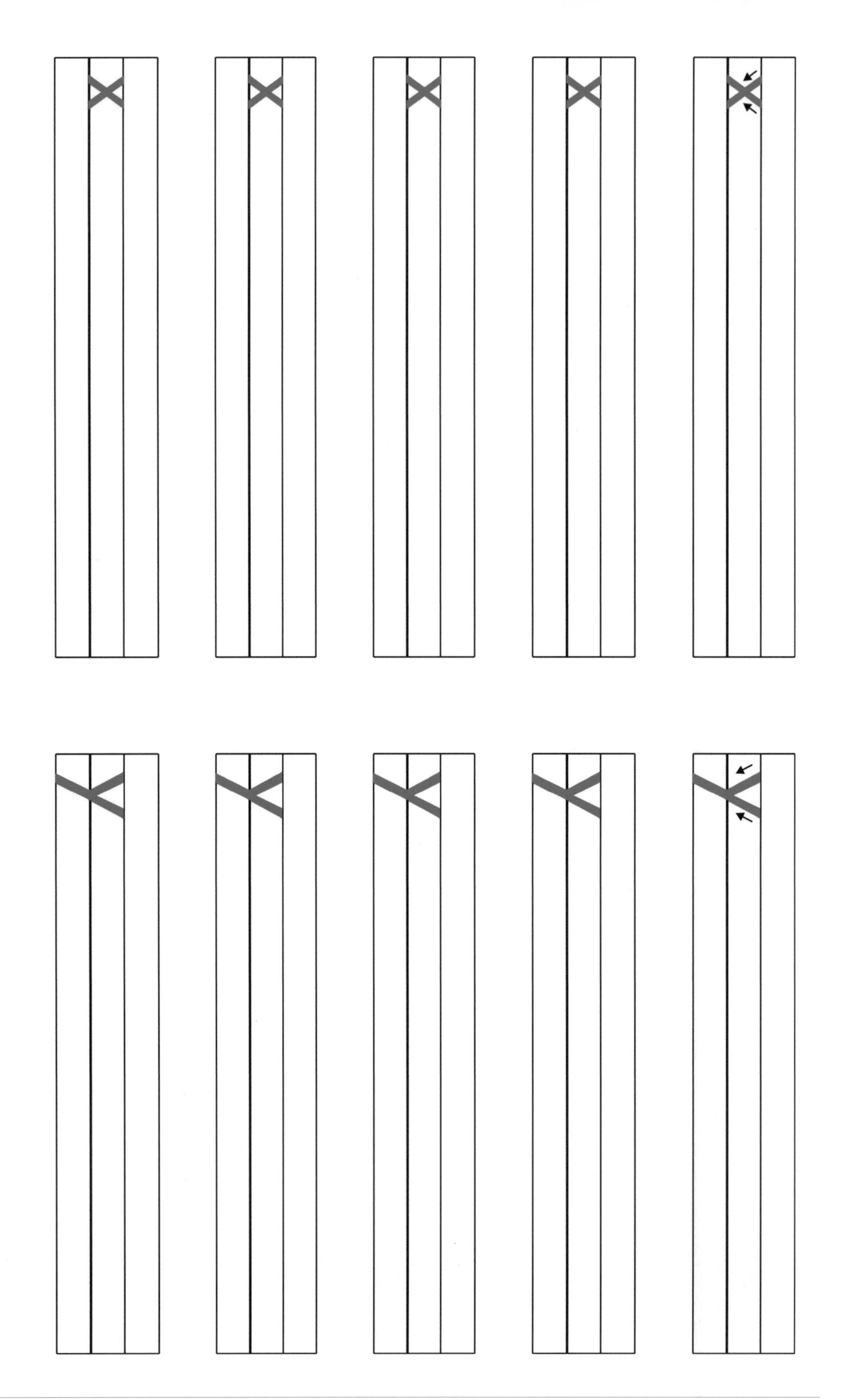

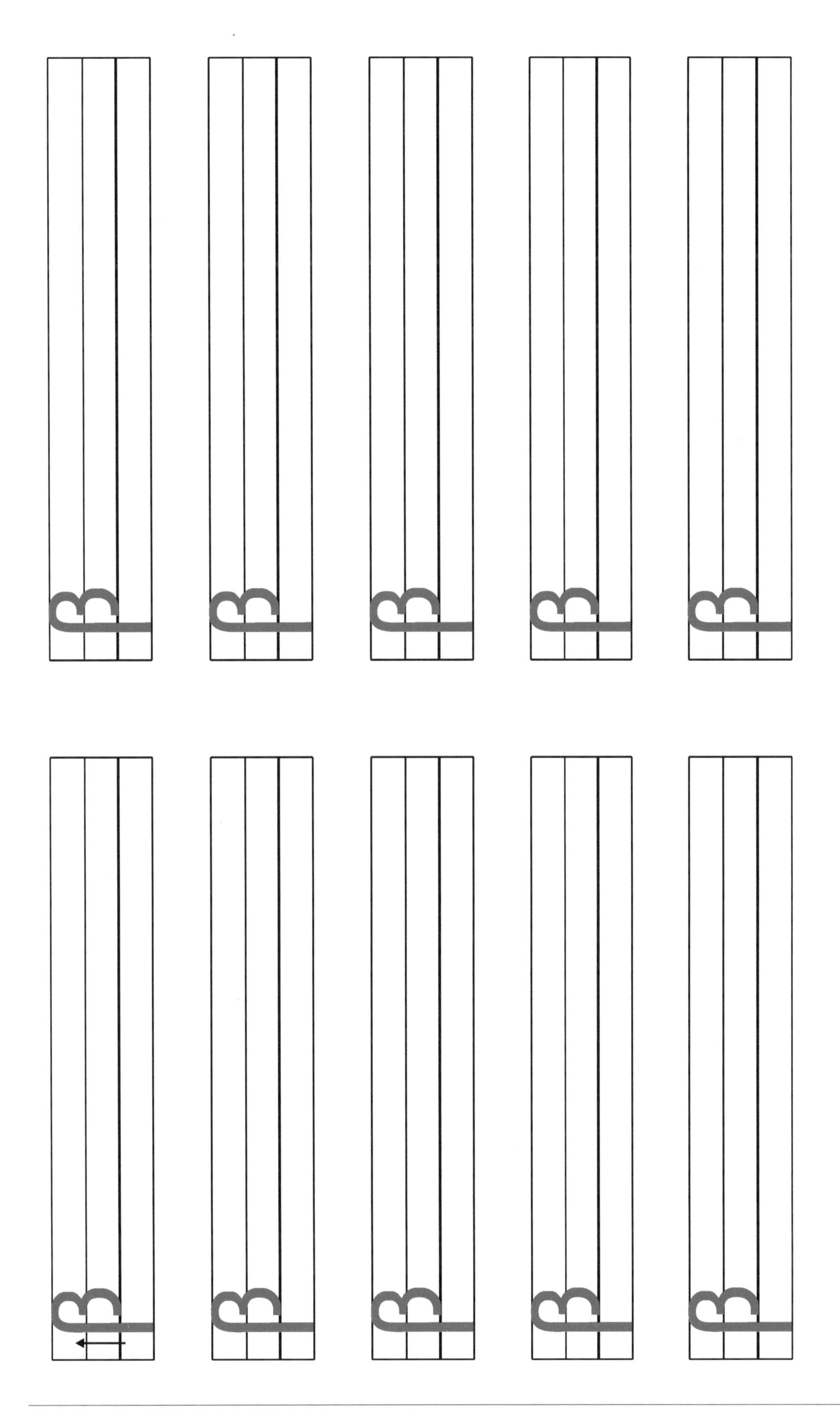
ß
ß
ß
ß
ß
ß
ß
ß
ß
ß

5

Rechtschreiben

Diktat 1

Das ist Mama.
Das ist Papa.

Das ist der Hase.
Der Hase ist im Gras.

Das ist der Igel.
Er ist im Gras.
Er ist alt.

Diktat 2

Das sind Mama und Papa.
Das sind Susi und Tim.

Das bist du.
Du bist im Gras.

Mama hat Saft.
Du hast Saft.

Wir haben Brot.
Das Brot ist gut.

Diktat 3

Das ist mein Hase.
Mein Hase ist klein.
Mein Hase ist bei Tim.

Das ist dein Saft.
Das ist deine Hose.
Deine Hose ist rot.

Diktat 4

Mama hat ein Ei.
Das Ei ist warm.
Eier sind fein.

Susi und Tim malen ein Bild.
Das Bild ist bunt.

Susi malt eine Blume.
Susi und Tim malen eine Ente.
Das Bild ist für Mama.

Diktat 5

Tim malt einen Ast.
Nun malt er einen Apfel.
Der Apfel ist grün.

Papa malt zwei Äste.
Papa malt drei Äpfel.
Seine Äpfel sind grün.

Nun malt Papa eine Birne.
Seine Birne ist gelb.

Diktat 6

Papa kauft ein Auto.
Das Auto ist neu.
Es ist blau.
Es ist laut.

Du bist im Regen.
Der Regen ist kalt.
Deine Nase ist rot.

Tim kauft zwei Äpfel.
Susi kauft drei Äpfel.
Nun haben Tim und Susi fünf Äpfel.

Wir geben Papa zwei Äpfel.
Wir geben Mama drei Eier.

Diktat 7

Es ist Abend.
Im Garten ist es dunkel.
Der Hund ist im Garten.
Im Garten ist auch eine Katze.

Papa ruft den Hund.
Susi und Tim rufen den Hund auch.
Wir hören Papa.
Wir hören auch den Hund.
Aber der Hund hört Papa nicht.

Diktat 8

Ich bin in der Schule.
Du bist auch in der Schule.
Wir sind leise.
Wir schreiben.

Ich schneide mit meiner Schere.
Ich schneide einen Käfer aus.
Tim schneidet einen Hund aus.
Ich male eine Raupe und einen
Käfer.

Diktat 9

In der Tasche sind meine Schuhe.
Meine Schuhe sind schwarz.
Meine Schuhe sind schon alt.
Deine Schuhe sind älter.

Im Busch ist ein schwarzer Käfer.
Der Käfer schläft.
Im Busch ist auch eine braune
Raupe.
Käfer und Raupe schlafen.

Papa und Tim waschen das Auto.
Ich wasche meine Hose.
Susi wäscht einen Apfel.

Diktat 10

Hier ist eine Biene.
Die Biene ist an der Blume.
Sie liebt rote Blumen.
Sie liebt auch gelbe Blumen.

Hier liegt ein Brief.
Susi liest den Brief.
Wir lesen den Brief.

Wir lieben die Hasen.
Ein Hase liegt im Gras.
Zwei Hasen liegen im Gras.

Diktat 11

In meinem Garten ist ein Baum.
In deinem Garten sind zwei Bäume.
In deinem Garten ist eine Maus.
In meinem Garten sind sieben
Mäuse.

In meinem Garten sind sieben
Sträucher.
Diese Sträucher sind schön.
Ein Strauch ist alt.

Dieses Haus ist alt.
Am Haus ist eine Bank.
Ich liebe alte Häuser.
Diese Häuser sind neu.
Neue Häuser sind auch schön.

Diktat 12

Tim hat Sand an seiner Hand.
Er hält seine Hand in den Regen.
Er wartet.
Da wird die Hand sauber.
Nun hält er beide Hände in den
Regen.
Beide Hände werden sauber.

Susi und Tim warten bei der Schule.
Sie warten auf Papa.
Sie warten im Regen.

Diktat 13

Tim sucht seinen Hund.
Er geht über die Wiese.
Er geht zum Feld.
Der Weg ist weit.
Aber Tim hat Zeit.
Er geht und singt.

Ich gehe in die Schule.
Du gehst in die Schule.
In der Schule singen wir.

Susi und Tim gehen in das Haus.
Wir gehen in den Garten und spielen.
Wir suchen bunte Blumen.

Diktat 14

Es ist Sommer.
Das Wetter ist schön.
Die Sonne scheint hell.
Der Himmel ist blau.
Ich liebe den Sommer.

Wir wollen in den Garten gehen.
Wir können Ball spielen.
Ich habe zwei Bälle.
Ich habe einen roten und einen blauen Ball.

Ich kann mit meinem Hund spielen.
Er liebt alle Bälle.
Er will den Ball haben.
Alle Hunde wollen Ball spielen.

Diktat 15

Vor unserem Haus sind viele Vögel.
Hier ist eine schwarze Amsel.
Die Amsel will frisches Wasser.

Vögel haben Flügel.
Vögel können fliegen.
Vögel legen Eier.

Dieser Vogel ist von Tim.
Es ist eine Ente.
Sie kann quaken.
Auch die Ente ist ein Vogel.

Diktat 16

Ich schaue aus dem Fenster.
Es ist Herbst.
Viele Blätter fallen vom Baum.
Die Blätter fallen in den Garten.
Es ist ganz still.

Tim und Susi schauen aus dem Fenster.
Ihre Eltern kommen.
Sie kommen zusammen im Auto.
Nun sind sie vor dem Fenster.

Diktat 17

Ich habe eine Familie.
Das ist mein Vater.
Das ist meine Mutter.

Das ist meine Tante.
Sie ist die Schwester meines Vaters.
Ich habe noch eine Tante.
Sie ist die Schwester meiner Mutter.

Das ist mein Onkel.
Er hat eine Tochter.
Seine Tochter heißt Susi.

Meine Eltern haben einen Sohn.
Er heißt Tim.
Er ist mein Bruder.

Diktat 18

In der Klasse ist es still.
Alle Kinder lernen.
Alle Kinder haben Füller.

Mein Füller ist schon alt.
Er schreibt nicht gut.
Meine Freundin gibt mir ihren Stift.
Das ist lieb von ihr.

Meine Freundin kann gut malen.
Ich gebe ihr ein neues Papier.
Sie malt ganz viele Tiere.

Diktat 19

Die kleine Hexe ist hundert Jahre alt.
Sie fliegt auf ihrem Besen.
Auf ihrem Rücken ist die Katze.
Die Hexe fliegt zu ihrem Haus.

Die kleine Hexe ist nicht böse.
Sie ist lieb.
Sie hilft einer kranken Frau.
Sie bringt ihr gute Kräuter.

Diktat 20

Du bist krank.
Dir tut der Bauch weh.
Auch dein Hals und dein Kopf tun dir weh.
Deine Stirn ist heiß.

Mutter hilft dir.
Sie bringt dir ein Glas Wasser.
Kranke Kinder sollen viel trinken.

Ich will dir auch helfen.
Ich kann dir ein Bild malen.
Ich kann dir Blumen bringen.
Werde schnell gesund!

Diktat 21

Im Garten sind viele Jungen und Mädchen.
Die Mädchen sitzen im Gras.
Sie reden über den Sommer.
Tina hat ein rotes Kleid an.
Ihre Freundin hat einen weißen Rock an.

Tim spielt mit den Jungen Ball.
Er hat ein weißes Hemd an.
Seine Hose ist sehr eng.
Tim will rennen.
Er rennt zu schnell.
Da fällt er hin.
Nun tut sein Bein weh.

Diktat 22

Wir arbeiten mit Papa im Garten.
Wir schneiden die Hecke.
Wir hacken den Boden.
Die alten Wurzeln müssen raus.
Ich arbeite viel.

Wir pflanzen Blumen in die Erde.
Ich muss sie gut pflegen.
Im Sommer werden die Blumen blühen.
Schmetterlinge lieben ihre Blüten.

Diktat 23

Die Ampel ist rot.
Alle Kinder bleiben stehen.
Alle Männer und Frauen bleiben
stehen.
Auch Tim bleibt stehen.
Auf der Straße ist viel Verkehr.
Die Autos fahren schnell.
Ein Auto fährt zu schnell.

Nun wird die Ampel grün.
Die Kinder gehen über die Straße.
Ein Kind rennt schnell.
Ein Mann sagt zu ihm:
"Du darfst nicht über die Straße
rennen. Du musst gehen!"

Diktat 24

Mutter badet das Baby.
Sie wäscht seinen Kopf und seinen
Bauch.
Sie wäscht auch seine Arme und
Beine.
Das Baby hat eine feine Haut.

Das Baby hat zehn Finger.
Das Baby hat zehn Zehen.
Das Baby bewegt seine Zehen.
Die Zehen bewegen sich im Wasser.

Diktat 25

Ich male ein Kind.
Ich male den Kopf mit dem Gesicht.
Dann male ich zwei Augen und zwei Ohren.
Das Kind hat auch eine Nase und einen Mund.
Es hat braune Haare.
Nun male ich den Körper.
Ich male den Hals, den Bauch, die Arme und die Beine.
Es ist ein Mädchen.

Ich wasche mich.
Ich wasche meine Hände mit Seife.
Ich wasche meine Füße mit Seife.
Ich wasche meinen ganzen Körper.

Diktat 26

Die Woche hat sieben Tage.

Am Montag gehe ich zur Schule.
Am Nachmittag gehe ich zu meinem Freund.
Dann spielen wir Fußball.

Am Dienstag helfe ich meiner Mama.
Am Mittwoch lese ich sehr viel.

Am Donnerstag schreiben wir in der Schule einen Brief.
Es ist ein Brief für Oma.

Dann kommt der Freitag.
Da bleibe ich lange auf.

Am Samstag schlafe ich lange.
Ich schlafe bis zehn Uhr.
Auch am Samstag bleibe ich lange auf.

Am Sonntag spiele ich mit meinen Freunden und meiner Familie.

Diktat 27

Heute zeigt mir meine Freundin Susi
ihr Haus.
Susi zeigt mir ihr Zimmer.
Sie hat ein schönes Bett.
Unter dem Bett liegt die Katze.
Susi trägt die Katze in den Garten.
Die Katze läuft schnell wieder ins
Haus.
Wie tragen sie wieder in den Garten.

Nun wird es dunkel.
Wir machen das Licht an.
Ich gehe zu meinem Haus.
Ich komme morgen wieder.

Diktat 28

Meine Oma lebt in Berlin.
Mein Onkel und meine Tante leben
auch in Berlin.
Ich reise mit der Eisenbahn nach
Berlin.
Nach Berlin muss man weit reisen.

Ich fahre gerne mit der Eisenbahn.
Da kann ich aus dem Fenster sehen.
Ich sehe oft Kühe und Pferde auf
einer Wiese.
Eine Kuh schläft unter einem Baum.
Sie sieht ganz lieb aus.

Diktat 29

Tim kauft Brötchen.
Er bedankt sich und bezahlt.
Er bezahlt mit seinem Geld.
Er muss zwei Euro und zwölf Cent bezahlen.
Ein Euro sind hundert Cent.

Wir wollen Obst kaufen.
Es gibt keine Orangen.
Wir nehmen zwölf Äpfel.
Mutter nimmt noch zwei Birnen.
Der Mann sagt: "Das macht drei Euro und acht Cent."
Mutter gibt ihm drei Euro und zehn Cent.
Wie viel Geld bekommt sie wieder?

Diktat 30

Was isst du gerne?
Ich esse gerne Obst.
Ich esse gerne Bananen und Orangen.
Zwiebeln esse ich nicht gerne.

Viele Kinder essen gerne Pizza und Spagetti.
Sie essen oft Pommes mit viel Salz.
Das ist aber nicht so gesund.
Man soll viel Obst und Gemüse essen.

Mein Vater trinkt gerne Tee.
Er tut Zucker in den Tee.
Mama isst gerne ein hartes Ei.
Sie tut Salz auf ihr Ei.

Diktat 31

Das ist unser Kalender.
Jedes Jahr hat zwölf Monate.
Im Januar und im Februar gibt es oft viel Schnee.
Es ist noch Winter.

Im März wird es Frühling.
Bunte Blumen blühen.
Zu Ostern suchen wir bunte Eier.

Im April gibt es viel Regen und Nebel.
Oft scheint aber auch die Sonne.
Im April blühen viele Bäume.

Im Mai und im Juni ist die Sonne schon warm.
Nun können wir wieder viel im Garten spielen.

Diktat 32

Im Juli und im August fahren viele Familien in den Urlaub. Es ist Sommer.

Im September gehen alle Kinder wieder in die Schule. An den Bäumen sind die Früchte reif.
Es gibt nun viele Äpfel und Birnen.

Im Oktober ist schon Herbst.
Die Blätter werden bunt.
Sie fallen von den Bäumen.

Der November bringt uns viel Regen.
Im Dezember bauen wir einen Mann aus Schnee.
Ich freue mich sehr auf Weihnachten.
Am 31. Dezember geht das Jahr zu Ende.

Diktat 33

Heute ist Weihnachten.
Ich wünsche mir eine neue Puppe.
Mein Bruder wünscht sich einen
großen Teddy.

Ich stehe am Fenster und warte.
Mein Bruder steht bei mir.
Die Uhr schlägt sieben.
Nun gehen wir ins Wohnzimmer.
Da steht ein großer Christbaum.

Unter dem Christbaum sitzt meine
neue Puppe.
Da ist auch ein großer Teddy für
meinen Bruder.
Er ist noch größer als meine Puppe.

Diktat 34

Ich kann schon weit zählen.
Ich kann Zahlen schreiben.
Ich kann schon viele Aufgaben
rechnen.

Mein Vater fragt: „Kennst du schon
die Zeit?"
Ich antworte:
„Ein Tag hat zwölf Stunden.
Eine Stunde hat 60 Minuten.
Eine Minute hat 60 Sekunden."

Diktat 35

In der Schule machen wir oft Sport.
Wir turnen auf dem Boden.
Wir klettern an der Stange.
Wir stellen uns auf den Kopf.
Das muss ich lange üben.

Heute rollen wir einen Ball hin und her.
Dann werfen wir ihn.
Ich kann ihn gut fangen.

Mein Freund stellt sich vor mich.
Ich versuche, den Ball weit zu werfen.
Mein Freund fängt ihn.
Nun werfe ich den Ball über meine Schulter.
Mein Freund kann ihn auch fangen.

Diktat 36

Gestern war ein langer Tag.
In der Nacht ist es sehr laut.
Eine Eule ruft.
Ein Hund bellt.
Katzen schreien.

Ich höre den Wind in den Bäumen.
Dann klingelt auch noch das Telefon.
Es klopft an der Tür.
Ich kann nicht gut schlafen.
Morgen werde ich ganz müde sein.

Diktat 37

Ich schreibe Sätze mit neuen
Wörtern.
Im Lexikon finde ich viele Wörter.
Mit dem Thermometer messen wir
die Temperatur.
Quadrat, Computer und Handy sind
auch nicht leicht zu schreiben.

Auch in meinem Buch kenne ich
einige Wörter nicht.
Dann schaue ich im Lexikon nach.

Diktat 38

Im Haus neben uns wohnen zwei
Leute.
Es sind ein Herr und eine Dame.
Sie sind mir noch fremd.
Ich kenne ihren Namen nicht.

Sie sind sehr reich.
In ihrem Haus ist viel Platz.
Sie haben ein großes Wohnzimmer.
Sie haben viele Möbel.

Sie haben eine große Küche.
Aber die Frau kocht nicht gerne.
Sie geht lieber ins Restaurant.

Diktat 39

Heute lernen wir in der Schule etwas
über Gemüse.
Jedes Kind bringt etwas mit.
Nun haben wir rote Tomaten, grüne
Gurken, viele Möhren, Zwiebeln,
eine gelbe, eine grüne und eine
rote Paprika.

Wir schneiden das Gemüse klein.
Wir kochen Kartoffelsuppe.
Wir kochen Bohnensuppe.
Wir kochen Erbsensuppe.
Die Erbsensuppe ist etwas zu flüssig.
Wir tun noch etwas Reis dazu.
Wir füllen unsere Teller mit Suppe.

Diktat 40

Wir schreiben die Zahlen auf:

eins, zwei, drei, vier, fünf,
sechs, sieben, acht, neun, zehn,
elf, zwölf, dreizehn, vierzehn,
fünfzehn, sechzehn, siebzehn,
achtzehn, neunzehn, zwanzig.

Im Folgenden finden Sie die Wortkärtchen zum Ausschneiden. Die Zahlen auf der Rückseite des Kärtchens entsprechen der Nummer des jeweiligen Diktats.